"十四五"普通高等教育本科规划教材

供本科护理学类专业用

护理伦理学

第 3 版

主　编　孙宏玉　唐启群

副主编　陈雪霞　孙　颖

编　委　（按姓名汉语拼音排序）

陈雪霞（内蒙古医科大学护理学院）　　唐启群（华北理工大学护理与康复学院）
贺利平（长治医学院护理学系）　　　　王盼盼（郑州大学护理与健康学院）（兼秘书）
金润浩（延边大学护理学院）　　　　　王若维（山东协和学院护理学院）
龙　婷（昆明医科大学护理学院）　　　王　湘（遵义医科大学珠海校区护理学系）
邵　渝（湖南中医药大学护理学院）　　王雨薇（嘉兴学院医学院护理学系）
孙宏玉（北京大学护理学院）　　　　　薛慧琴（内蒙古医科大学第二附属医院）
孙　颖（北京中医药大学护理学院）　　张　华（天津医科大学护理学院）

北京大学医学出版社

HULI LUNLIXUE

图书在版编目（CIP）数据

护理伦理学 / 孙宏玉，唐启群主编 . —3 版 . —北京：北京大学医学出版社，2023.1
ISBN 978-7-5659-2662-4

Ⅰ . ①护… Ⅱ . ①孙… ②唐… Ⅲ . ①护理伦理学 - 医学院校 - 教材 Ⅳ . ① R47-05

中国版本图书馆 CIP 数据核字（2022）第 098576 号

护理伦理学（第 3 版）

主　　编：孙宏玉　唐启群
出版发行：北京大学医学出版社
地　　址：（100191）北京市海淀区学院路 38 号　北京大学医学部院内
电　　话：发行部 010-82802230；图书邮购 010-82802495
网　　址：http://www.pumpress.com.cn
E - m a i l：booksale@bjmu.edu.cn
印　　刷：北京信彩瑞禾印刷厂
经　　销：新华书店
责任编辑：赵　欣　　责任校对：靳新强　　责任印制：李　啸
开　　本：850 mm×1168 mm　1/16　印张：10.25　字数：295 千字
版　　次：2008 年 3 月第 1 版　2023 年 1 月第 3 版　2023 年 1 月第 1 次印刷
书　　号：ISBN 978-7-5659-2662-4
定　　价：39.00 元
版权所有，违者必究
（凡属质量问题请与本社发行部联系退换）

第 3 轮修订说明

国务院办公厅印发的《关于加快医学教育创新发展的指导意见》提出以新理念谋划医学发展、以新定位推进医学教育发展、以新内涵强化医学生培养、以新医科统领医学教育创新；要求全力提升院校医学人才培养质量，培养仁心仁术的医学人才，加强护理专业人才培养，构建理论、实践教学与临床护理实际有效衔接的课程体系，提升学生的评判性思维和临床实践能力。《教育部关于深化本科教育教学改革全面提高人才培养质量的意见》要求严格教学管理，把思想政治教育贯穿人才培养全过程，全面提高课程建设质量，推动高水平教材编写使用。新时代本科护理学类人才培养及教材建设面临更高的要求和更大的挑战。

为更好地支持服务高等医学教育改革发展、本科护理学类人才培养，北京大学医学出版社有代表性地组织、邀请全国高等医学院校启动了本科护理学类专业规划教材第 3 轮建设。在各方面专家的指导下，结合各院校教学教材调研反馈，经过论证决定启动 27 种教材建设。其中修订 20 种教材，新增《基础护理学》《传染病护理学》《老年护理学》《助产学》《情景模拟护理综合实训》《护理临床思维能力》《护理信息学》7 种教材。

修订和编写特色如下：

1．调整参编院校

教材建设的院校队伍结合了研究型与教学型院校，并注重不同地区的院校代表性；由知名专家担纲主编，由教学经验丰富的学院教师及临床护理教师参编，为教材的实用性、权威性、院校普适性奠定了基础。

2．更新知识体系

对照教育部本科《护理学类专业教学质量国家标准》及相关考试大纲，结合各地院校教学实际修订教材知识体系，更新已有定论的理论及临床护理实践知识，力求使教材既符合多数院校教学现状，又适度引领教学改革。

3．创新编写特色

本着"以人为中心"的整体护理观，以深化岗位胜任力培养为导向，设置"导学目标"，使学生对学习的基本目标、发展目标、思政目标有清晰了解；设置"案例""思考题"，使教材贴近情境式学习、基于案例的学习、问题导向学习，促进学生的临床护理评判性思维能力培养；设置"整合小提示"，探索知识整合，体现学科交叉；设置"科研小提示"，启发创新思维，促进"新医科"人才培养。

4．融入课程思政

将思政潜移默化地融入教材中，体现人文关怀，提高职业认同度，着力培养学生"敬佑生命、救死扶伤、甘于奉献、大爱无疆"的医者精神，引导学生始终把人民群众生命安全和身体健康放在首位。

5．优化数字内容

在第2轮教材与二维码技术初步结合实现融媒体教材建设的基础上，第3轮教材改进二维码技术，简化激活方式、优化使用形式。按章（或节）设置一个数字资源二维码，融拓展知识、微课、视频等于一体。设置"随堂测"二维码，实现即时形成性评测及反馈，促进"以学生为中心"的自主学习。

为便于教师、学生下载使用，PPT课件统一做成压缩包，用微信"扫一扫"扫描封底激活码，即可激活教材正文二维码、导出PPT课件。

第2轮教材的部分教材主编因年事已高等原因，不再继续担任主编。她们在这套教材的建设历程中辛勤耕耘、贡献突出，为第3轮教材建设日臻完善、与时俱进奠定了坚实基础。各方面专家为教材的顶层设计、编写创新建言献策、集思广益，在此一并致以衷心感谢！

本套教材供本科护理学类专业用，也可供临床护理教师和护理工作者使用及参考。希望广大师生多提宝贵意见，反馈使用信息，以逐步完善教材内容，提高教材质量。

前 言

护理伦理学是研究护理职业道德的一门科学，是医学伦理学的重要分支学科，也是伦理学与护理学相互渗透、相互融合的交叉学科，是护理学专业的一门必修课程。其宗旨是为护理专业学生提供正确的价值导向和指导原则，倡导树立"以人为本，关爱生命，促进健康"的人文关怀精神，培养和增强护理人员道德素养，提高伦理思维、伦理分析和伦理决策能力。学习和研究护理伦理学，不仅能指导护理专业人员的护理服务，提高专业技能，并且能够帮助其正确认识自己的角色责任，形成正确的是非观和价值观，加强职业道德修养，更好地维护和促进人类健康服务，同时对推动我国护理事业的全面发展、不断践行社会主义核心价值观具有重要的现实意义。

本教材是以伦理学的基本原理、基本理论为指导，按照护理伦理学的科学体系，以提高护理专业学生及广大临床护理工作者的职业道德素质和伦理分析、决策、评价能力为目标而修订的。新版教材共分9章，包括护理伦理学的基本理论和基本知识、护理伦理决策与评价、护理专业各领域的伦理实践、护理科研工作与伦理道德等内容。

本教材在第2版教材的基础上进行了补充和修改，继承传统护理伦理学教材的优势与特色，注重学科交叉和创新思维能力培养，充分汲取护理伦理学科前沿的伦理思想和最新研究成果，同时有机、无形地融入"思政"，体现人文关怀和科学精神。在内容编排上，具有系统性、科学性、实用性、时代性等特点。在编写过程中，既注重基础，又突出重点，力求做到理论与实践的双向滋养，强调其适用性和实践性。在明确学习的基本目标和发展目标的基础上，注重促进自主学习、情境性学习，通过案例导入本章所需要学习和探讨的内容，章后进行小结，并提出思考与实践的问题，有较强的实际应用性和可操作性，便于护理学专业学生和临床护理工作者在学习过程中抓住重点，明确思路。

在教材的编写过程中，得到了北京大学医学出版社和各编委所在单位的大力支持与帮助，参考和引用了相关的文献资料或研究成果，在此一并致以诚挚的谢意！尽管本教材全体参编人员以高度负责和严肃认真的态度积极参与编写工作，但由于水平所限，难免存有疏漏和不足之处，敬请专家、同仁和广大读者批评指正。

主 编
2022 年 6 月

目 录

第一章　绪论 ………………………… 1
　　第一节　伦理学概述………………… 1
　　第二节　护理伦理学概述…………… 5
　　第三节　护理伦理学的发展与展望… 9

第二章　护理伦理学理论基础 …… 15
　　第一节　护理伦理学的哲学前提…… 15
　　第二节　护理伦理学的相关理论基础… 18

第三章　护理伦理原则、规范与范畴
　　…………………………………… 27
　　第一节　护理伦理原则……………… 27
　　第二节　护理伦理规范与范畴……… 35

第四章　护理伦理决策与评价 …… 43
　　第一节　护理伦理决策……………… 43
　　第二节　护理伦理评价……………… 51

第五章　护理人际关系的伦理道德
　　…………………………………… 58
　　第一节　护患关系概述……………… 58
　　第二节　护患双方的权利与义务…… 62
　　第三节　护理人际关系的道德规范… 69

第六章　护理实践伦理 ……………… 75
　　第一节　基础护理与心理护理伦理… 75
　　第二节　公共卫生服务的护理伦理… 79
　　第三节　特殊患者护理伦理………… 89

第七章　性道德与伦理 …………… 102
　　第一节　性道德…………………… 102
　　第二节　人类辅助生殖技术的伦理
　　　　　　道德…………………… 110

第八章　安宁疗护与死亡护理伦理
　　………………………………… 117
　　第一节　死亡标准的演变及其伦理
　　　　　　意义…………………… 117
　　第二节　安宁疗护伦理…………… 123
　　第三节　安乐死伦理……………… 127

第九章　科研工作与伦理道德 …… 133
　　第一节　护理科研中的伦理道德… 134
　　第二节　人体实验的伦理道德…… 139
　　第三节　器官移植的伦理道德…… 145

中英文专业词汇索引 ……………… 152

主要参考文献 ……………………… 154

第一章 绪 论

第一章数字资源

导学目标

通过本章内容的学习,学生应能够:
- ◆ **基本目标**
  1. 解释道德、职业道德、护理道德、伦理、伦理学、护理伦理学的基本概念。
  2. 说明道德、伦理与伦理学之间的辩证关系,护理伦理学研究的对象和内容,护理伦理学与相关学科之间的辩证关系。
  3. 比较国内外护理伦理学形成与发展过程以及当代护理伦理学发展的新要求。
  4. 明确护理伦理学的研究目的并应用其研究方法来指导护理实践活动。
- ◆ **发展目标**
  1. 综合运用其基础理论分析临床具体案例并进行伦理学评估。
  2. 将该学科的基本概念、基本理论与护理实践建立起有机联系。

护理伦理学是研究和探讨护理职业道德的一门科学,它是伦理学的一个分支,也是护理学的重要组成部分。学习和研究护理伦理学,不仅能指导护理专业服务、控制和提升专业水准,并且能够帮助护士明确自己的价值观及角色责任,加强护理专业人员职业道德修养,更好地维护和促进人类健康,对于推动护理事业全面协调发展,弘扬社会主义核心价值观和医学人道主义具有重要意义。

第一节 伦理学概述

伦理学是以人类伦理关系和道德现象为研究对象的理论学科,是人们对人类伦理关系和道德现象长期探索的结果。它主要涉及道德、伦理、伦理学以及职业道德等内容,这也是本节主要探讨的问题。

案例 1-1

患者王某,女,63岁,因"胃癌"行胃癌根治术,遵照医生医嘱及家属意见术后收入 ICU。术后第一天,患者身上留置了多种管道。患者神志清醒后,比较烦躁,并多次试图拔除管道。基于治疗护理需要和患者安全,护士小李在征求责任医师的意见后用宽

案例 1-1（续）

绷带对患者腕部及膝部进行了适当的约束，以避免各种管道松动或受阻。但患者很反感，大吵大闹，说护士剥夺了他自主活动的权利，是对其尊严的侵犯。而患者女儿也吵闹起来，责问李护士为何虐待她母亲，并表示要投诉。而李护士说，自己是按照医嘱执行的，有问题请找责任医师。

请回答：
1. 应当如何对护士的行为进行伦理评价？
2. 如何看待患者及其家属的不满情绪？它反映了什么问题？
3. 引起上述矛盾的根源是技术问题还是伦理问题？

一、道德、伦理及伦理学

（一）道德

1. 道德的起源和含义 西方道德（morals）一词来自拉丁语"mores"，在人类历史的发展过程中，人们对道德有不同的解释和理解。如"神启论"者认为，道德是由上帝的意志所创造的，是上帝向人类颁布的戒律；"天赋论"者认为，道德是人们与生俱来的"良知"和"理性"；"动物本能论"者则认为，道德是动物的某种群体性本能的直接延续和复杂化的结果。上述观点都没有能够科学合理地解释道德的本来含义及其起源问题。马克思主义伦理学观点认为，道德是人类在社会生活实践中形成的一种社会现象，人类最早的道德观念与思想源自人的社会性，人类社会关系的形成和社会意识的产生是道德产生的前提和基础。道德属于上层建筑的范畴，是由经济基础所决定的，这是道德的一般本质。道德具有调整人们利益关系的作用，即道德的特殊规范性及其实践精神，这是道德的特殊本质。由此可见，道德的基本问题是个人与他人、集体及社会利益的关系问题。

根据马克思主义伦理学观点，道德是人类社会生活中所特有的，由一定的社会经济关系所决定，依靠人们的内心信念、社会舆论和传统习俗来维系，是用以调整人与人、人与社会、人与自然的利益关系的行为规范总和。

2. 道德的构成要素 道德是人类社会生活中所特有的现象，它是由道德意识现象、道德规范现象和道德行为现象三个方面所构成的有机整体。

道德意识现象是指在道德活动中形成的，并对道德活动有影响的具有善恶价值取向的观点、思想和理论体系。它包含道德观念、道德理想、道德判断等。

道德规范现象是指一定阶级或社会对人们行为关系的基本要求的概括，是评价、指导人们道德行为的准则。它包括道德规范、道德要求及道德戒律等。

道德行为现象是指在道德意识支配下的群体活动或个人行为的实际表现，它是道德活动领域的基本内容，包括道德修养、道德教育、道德评价等。

以上三者辩证统一、相辅相成，道德行为是形成一定道德意识的基础，道德意识又指导和制约着道德行为，道德规范是人们在一定的道德意识和道德行为的基础上形成和概括出来的，同时又对人们的道德意识和道德行为起着约束作用。

3. 道德的职能 道德的职能主要有调节、教育和认识。调节职能通过劝勉、告诫、评价等方式规范人们的行为，使人们能够合理规范与他人、与社会及与自然的关系，使之协调一致，和谐共存与发展。教育职能主要通过道德示范、激励等手段，树立道德榜样，形成社会风尚，造成社会舆论，从而培养人们的道德观念和道德品质，使受教育者提高道德境界。认识职能指通过道德理想、道德判断、道德标准等形式，使人们正确认识自己与他人及与社会的关系，正确认识自己的社会角色、责任和义务，重视那些符合人类和谐发展需要的价值，指引人们形成理想人格，正确选择自己的行为和生活道路。

道德通过调节、教育和认识职能，指导和规范人们的行为，促进个体逐步达到人格的完善，同时也有利于维持正常的社会秩序，促进社会进步与发展。

4. 道德的评价标准与方式　道德是以善与恶作为评价标准的。善，即利于他人、利于社会的行为，是道德的行为；恶，即危害他人、危害社会的行为，是不道德的行为。

道德的评价方式包括内心信念、社会舆论和传统习俗，均是非强制性力量，与法律及政治评价的强制性相比，道德评价方式主要体现出它的自律性。

（二）伦理

1. 伦理的含义　在古代汉语中，"伦"是"辈"或"类"的意思，引申为人与人之间的关系，"理"的本意是治玉，即加工玉石、整理其纹路的意思，后引申为事情的规则与条理。因而伦理就是指处理人与人之间关系的道理和原则。

2. 伦理与道德的区别　伦理（ethics）一词源自希腊语"ethos"，与道德皆有习惯、风俗之义。但许多学者对它们有不同的解释，例如席尔瓦（Silva）认为道德是指"经由文化传承而建立和确认的是非规则"，伦理则"属于哲学的范畴，它是关系到人类道德生活中重要的、系统性的思想"；汤普森（Thompson）认为道德是个人依据社会所接受的标准而推行的行为，伦理则是说明社会标准的哲学思想和理论。伦理和道德在现代汉语中的词义基本相同，二者也常被作为同义词使用，但严格意义上讲，两词略有区别。"道德"是指道德现象，"伦理"是道德现象理论的概括和总结。

（三）伦理学

1. 伦理学的含义　伦理学是一门研究道德的起源、本质、作用及其发展规律的科学。它以道德为研究对象，是对社会道德生活在理论上的概括和总结。因此，伦理学又被称为"道德学"或"道德哲学"。

世界上最早使用"伦理学"一词的人，是古希腊著名哲学家亚里士多德（Aristotle，公元前384—前322年）。约在公元前4世纪，他在雅典的一次关于道德的讲学时创造了"ethika"一词，即伦理学。自亚里士多德以后，伦理学便作为一门独立学科得以存在和发展，亚里士多德被称为"伦理学之父"。

2. 伦理学的基本问题　道德和利益的关系问题是伦理学的基本问题。道德是社会历史的产物，是一定社会经济关系的反映。道德是从一定利益关系中引申出来的，当人与人、人与社会发生利益关系时，就出现了道德，道德就是调节利益关系的。个人利益和社会利益的关系是社会整体的重要内容。道德如何调节利益关系，即是个人利益服从社会整体利益还是社会整体利益服从个人利益，对这一问题的不同回答就形成了不同的道德体系，也决定了道德活动的标准和方向。

3. 伦理学的分类　通常，伦理学家将伦理学分为非规范伦理学（non-normative ethics）和规范伦理学（normative ethics）两大类型。

（1）非规范伦理学：非规范伦理学通常是哲学家对目前和以后社会情形进行叙述，并以道德和不道德的理由来判断，它包含描述伦理学（descriptive ethics）和理论伦理学（theoretical ethics）两大类。

描述伦理学主要对道德进行经验性描述和再现，又称记述伦理学。描述伦理学不具体研究行为的善恶与标准，也不制定行为的准则或规范。它弥补了规范伦理学片面注重范畴分析和规范罗列的不足，增强了伦理学的科学性和客观性。此外，它还从具体科学的角度分析和研究道德现象，是对规范伦理学在道德品质分析和研究方面的一种补充。

理论伦理学主要分析伦理学概念的意义，如权利、责任、美德等，以及分析某种行为是否符合逻辑，又称为分析伦理学（analytic ethics）。理论伦理学只对道德进行逻辑分析，不制定任何道德规范和价值标准，同时对任何道德规范及价值标准均采取"中立"立场，这使得伦理学毫无实践性可言。但作为一门基础性学科，理论伦理学揭示了道德概念的意义，分析了道德判断的功能，设立了道德逻辑规则，证实了伦理学的科学性和逻辑性，从而丰富和深化了伦理学的研究内容。

（2）规范伦理学：规范伦理学是伦理学体系中的主体与核心，是一种应用伦理学。它围绕道德价值、道德义务和道德品质进行研究。目的是引导人们在现实生活中如何应用恰当的理论、原则和规范，以何种标准来判断是非、善恶。因此，它与个人的品德、价值观和社会风俗有关。规范伦理学又分为义务论（theories of obligation）和价值论（theories of value）两类。

义务论主要分析某种行为是否正当、应不应该做，对应该做的事情就像对待自己所承担的一样，责无旁贷地去完成。目前医护人员在医疗、护理实践活动中所面临的伦理问题，大多可以用义务论来进行解释。

价值论主要分析人们行为善恶的价值观。价值论又分为道德价值论（moral values）和非道德价值论（non-moral values）两种。道德价值论侧重于判断、分析行为的善与美，非道德价值论侧重于分析行为综合效果的好坏与优劣。

二、职业道德

（一）职业道德的含义

职业是指人们在社会生活中所从事的专门业务以及所承担的一定职责。职业道德（professional moral）就是指从事某种职业的人们在其特定的职业活动中应该遵循的道德原则和行为规范的总和。它由八个要素构成，即职业理想、职业态度、职业技能、职业责任、职业良心、职业荣誉、职业纪律和职业作风。职业道德是社会生活道德的一个重要组成部分，是一般社会道德在职业生活中的特殊表现，具有较强的稳定性、连续性和多样性。职业道德是所有从业人员在职业活动中应该遵循的行为准则，也是每个从业人员必备的素质，它涵盖了从业人员与服务对象、职业与职工、不同职业之间的关系。随着社会的不断进步和发展，职业道德在整个社会道德体系中占有越来越重要的地位。

（二）职业道德的特征

1. 专业性 只有从事一定职业的人才能产生与其职业相对应的道德品质和情感，某种职业道德规范也只有在该职业范围内具有调节作用，对此职业范围以外的从业人员也就没有指导、约束和调节作用。所以，在调节范围上，职业道德具有专业性特征。

2. 稳定性 职业道德总是与相应的职业生活和职业要求相结合，由于人们长期从事某种职业活动，便形成了特定的、较为稳定的职业心理、职业习惯、职业观念及职业行为规范，并且相互传承，形成职业传统。同时，职业道德虽然要随着社会的发展而发展，但社会发展后一阶段的职业道德总是在前一阶段基础上职业道德的延续、继承和发展。因此，从内容上讲，职业道德具有稳定性特征。

3. 适用性 职业道德总是与职业的具体任务及人们的实际情况相结合，从其功效上而言，某种职业道德规范不仅对该职业范围内现有从业人员的思想及行为广泛地适用，而且对培养职业新人也起着重要的作用。

4. 多样性 随着社会分工越来越细化及专业化程度的提高，职业越来越呈现出它的多样性特点，每个行业又有其具体的职业道德，而职业道德也表现出它的具体性和多样性特点。同时，为便于从业人员实践，职业道德都是从本职业活动的实际情况出发，用条例、守则、制度、承诺、誓言、公约、保证等形式来表达，内容具体、明确。所以，从形式上而言，职业道德具有多样性特征。

第二节 护理伦理学概述

护理伦理学是研究护理职业道德的一门新兴学科，是医学伦理学的重要组成部分，它与其他相关学科相互渗透、相互影响、相互联系，近年来在研究内容及方法上实现了较大的发展和创新，逐渐形成了较新的理论体系。

案例 1-2

护士长带着实习学生给患者静脉输液，并讲授了静脉输液的步骤和技巧，但操作时学生仍然紧张，实习生小李连扎两针没有成功，准备扎第三针，此时，护士长将针要了回来，并说："你难道不认为患者会很痛苦吗？"小李带着怨气离去。护士长一针穿刺成功，并对患者说："对不起，让您受苦了！"患者却说："没有关系，培养学生也是我应尽的义务。"小李返回并羞愧地对患者说："我是实习生，由于技术不熟练给您带来了痛苦，请您原谅！"患者却严肃地说："这点痛苦不算什么，不过要记住：你们服务的对象是人，不是标本！"小李点了点头。患者接着说："好了，不要气馁！我仍然支持你的实习工作。护理技术是可以锻炼和培养的，相信你将来一定会成为一名优秀的护士。"

请回答：
1. 该案例中体现了护理伦理学的哪些研究对象？
2. 请从护理伦理学的角度对该案例进行分析。

一、护理道德与护理伦理学

（一）护理道德

1. 护理道德的含义 护理道德是一般社会道德在护理实践活动中的具体体现，是根据护理职业的特点，调整护理人员与服务对象、护理人员与其他医务人员及护理人员与社会之间关系的行为规范的总和。

护理道德是护理领域中各种道德关系的反映，是一种特殊的职业道德，受一定社会经济关系、社会道德及护理学科发展水平的影响和制约，通过调节、认识、教育等职能，指导护理专业行为，从而促使护理人员更好地为增进人类的健康提供服务。

2. 护理道德的特点

（1）社会性和广泛性：与传统护理相比，现代护理在工作内容、工作场所及服务对象上都发生了巨大变化。护理的任务和目标不仅是维护和促进个体的健康，而且是面向家庭、社区及全人类，维护和提高整个人类的健康水平。护理工作的特点也决定了护理道德具有社会性和广泛性。

（2）人本性：护理是在尊重人的需要和权利的基础上，提高人的生命质量，它通过"促进健康，预防疾病，恢复健康，减轻痛苦"等措施来加以实现，这就充分体现了护理道德的人本性特点，发扬救死扶伤的人道主义精神就是护理道德原则中极其重要的价值体现。

（3）规范性：护理工作涉及人的生命和健康，这就需要有严格的行为规范和细致具体的操作要求来指导和规范护理行为。在护理活动中，为规范护理行为，制定了各种规章制度、职责要求、操作规程等。护理道德的这种规范性充分体现了护理人员对患者尽职尽责的高尚道德精神及全心全意为人类健康服务的崇高品质。

（4）自觉性：由于护理工作的特殊性，护理人员独立工作的机会非常多。加之护理对象的成长经历、文化背景、生活习俗、经济状况、个人信仰等情况各不相同，病情也千差万别，要使护理对象得到最优质的服务，保证护理质量，这就要求护理人员必须严格遵守各项规章制度和行为规范，要有"慎独"精神，依靠医德信念和工作的自觉性，切实做好护理工作。

3．护理道德的实质　珍惜生命、尊重人的需要和权利，"促进健康，预防疾病，恢复健康，减轻痛苦"是护理人员义不容辞的责任。护理道德的实质就是要求护理人员保持护理专业的责任感和荣誉感，维护护理对象的权利与尊严，对一切服务对象实行高质量、高要求的人道主义服务，为人类健康做出最大的贡献。

（二）护理伦理学

护理伦理是指护士在工作中处理人际关系时应当遵循的道德准则。护理伦理学是研究护理道德的科学，是运用一般伦理学原理和原则来解决和调节护理实践中人与人之间关系的一门学科。护理伦理学是护理学与伦理学相结合而形成的一门衍生边缘学科，它以护理道德为研究对象，以一般伦理学的基本原理为指导，并在护理实践中不断发展和完善，在护理人员健康人格的塑造、护理专业服务的指导、护理质量的保证中起着非常重要的作用。

二、护理伦理学的研究对象和内容

（一）护理伦理学的研究对象

护理伦理学将护理领域中的道德现象、道德关系及其发展规律作为研究对象，护理道德现象是人们在护理实践活动中特殊道德关系的具体体现。因此，护理伦理学的研究对象主要包括以下几个方面：

1．护理人员与服务对象之间的关系　在护理领域的所有关系中，护理人员与服务对象之间的关系是首要的，也是最基本和最重要的，它是护理伦理学研究的核心问题。这种关系是否和谐、协调，将直接影响服务对象的健康及护理质量，影响着医疗卫生机构的秩序。护理人员与护理对象的关系是双向的，处理好这种关系，不仅要求护理人员为护理对象提供优质的护理服务，还需要护理对象对护理人员给予充分理解、支持和尊重。

2．护理人员与其他医务人员之间的关系　在护理工作中，护理人员与护理人员，护理人员与医生、医技人员、行政管理人员、后勤人员有着广泛和密切的联系和合作，他们之间的关系是护理伦理学研究的重要内容之一。护理人员能否与其他医务人员相互信任、相互支持、良好合作，将直接影响到护理质量与安全，也关系到整个医疗卫生工作能否顺利开展。学会自我反思、积极表达内心感受、提高人际交往技能等都是处理护理人员与其他医务人员关系的有效途径。

3．护理人员与社会之间的关系　我国卫生护理事业的基本任务是保护人民健康、防治疾病、提高人口健康素质，解决经济、社会发展和人们生活中迫切需要解决的卫生保健问题，确保经济和社会的顺利发展。随着护理科学的发展，护理专业的服务范畴与服务内容都在不断地深化和拓展，护理对象也从单纯的患者扩大到了健康人群，护理人员在履行着越来越多的社会义务。在护理实践中，护理人员不仅要考虑到某个患者个体的或局部的利益，还要为国家、民族利益及社会公众利益着想，考虑到社会公众的整体利益以及子孙后代的利益。随着近年来突发公共卫生事件的不断增多，护理人员与社会之间的关系在护理伦理学研究中也变得更为重要。

4. 护理人员与护理科学、医学科学发展之间的关系 医学科学及护理科学的迅猛发展以及现代医学高新技术在临床上的广泛应用给医护领域带来了许多新的道德难题，如器官移植、人类辅助生殖技术、基因诊断和治疗、安乐死的选择等，都涉及护理人员如何对待道德或不道德、在何种情况下参与、如何决策等一系列伦理难题。因此，护理人员与护理科学及医学科学发展之间的关系，也是护理伦理学研究的又一重要内容。

（二）护理伦理学的研究内容

护理伦理学的研究内容十分丰富，概括起来，主要有以下几个方面：

1. 护理道德的基本理论 包括护理道德的产生、历史发展规律及特点；护理道德的本质、作用及其社会地位；护理道德与护理学、医学、政治、哲学、法学、宗教的关系等。

2. 护理道德的规范体系 包括护理道德的基本原则；护理道德的基本范畴和基本规范；护理人员在处理各种护理关系时的道德规范和要求；不同护理领域、不同学科具体的道德规范和要求；护理管理和护理研究中的道德规范和要求；生命伦理学的特殊护理道德规范和要求等。

3. 护理道德实践 包括护理伦理决策；护理道德的教育、培养、考核及评价等。

三、护理伦理学与相关学科的联系

虽然护理伦理学是护理学与伦理学的交叉学科，但与其他学科也有着非常紧密的联系。

1. 护理伦理学与护理学 护理学与护理伦理学相互影响，既有区别又紧密联系。护理学是医学科学领域中一门独立学科，是研究有关预防保健与疾病康复过程中护理理论与技术的综合性应用科学，其研究对象是整体的人以及人的健康问题；护理伦理学是研究护理实践中各种护理关系的道德原则和规范的一门学科，以护理道德为研究对象。护理伦理学是护理学与伦理学相互渗透、相互结合的产物，它围绕护理学进行研究，对护理学理论和实践的发展起着指导和推动作用。同时，护理学的发展又不断深化和丰富着护理伦理学的内容。二者的研究对象不同，但目的一致，都是为了维护和增进人类的健康水平。

2. 护理伦理学与法学 法律与护理道德都能调整护理行为规范，是护理行为控制的重要手段，二者联系紧密，道德是法律的基础，法律又为护理道德建设提供有力保障。但在研究对象、调控力量等许多方面，护理道德与法律存在着差别。在调节范围上，护理道德比法律发挥作用的范围更广泛，护理道德适用于护理活动的一切领域，而法律是我国公民行为标准的最低准则；在调控力量上，法律以国家强制力保证实施，而护理道德则依靠自觉性、社会舆论、内心信念、传统习俗及教育的力量来调节。总之，法律与护理道德相互渗透、相互补充、相互包含，共同调节护理活动中各种道德关系。

3. 护理伦理学与护理心理学 护理心理学将心理学知识、原理和方法运用到现代护理学领域，侧重于研究护理工作中的心理学问题，认识和研究疾病对心理活动的影响、心理因素对护理效果的作用及心理护理的方法，是医学心理学在护理工作中的分支。对患者心理现象的研究及心理护理的实施必须以良好的护患关系为前提，要建立良好的护患关系，就要求护理人员首先要具备高尚的护理道德。而且，护理伦理学的不断发展给护理心理学的研究和应用提出新的课题，进一步推动了护理心理学的发展。同时，护理心理学的发展又丰富和深化了护理伦理学的内容。

4. 护理伦理学与社会学 社会学主要研究社会协调发展的条件和机制，包括护理领域内的各种社会现象和社会关系，当然也涉及护理伦理道德问题。而护理伦理学的研究内容也涉及许多社会性问题，如患者与社会的利益关系、卫生资源分配等。所以，护理伦理学与社会学是紧密相连的，尽管二者的研究对象和内容不同，但二者相互补充、相互支持，都是以维护和促进人类的和谐和健康为目的。

四、学习与研究护理伦理学的目的和方法

(一) 学习与研究护理伦理学的目的

护理道德是护理专业服务的指南,是护理专业服务质量的有力保证。护理人员在任何时期都应学习和研究护理伦理学,这对于加强护理道德修养、提高护理道德品质具有非常重要的意义。

1. 培育和提高护理道德品质,培养德才兼备的护理人才　社会主义新型护理人才不仅要有渊博的现代护理理论和知识、娴熟的护理技术、良好的身体和心理素质,还要有高尚的道德品质。要培育和造就德才兼备的护理人才,就必须加强对护理伦理学的学习和研究。学习护理伦理学,可使护理人员全面、系统地了解护理道德基本理论,掌握护理伦理原则和规范体系,自觉加强护理道德修养,提高心理调适和人际交往能力,更好地投身于护理事业,为人类的健康服务。

2. 提高护理质量,推动护理事业的发展　学习和研究护理伦理学是使广大护理人员具有高尚的护理道德的最有效途径。高尚的护理道德品质有助于提高护理人员的责任感和奉献精神,激发护理人员爱岗敬业的工作热情,在业务上精益求精;指导护理人员正确处理护理实践领域中的各种关系,提高对应对伦理难题的决策能力,从而为护理对象提供更安全、更高质量的服务,也促进整体护理水平的提高,推动护理事业的健康发展。

3. 有利于促进社会主义精神文明和核心价值观建设　护理道德建设是社会主义精神文明建设的重要组成部分,也是社会主义核心价值观个人层面价值准则在医护领域内的重要体现,是整个社会道德体系的重要内容。护理行业在整个卫生系统中起着窗口的作用,护理职业道德建设的优劣直接影响到卫生行业及整个社会的道德风尚,学习和研究护理伦理学,对于提高护理人员的道德意识,发扬护理人员无私奉献精神,促进社会主义精神文明建设与践行社会主义核心价值观具有重要意义。

(二) 学习、研究护理伦理学的方法

学习和研究护理伦理学,必须坚持辩证唯物主义与历史唯物主义的世界观和方法论,坚持理论联系实际及辩证的、历史的分析方法论原则。

1. 唯物辩证法的方法　护理道德总是同一定社会的经济关系、政治法律制度及其他社会意识形态联系在一起,受到一定历史条件下的社会意识形态的影响和制约,有其独特的历史发展过程中的社会文化特征。学习和研究护理伦理学必须运用辩证法的方法,以发展的眼光对护理道德进行辩证的及历史的分析、考察和研究,积极探索护理伦理问题,分析问题之间的普遍性和特殊性,才能探求护理道德赖以产生和发展的社会基础、根源及条件,科学地说明其本质、作用、发生及发展的规律,才能批判地继承中外传统的护理道德,更好地建设新时期的社会主义护理道德。

2. 理论联系实际的方法　理论联系实际是马克思主义最基本的方法论原则之一,也是学习与研究护理伦理学最基本的方法论原则。要学好护理伦理学,首先必须系统学习马克思主义理论,掌握马克思主义哲学和伦理学的基本原理,系统学习并掌握护理伦理学的知识体系,这是学好护理伦理学的基础和前提。其次,就是在正确的护理伦理学理论指导下进行护理道德实践,使理论与实践紧密地结合起来。只有坚持理论联系实际,才能深入了解和掌握护理伦理学这门科学,培养高尚的护理道德,更好地为人类健康服务。护理道德的价值只有通过护理实践才能实现,护理伦理学不能脱离护理实践而存在和发展。为此,既要学习和掌握护理伦理的有关理论,又要以社会主义护理道德的基本原则和规范来指导护理行为,把护理道德知识转化为护理道德行为,做到理论与实际的辩证统一。

3. 整体系统的方法　系统是由两个或两个以上相互作用、相互依赖的要素构成的有机整

体。护理道德是由道德意识、道德关系和道德活动三个要素构成的一个系统。整体系统的方法要求在学习、研究护理伦理学时，既要考虑到护理伦理学作为一门独立学科的整体性、层次性，又要考虑护理伦理与其子系统以及子系统相互之间的相关性和一致性。所以，学习、研究护理伦理学还要坚持联系的观点，正确认识护理理论及其分支部分的地位和功能，重视各部分之间相互依存、相互影响的关系。

4. 归纳和演绎的方法　归纳法是指由一系列的具体事实概括总结出一般原理，即从个别前提得出一般结论的一种逻辑方法。演绎法是指从已知的或假设的前提出发，经过推理，得出结论，即从一般到个别的逻辑方法。在学习和研究护理伦理学过程中，必须运用归纳和演绎的逻辑方法，进行科学的综合和分析，从复杂的护理道德现象中找出其本质以及护理道德关系发生、发展的基本规律。

随堂测 1-1

> **知识链接**
>
> **21世纪护理学的伦理要求以及理想护士的标准**
>
> 　　第五届全国护理伦理学学术研讨会主要讨论了21世纪护理学的发展及其对伦理的要求，新时期护士职业、理想与敬业精神面临的问题，心理护理与护理伦理，临终关怀与护理伦理，护理伦理与法等方面的问题。护理伦理道德要求护理人员要具有：①爱业、敬业、自尊、自爱、自强、自制的情操；②良好的语言修养，学会使用礼貌性语言、安慰性语言、治疗性语言、保护性语言；③得体的行为举止；④端庄的仪表；⑤态度认真、技术精益求精；⑥尊重、同情、关心患者；⑦廉洁奉公、遵纪守法；⑧互尊互学、团结协作。与会者认为新时期的护士应该做到：①树立正确的人生观，热爱自己神圣的职业；②努力学习，不断提高科学文化知识和操作技能水平；③不断加强护理道德修养，提高自身素质，正确处理个人、理想与事业的关系是新时期护士爱岗敬业的关键。

第三节　护理伦理学的发展与展望

护理伦理学作为一门新兴学科，其历史虽然不长，但护理道德现象与道德活动却与人类社会历史一样悠久。护理道德的起源可追溯到原始社会，自从有了人类，有了原始的护理意识，就有了原始护理道德的萌芽。护理道德与人类文明的发展及护理学的发展密切相关。

> **案例 1-3**
>
> 　　某护理部接到河南一位农民工的来信，他提出自愿捐献肝，以换取一定的报酬用于在当地建一所乡村医院。他的理由：一是，老家经济状况极差，政府虽一直努力筹资，但仍无足够资金进行医院建设，很多当地农民因得不到及时救治失去了宝贵生命。二是，他本人37岁，在32岁时全身水肿，确诊为慢性肾炎、肾功能不全。虽然目前仍然能从事农业劳动，但是自知生命有限，因此自愿将肝捐出，从而为改善乡村医疗环境，为提高乡亲的健康水平，解救更多乡亲的生命做点贡献。
>
> 　　请回答：
> 　　对此，应如何回信答复？

一、我国护理伦理的形成与发展

祖国传统医学有着几千年的发展历史,在防治疾病方面积累了丰富的经验,对世界医药卫生事业做出了巨大的贡献。我国传统医学的特点是医疗、护理、药物密不可分,护理依附于医学,护理伦理学也与医学伦理学密切相关,共同发展。

(一)我国古代护理伦理思想的形成

1. 远古时代的护理伦理　我国最早的医护道德观念随着原始医疗活动的出现而萌芽。在原始社会,人类为谋求生存,在与自然作斗争的过程中,逐渐积累了一定的生产、生活经验,形成了原始的医护照顾,也促使医护道德萌芽。据《淮南子·修务训》记载,神农"尝百草之滋味,水泉之甘苦,令民知所辟就,当此之时,一日而遇七十毒"。这种说法虽然不足为证,却反映了在远古时代已经形成"舍身为人"的原始道德观念。

2. 战国秦汉时期的护理伦理　我国现存最早的医学著作《黄帝内经》以我国古代哲学思想阴阳五行学说为理论指导,强调"医乃仁术"的思想,把医术和医德融为一体。书中记载"天覆地载,万物备悉,莫贵于人""人之情莫不恶死而乐生",充分说明了生命的价值,反映了医生必须具备"仁济众生"的医疗道德,才能令人敬佩和尊重。《黄帝内经》对于促进后世医学和医德的发展起到了重要作用。

战国时期神医扁鹊,堪称医德典范。"济世救人"是扁鹊医德思想的核心。"过邯郸,闻贵妇人,即为带下医;过洛阳,闻周都之人爱老人,即为耳目痹医;入咸阳,闻秦人喜小儿,即为小儿医",扁鹊的医德思想不但体现在"济世救人"的行医准则上,还反映在他谨慎诚实的医疗态度上。

春秋战国之后,随着封建社会生产力水平的提高,医疗水平也得到了提升,医护道德也得到了进一步的发展。如东汉医圣张仲景在《伤寒杂病论》序言中,对医学的性质、宗旨、医学道德和医学发展作了精辟论述。张仲景之所以能在医界称圣,除了其精湛的医术外,高尚的医德也是其中的重要原因。

3. 隋唐时期的护理伦理　在医学实践和儒家思想的推动影响下,隋唐时期的医护伦理得到了深入的发展,形成了较为完备的理论体系。其中,最具代表性的是孙思邈《千金要方》中的《大医习业》和《大医精诚》篇,它们是我国医学史上最早的全面系统地论述医护道德的专著。孙思邈强调,"凡大医治病,必当安神定志,无欲无求,先发大慈恻隐之心,誓愿普救含灵之苦"。凡良医治病,一定要神志专一、心平气和,不可有其他杂念。首先要有慈悲同情之心,决心解救患者的疾苦。如果患者前来就医,不要看他的地位高低、贫富及老少美丑,都应一视同仁,待如亲人,想患者之所想,急患者之所急。孙思邈的医著名为《千金要方》,体现了"人命至重,有贵千金"的思想。

4. 封建社会晚期的护理伦理　宋元明清已是我国封建社会晚期,我国医护伦理思想随着医学科学的发展而得到进一步的补充和完善。其中,宋代医学著作《小儿卫生总微论方》提倡医护人员对患者应当"贫富用心皆一,贵贱使药无别"。金元时期也出现了刘完素、张从正、李杲、朱震亨,即"金元四大家",他们以精湛的医术和高尚的医德流传于后世。明代医学家陈实功的《外科正宗·医家五戒十要》至今仍是医护人员应学习和遵守的重要伦理守则。清代喻昌在《医门法律》"治病"中的"六大失""六不治"等都是结合当时情况提出的道德要求。

综上所述,祖国医德的优良传统主要表现在以下几个方面:一是济世救人、仁爱为怀的事业准则;二是淡泊名利、清廉正直的医德品质;三是博及医源、精勤不倦的治学态度;四是稳重端庄、温雅宽和的仪表风度;五是谦和谨慎、互相尊重的同道关系。

受到历史条件、社会关系和阶级关系的制约,祖国传统医护道德也具有较大的局限性。因此,要在总结、分析、批判的基础上,继承和发扬祖国传统医护道德,使之为现代医学所用。

(二)我国近代与现代护理伦理的发展与完善

1. 我国近代护理伦理 随着西方医学传入我国,近代护理事业也开始了发展之路。19 世纪后半叶,护理伦理学逐渐成为一门独立的学科。1884 年,美国妇女联合会派到中国的第一位护士麦克奇尼(E. Mckechnie)在上海妇孺医院推行"南丁格尔"护理制度。1888 年,美国的约翰逊(E. Johnson)女士在福州一所医院建立了我国第一所护士学校。19 世纪末 20 世纪初,中国各大城市开办了教会医院并开设附属护士学校,我国护理专业队伍由此逐步形成。1909 年,中国护理界的第一个群众学术团体"中华护士会"在江西九江庐山牯岭镇成立,1922 年加入国际护士会。1918 年第四届会员代表大会将"护理伦理学"列为护士的必修课。1932 年,中央护士学校在南京成立。1934 年,教育部成立医学教育委员会,下设护理教育专门委员会,将护理学教育纳入国家正式教育体系序列。

在新民主主义革命时期,解放区也非常重视护理工作。1941 年,中华护士学会延安分会成立。1939 年,毛泽东同志发表《纪念白求恩》一文,号召广大医务人员学习白求恩同志毫不利己、专门利人的精神,对医护道德建设起了巨大的推动作用。1941 年,毛泽东同志为延安中国医科大学题词——"救死扶伤,实行革命人道主义",极大地鼓舞了广大医务工作者,并成为当代社会主义护理道德的基本原则。

2. 我国现代护理伦理 中华人民共和国成立后,我国的护理工作进入了一个全新的发展阶段,护理事业得到迅速发展,护理伦理也得到了前所未有的发展和完善,形成了全心全意为人民服务的高尚护理道德风尚。从中华人民共和国成立到"文化大革命"前的 10 多年时间里,由于党和国家对护理工作的重视,护士队伍日益壮大,护理教育和护理管理不断规范,护理伦理也得到了稳步发展。广大护士自觉将护理事业与远大的共产主义理想结合起来,以共产主义道德标准作为自己的行为准则。

改革开放以后,各项事业逐渐步入了良性运行的轨道,护理事业也得到了全面发展,护理伦理的建设也受到高度重视。1993 年 3 月颁布了《中华人民共和国护士管理办法》,2008 年 1 月通过了《中华人民共和国护士管理条例》,2022 年 4 月制定了《全国护理事业发展规划(2021—2025 年)》,这些都极大地促进了护理伦理的建设与发展。尤其是规范的护理教育恢复以后,院校护理专业及在职护士的继续教育陆续开设护理伦理学课程,护理专业人员的伦理素质得到普遍提高。现代护理伦理的高度发展造就了全心全意为人民健康服务的护理人才。

现代社会主义护理伦理继承和发扬了祖国护理伦理的优良传统,它以唯物史观为理论基础,注重人的需要、权利和整体性;以全心全意为人民服务为根本宗旨;以增进人类健康为根本目的。因此,它具有传统护理伦理无法比拟的优越性和先进性。

二、国外护理伦理的产生与发展

(一)国外古代护理伦理

1. 古希腊护理伦理 古希腊是西方医学的发源地。被称为"医学之父"的古希腊最杰出的医学家希波克拉底(Hippocrates)是西方医护道德的奠基人。在他的文集中,表现出了伟大的医德思想,其中《希波克拉底誓言》是西方医德的经典文献。他提出,医术的唯一目的是解除和减轻患者的痛苦,为患者谋利益。希波克拉底的医德思想对于整个世界医护道德的建立和发展具有深远的影响。

2. 古罗马护理伦理 公元 2 世纪,古罗马人占领了古希腊,也全面继承和发展了古希腊的医德思想。如古罗马著名医师盖伦(Galen,约公元 130—200 年)主张医护人员应该献身医学,要重学术而"轻利",他指出,"作为医师,不可能一方面赚钱,一方面从事伟大的艺术——医学"。盖伦的医德思想对西方护理道德的发展起到了一定的促进作用。

3. 古印度的护理伦理 古印度医学发展很早,其医护道德思想也很丰富。公元前 5 世纪,古印度名医、印度外科鼻祖妙闻在其医学著作《妙闻集》中就要求护士应具有良好的行为和清洁习惯，要忠于自己的职务，要对患者有深厚的感情，满足患者的需要，遵从医生的指导。古印度的护理伦理思想对后来印度及阿拉伯地区的护理伦理发展产生了很大的影响。

4. 欧洲中世纪护理伦理　中世纪欧洲护理工作的兴衰主要受宗教和战争的影响。由于战争频繁、疾病流行，形成了对护士的迫切需求。当时的医院主要是教会医院，从事护理工作的大多是修女，她们均自愿从事护理工作，遵循自己的宗教信仰。这一时期的护理伦理深受基督教道德思想的影响，如"仁慈博爱、无私利他"等。

纵观国外古代护理伦理的发展历程，可以归纳出"救死扶伤、尊重生命、奉行人道、体贴患者、慎言守密、不图名利"是其优良的护理伦理传统。当然，它也有其历史局限性，因此，对于国外护理伦理遗产，应该批判性地加以学习和吸收。

（二）国外近、现代护理伦理

1. 国外近代护理伦理　公元1400—1600年，意大利兴起文艺复兴运动，文学、艺术、自然科学包括医学等领域呈现出蓬勃发展之势。虽然当时的护理工作由于宗教改革、妇女地位下降、工业革命等原因而停滞不前，护理伦理发展受到一定的影响和冲击，但是，护理伦理已由过去的个人修养发展成为医疗组织整体遵循的道德规范，且人道主义成为护理道德的核心内容。

19世纪，随着社会、科学和医学的发展，护理工作的地位不断提高。南丁格尔（Nightingale，1820—1910年）是现代护理的创始人。1860年6月，南丁格尔在英国伦敦圣托马斯医院（St. Thomas Hospital）创办了世界上第一所护士学校——南丁格尔护士训练学校（Nightingale Training School for Nurses），标志着护理学作为一门科学被确定下来，近代护理伦理也随之形成。南丁格尔一生写了大量的笔记、报告和论著，其代表作《护理札记》（Notes on Nursing）是一部具有丰富护理伦理思想的著作，为护理伦理学的形成奠定了基础。南丁格尔强调，"护理要从人道主义出发，着眼于患者，既要重视患者的生理因素，又要充分重视患者的心理因素"。南丁格尔的护理道德思想对现代护理伦理有着深远的影响。

2. 国外现代护理伦理　19世纪末至20世纪初，国外护理伦理进入规范、科学发展阶段，不少国家以守则、法规、条例等文件形式将护理道德明确下来。1948年，世界医学会在日内瓦召开，会议以《希波克拉底誓言》为基础制订了《日内瓦宣言》，作为世界各国医务人员的共同守则；1949年，世界医学会通过了《国际医德守则》；1953年，国际护士协会制定了《护士伦理学国际法》；1981年，世界医学大会通过了《里斯本患者权利宣言》；2000年，世界生命伦理大会通过了《吉汉宣言》。与此同时，苏联、日本、英国、美国等国家和地区纷纷成立医学伦理促进、教育和研究机构及组织，极大地促进了现代医学道德和护理伦理学的发展。

三、当代护理伦理学的发展新趋势与新要求

（一）当代护理伦理学的发展新趋势

近年来，护理人员在临床工作、疾病预防、应对突发公共卫生事件当中发挥了重要作用，各级党委和政府对护士队伍的发展更加重视，因此当代护理伦理学必将出现新的发展趋势。

1. 护理伦理学课程体系更加成熟　随着各界对护理道德的关注和对护理服务质量期望的不断提高，护理伦理将不再是医学伦理学的附属品，而是逐步演变成有独立研究对象、研究方法、研究内容、研究目标的成熟学科，并演变为重要的必修课程。

2. 护理伦理学在临床护理工作中应用更加多元　随着时代的进步，患者及家属维权意识的提高，对护理人员的要求更加严格，护士将面临更大的内外部压力和工作环境及工作能力的变化。所面对伦理困境的种类更多，频率更高，对越来越多的伦理事件需要及时做出思考和决策。在临床中开展护理伦理学的研究，有助于帮助护士应对复杂的伦理问题，从而提高

护理水平。

3. 国内外护理伦理学研究范围更广　近年来,国外学术界关于护理伦理问题研究的数量和深度更为可观,出现了一些新的研究角度,如围生期护理人员的道德困境、重症监护室护士的护理伦理困境、工作环境和性格特征对护理伦理的影响等。我国虽然也在努力开展护理伦理研究,但与国外研究相比还存在差距,因此我国学者未来也会继续加强护理伦理学的研究和讨论,不断提高护理伦理学建设水平。

> **科研小提示**
>
> 可从如何完善相关法律法规、强化家庭功能和责任、推进多元养老和互助养老的发展、控制并减少智能产品的使用带来的伦理问题等方面进行伦理学研究,为解决伦理关系中的问题提供理论依据。

(二)当代护理伦理学的发展新要求

随着科技的进步、现代医学与护理科学的发展及医护模式的转变,社会对护理伦理提出了更新、更高的要求。

1. 护理伦理要求更加科学规范　随着《中华人民共和国护士管理办法》等法规的颁布与实施,我国护理伦理要求和规范已上升到法律层面。但随着科技的进步、经济的发展、人民群众对护理服务需求的日益增加,社会对护理伦理提出了更高的要求。首先,护理实践领域的拓展,使得护理伦理学的研究领域从临床护理伦理扩展到社区护理、护理研究、护理教育、护理管理、死亡问题等诸多领域的内容;其次,整体护理要求护士要充分考虑到患者的需要和权利,尊重患者的尊严,提供高质量的护理服务,这些都从护理伦理上对护士提出了更高的要求。因此,系统化、规范化、科学化的护理伦理是更好地规范护理专业行为、满足人民健康诉求的需要,也是提高护理服务水平、促进护理学科发展的需要。

2. 促进护理伦理教育事业的发展　1977年恢复高等护理教育以来,我国护理教育事业得到了飞速发展。目前,我国已形成了中高等职业教育、本科教育、研究生教育以及毕业后继续教育等多层次、多类型的护理专业人才培养体系,培养和造就了一大批护理实用人才,为维护和提高国民健康水平提供了非常重要的保障。护理人才教育层次的提高和专业队伍规模的扩大,对护理伦理教育提出了更高的要求。深入、广泛地开展护理伦理教育,不断提高护理伦理学的教育教学水平,是更新护士伦理观念、加强道德修养、提高道德水准的主要途径,是培养社会主义合格护理人才的前提,也是护理事业全面发展的重要保证。

3. 不断转变观念,提高护理伦理实践能力　由于科学技术的迅猛发展,医学高新技术的广泛应用,大量新的护理伦理问题也应运而生,如安乐死、器官移植、基因工程、生殖技术、卫生资源分配等问题对护理伦理观念和伦理实践造成了很大的冲击和影响。为有效应对护理伦理难题的严峻挑战,护理工作者一方面在伦理观念上要与时俱进;另一方面,要广泛学习、研究护理伦理学新理论、新知识,加强伦理判断和决策能力,从而更好地为人类健康服务。

随堂测 1-2

小　结

1. 护理与伦理密不可分,服务患者是护理活动的伦理基础。护理伦理思想的形成和发展经历了不同的历史阶段,护理伦理思想与医德思想融为一体,以患者利益为宗旨始终是国内外护理伦理思想的核心。

2. 我国近代护理伦理思想的发展深受西方的影响，并最终打破了封建思想的禁锢。当代护理伦理既关注个体护理道德行为，更加注重职业伦理规范。

3. 伦理学作为一门研究护理道德的科学，是医学伦理学中重要分支，它以护理实践中的道德现象作为研究对象，具体包括护理道德活动现象、护理道德意识现象和护理道德规范现象三个方面，并通过各种道德关系表现出来。

4. 护理伦理学的任务主要是运用伦理学的一般原理，探讨和揭示护理道德的本质及其发生发展的规律，研究护理道德原则、规范和范畴，提高护理人员的道德水平，增强其判断和评价护理道德行为的能力，维护护患关系。

5. 伦理学在其发展过程中，形成了生命存在论、人道主义论、道德品质论、道德义务论、功利主义论等各种理论体系，护理伦理学作为伦理学的分支，以此为理论基础，并逐步形成了自己的理论体系。

思考题

接诊室同时来了3位急诊患者。医生说需要做手术，护士按接诊程序给患者做术前准备，但同手术室联系后，手术室告知只能接收2位患者，那么剩下的这位患者怎么办？

问题：试着制定出护士的解决办法并回答护士遇到了什么伦理学问题。

（唐启群）

第二章 护理伦理学理论基础

第二章数字资源

导学目标

通过本章内容的学习，学生应能够：

◆ **基本目标**
1．解释道义论、效果论、美德论、公益论的含义。
2．说明道义论、效果论、美德论、公益论对护理伦理的影响。
3．比较生命神圣论、生命质量论、生命价值论的含义及其历史意义。

◆ **发展目标**
综合运用护理伦理学的相关理论解决临床具体案例并进行伦理学评价。

  护理伦理学的形成和发展有其深厚的实践基础和丰富的思想渊源。生物-心理-社会医学模式的诞生和发展所引发的护理道德观念转变和基本内容体系的调整是其深厚的实践基础；其理论基础则是在与中西方伦理学尤其是现代伦理学多学派、多元文化交融和碰撞中的思想和沉淀，这些理论上的成就给予护理伦理学强大的哲学支撑。因此，了解与护理伦理学密切相关的哲学和伦理学的不同流派的基本观点，是全面把握护理伦理学理论和原则的基本要求。

第一节 护理伦理学的哲学前提

案例 2-1

  患者，女性，26岁，孕9个月，因呼吸困难，在同居男友陪同下来医院就诊。医生检查发现孕妇及胎儿均生命垂危。面对病危的孕妇，医院决定免费让病情危重的孕妇入院手术治疗，接诊医生耐心向其男友解释必须手术的原因及可能出现的不良后果，可是面对生命垂危急需手术的孕妇，男友却多次拒绝在医院剖宫产手术同意书上签字，同时不告知患者其他家属的联系方式。

请回答：
1．此案例中，医护人员是否履行了自己的职责？
2．针对此案例，请讨论医务人员应如何决策。

哲学的最早发源地是在古老的东方。埃及、巴比伦，特别是印度和中国是闪烁着人类最早哲学智慧之光的国家。中国哲学、印度哲学与发源于希腊盛行于欧洲的西方哲学，并称为世界三大哲学。伦理学与哲学有着密切的关系，哲学是伦理学的理论前提，人们的世界观和历史观对道德实践有着直接的影响。

一、中国传统哲学思想与护理伦理学的融合

（一）中国传统哲学的主要特征

中国传统哲学的主要特征是"天人合一"的思维模式和伦理为本位的人道主义。我国古代哲学家很早就开始整体合观天人关系，把自然社会、宇宙人生一切事物的发展变化，都看作相互联系、相互依存、相互作用、和谐平衡的有序运动，把实现"天人合一"当作整合天人关系的最高理想境界。其中儒家哲学以其深厚的历史文化根底以及思想体系的开放性、包容性，创立了宋明理学，实现了儒道佛三教合流，最终成为中国传统哲学最显著的特征。

儒家伦理源于周公所创立的德政思想和礼乐制度。孔子以仁为最高道德原则，以礼为仁的表现形式，把道德行为和修身济世联系起来，强调道德的自觉性和社会功用。孟子、荀子则分别从"仁"和"礼"的角度继承并发展了孔子思想，奠定了儒家伦理道德学说的重要基础。汉代儒家概括出了"三纲五常"，构成了儒家伦理道德的基本体系。宋元明清使之理学化，同时还兴起了"四德论""八德说"，使得儒家传统道德规范进一步得到丰富和完善。正是通过对伦理学的研究，儒家哲学促进中国思辨哲学达到巅峰，同时形成极具中国特色的以伦理为本位的人道主义精神。

随堂测 2-1

（二）中国传统哲学对现代护理伦理思想的影响

中国传统哲学的基础与主干主要表现为儒家思想。2000多年的儒家思想博大精深、源远流长，其伦理范畴非常丰富，可谓不胜枚举。其中"仁爱、义利、诚信和慎独"等基本范畴对现代护理伦理思想的影响较为深远。

1. 仁爱 儒家伦理道德以仁为核心，"仁者爱人"是仁的基本内涵。孔子说"好仁者无以尚之"。孟子认为"恻隐之心，仁也"。韩愈指出"博爱之谓仁"，确定了仁爱的普遍性。

在儒家仁爱思想的影响下，护理被定义为神圣与高尚的职业，护理学被赋予仁慈至善的精神内涵，关怀照顾成为护理伦理学的重要道德基础。在护理实践中，护士应该将"仁爱""道德"贯穿于护理的全过程中。具体表现为：①以"仁爱"之心关怀照顾患者，与患者建立相互信赖的和谐关系，尽心竭力地履行道德职责和伦理义务，从而达到"老吾老以及人之老，幼吾幼以及人之幼"的伦理境界。②将"仁爱"作为护理道德修养的出发点，不断进行自我反省，自我完善，从而提升护士的护理道德信念与护理道德情感，形成良好的护理道德行为。

2. 义利 义是仁德在处理公私关系上的原则表现，即尊重和不侵犯别人的正当权益，故说"义以正之"。儒家认为，义是处理个人和群体、物质利益和精神原则之关系的道德规范，代表社会行为的原则性和崇高性。儒家的伦理思想中，"居仁由义"可以说是道德的理想境界。

儒家义利观在儒家整个伦理学说中占有重要的位置，在儒家"重义轻利"的思想影响下，古代医家淡泊名利、一心向善，为了救治患者而牺牲个人利益的情况非常多见。同样，儒家的义利思想对于护士在护理活动中坚守护理道德底线，维护与促进和谐的护患关系具有重要的现实意义，主要表现为：①护士要认真履行自身义务，尊重、支持并维护患者的利益和权利。②护士在维护自身权利的过程中要注重超越功利境界，敢于牺牲个人利益，追求完善的护理道德人格和品质。在此影响下，《21世纪中国护士伦理准则草案》通则中明确指出："护士工作服务于人生命的全过程。护士提供护理服务应基于尊重人的生命、权利和尊严，提高生存质量。护士对服务对象应当一视同仁，不因种族、国籍、信仰、年龄、性别、政治或社会地位而有所不同"。此外，儒家的义利思想对护士正确处理护理实践中个人与他人、集体及社会的利益关

系也具有重要的指导价值。

3. 诚信　诚信即诚实守信。儒家提倡内心诚挚，言而有信。孔子说"敬事而信""民无信不立""人而无信，不知其可也"，即是强调做人要以诚信为本。诚信是道德的基本规范，无论是个体或社会团体，无信都不能立足于社会。

护士应该汲取儒家诚信思想，在护理伦理实践活动中重视培养"诚信"品质，确立诚信的价值取向，互相合作，从而建立起一种以诚换诚的良好的护理人际关系，保证在护理实践活动中护理道德认识、情感、意志、信念与道德行为的一致性。

4. 慎独　指在无人觉察、独处时，尤须谨慎对待自己的心理和行为，自觉遵循道德规范。《大学》说"此谓诚于中，形于外，故君子必慎其独也"。《中庸》说"道也者，不可须臾离也，可离非道也。是故君子戒慎乎其所不睹，恐惧乎其所不闻。莫见乎隐，莫显乎微，故君子慎其独也"。即是说君子在无人之处也是谨慎戒惧的。南宋朱熹把"慎独"之"独"解释为"独知"，即人所不知的个人的心理活动。明朝大儒刘蕺山的学说以慎独为中心。他认为，要实现儒家的终极修养目标，唯在慎独。人需要通过自身克制的功夫和自律的道德实践，才能超越外在的形骸束缚与障碍，达到天人合一的境界，实现内在的超越。

随堂测 2-2

> **科研小提示**
>
> 查阅文献可知，慎独研究尚有改进空间，如慎独精神教育对护士综合素质的影响。

护士在执业过程中，应该严格要求自己，细致体察自我身心的波动，用意志力来监控自己的一举一动是否符合护理道德规范和人性普遍道德价值观。护士需要"慎独"，就应从源头上杜绝不良行为的出现，坚定不移地从"慎独"的道德信念出发，使"慎独"成为自身的一种道德力量，处处为患者着想，规范自身的行为，提高职业道德修养，真正做到"独善其身"。

二、古希腊哲学思想与护理伦理学的融合

（一）古希腊哲学思想的特征

古希腊哲学思想发展大体上是在理性主义传统范围内进行的，这在苏格拉底（Socrates，公元前469—前399年）、柏拉图（Plato，公元前427—前347年）和亚里士多德（Aristotle，公元前384—前322年）的思想中尤为明显。苏格拉底以"德性"为主要探讨对象，追求客观的、普遍的道德理性。为此，他提出了"美德即知识"的道德命题，而关于"善美"的知识是德性知识的根本所在。因为可以给人的行为带来"善"的结果的德性是一种知识，以此指导人们采取体现人之优秀性的行为。因此，"善生"是人和社会存在的最高目标，人要为追求"善"而活着。而人要清醒地认识到自己对"善"的知识的认识不是绝对的，人只有不断追求关于"善"的真正意义的知识，并在行动中进行身体力行的实践，才有可能通往"幸福"。

柏拉图继承了苏格拉底的思想，认为只有理性具有绝对的价值，是至善，而"善的理念"作为最高的存在，是一切存在的终极目标。有理性的生活即为有德性的生活，是至善。人在现实社会中的一切追求必须以"善"为目标，凡事都要以追求"善"为根本。柏拉图把苏格拉底的追求概括为智慧、勇敢、节制与正义四种德行，被称为"四元德"。"四元德"的本质在于以获得"善"为旨归，苏格拉底追求的关于"善生"的根本意义也在这里。

亚里士多德也认为，理性是人所特有的，因此人的至善是全面和习惯地行使那种使人成为人的职能，这就是"幸福"。思辨的活动、采取沉思形式的活动，是最高尚的幸福。但是人的灵魂并非都是理性，它既有理性的部分，也有非理性的部分，即感情、欲望和嗜欲。理性应当同它们合作。因此，德性应当是一种倾向或习惯，包括审慎的目的或选择。德性在于中道，其

核心含义是卓越，即既不要过度，也不要不及，而要努力做到适度，将人性的潜能尽情地释放出来。这由理性来确定。此外，仅仅知道德性的性质还不够，人应当力求掌握它并且身体力行。

（二）古希腊哲学思想对现代护理伦理思想的影响

古希腊学者热衷讨论善、幸福、正义和平等的观念，颂扬理性主义的传统，以及对人德性问题的不断探索，为护理伦理的思想与实践提供了宝贵资源。从历史看来，护理学的诞生与发展历程就是对"善"与"公正"的不懈追求，护理伦理学也正是要在道德实践的推动与道德关系的协调中弘扬一种客观而普遍的德性，从而促进护理学科的最大发展。在护理实践中，护士以促进健康、预防疾病、恢复健康和减轻痛苦为自己的使命，以行善为自己的工作宗旨。而保存生命，促进健康，使可发展的生命实现其最高的价值，即为最大的善。随着护理学的迅速发展，护士的地位越来越得到公正的认可，护理工作亦会具有更大的独立性，将进一步发挥善待生命、善待服务对象的社会功能。

古希腊的"四元德"告诫人们要身体力行，处世适度，寻求卓越，这对后世的护士也有重要的启示。它将指导护士在工作中应不断学习和强化必需的职业道德品质，并内化为正确的言行。护理学强调"关怀"的理念，作为护理行为的实施者，护士应具备精湛的专业技能、美好的道德品质，并且应把这些优良的素质代代传承下去。

第二节　护理伦理学的相关理论基础

任何一门学科的建立都需要一定基础理论的支撑。护理伦理学就是在生命论、人道论、义务论、功利论等基础理论的指导下建立和发展起来的。因此，学习和研究护理伦理学，必须理解和掌握这些理论。

案例 2-2

患者王某，男性，76岁，离休干部。因与家人争吵激愤过度而突然昏迷，家人迅速将其送往某医院急诊。经医生检查仅有不规则的微弱心搏，瞳孔对光反应、角膜反射均已迟钝或消失，血压 200/150 mmHg，二便失禁，面色通红，口角歪斜，被诊断为出血性脑卒中昏迷。经三天两夜的抢救，患者仍昏迷不醒，且自主呼吸困难，各种反射几乎消失。面对患者是否继续抢救，医护人员和家属有不同的看法和意见。医师 A 说："只要患者有一口气就要尽职尽责，履行人道主义的义务。"医师 B 说："病情这么重，又是高龄，抢救仅是对家属的安慰。"医师 C 说："即使抢救过来，生活不能自理，对家属和社会都是一个沉重的负担。"但是患者长女说："老人苦了大半辈子，好不容易才有几年的好日子，若能抢救成功再过几年好日子，对儿女们也是个安慰。"她表示要不惜一切代价地抢救，尽到孝心。儿子说："有希望抢救过来固然很好，如果确实没有希望，也不必不惜一切代价地抢救。"

请回答：
对于上述不同的意见和态度，护士应该如何进行决策？

一、生命论

(一) 生命神圣论

1. 生命神圣论的含义及产生的基础

(1) 生命神圣论的含义:生命神圣论(life divine theory)是强调人的生命具有神圣不可侵犯的道德价值的一种伦理观念。这种观点认为,人的生命是神圣不可侵犯、至高无上、极其重要的,它具有最高道德价值。所以,人们应无条件地保护生命,不惜任何代价地维护、延长人的生命,任何人为终止生命的行为都是不道德的,都应该予以谴责。

(2) 生命神圣论产生的基础:生命神圣论起源于神灵主义医学模式时期。当时人类处于原始社会和奴隶社会时期。由于知识水平和生产力发展水平的限制,人们无法科学地认识疾病的发生和发展,只能对生命、生命价值做出一些简单的理解。在当时的人们看来,人是"天"的奴仆,人的生命是"天"赋予的,生命被赋予天授色彩。因而人们不能随心所欲地放弃和作践自己的身体和生命。而且,由于当时人类平均寿命极短,并相信灵魂不死,认为在人的生命之后仍然有生命。这些观念促成了原始生命神圣思想的萌芽,为生命神圣论提供了最初的理论来源。

从其理论来源看,生命的神圣性主要是源于生命天授,但随着科学进步和人们认知水平的提高,这一理论的根据逐渐发生了变化,认为生命的神圣性就在于生命本身。不管是认为生命的神圣性来源于天授,还是出于其自身,这一理论在各个时期都认为,在任何时间与任何情况下,保护和延长生命都是道德的,不允许对生命有任何的触动、侵犯,也不允许对自然形成的神圣的人体进行任何改进和修补。

2. 生命神圣论的历史评价

(1) 生命神圣论的意义

1) 生命神圣论使人们珍重生命,有利于人类及社会的存在和发展:不可否认,生命是宝贵的、神圣的,生的权利是人的基本权利。没有人的生命,就没有社会物质财富和精神财富,就没有人类社会的存在和发展,也没有社会的进步。因此,在人类社会早期,人们意识到生存的艰难,产生了生命极其宝贵的生命神圣思想,认为生命与世界上的其他事物相比都具有至高无上性,这无疑对人们珍惜生命乃至推动社会发展具有重要的意义。

2) 生命神圣论促使医学职业和医学科学的产生和发展:生命神圣论是医学职业和医学科学产生的基础。生命宝贵,所以当生命受到伤害、受到疾病折磨的时候,就需要一种学问予以研究和解决,就需要有一种职业、一部分人专门为这些受到伤害、受到疾病折磨的人们提供帮助。这门学问就是医学,这种职业就是医疗卫生职业,这些专业人员就是医护人员。医护人员应该义不容辞地利用所掌握的医学知识和医学手段竭尽全力维护生命的存在,不遗余力地去挽救生命,延缓其死亡过程。这激励人们探索生命的奥秘,发现诊治疾病的新方法,建立维护人类健康的完善的医疗卫生制度,也促进医学科学的发展和医疗技术的进步。

(2) 生命神圣论的局限性

1) 生命神圣论具有抽象性,缺乏辩证性:它片面强调生命至上,主张对人的生命不惜一切代价进行抢救、治疗、护理,甚至不惜耗费大量人力、物力、财力去保护已丧失社会价值的生命。这是脱离现实的、片面的、抽象的观点。纵观历史,人的生命并非绝对神圣不可侵犯的,古时就有人为的"安乐死"的做法,而现实生活中也不难发现,这种生命神圣论在解决一些社会问题时也受到了严峻挑战。

2) 生命神圣论在现实中导致大量医学伦理难题:生命神圣论只重视生命的生物属性和生命的数量,却忽略了生命的社会属性和生命质量,容易导致绝对化。

生命神圣论的观点同人口政策发生了尖锐的冲突。在生命神圣论看来,只要是人,不论是成熟的人还是不成熟的,都应该无条件地活下去,避孕、流产、绝育都是对生命的亵渎。这必然造成人口素质相对下降和人口数量恶性膨胀；生命神圣论主张无条件地维持人的生命，不论患者处于一种什么样的状态，都要不惜一切代价地抢救人的生命，这势必会造成卫生资源的浪费，并影响卫生资源的分配；人体器官移植和对生命的研究，也会因生命神圣论而处于难以抉择的窘地，困扰医学的发展。

（二）生命质量论

1. 生命质量论的含义　生命质量论（life quality theory）最早是一个经济术语，自"quality of life"翻译而来，也译作生活质量论、生存质量论。生命质量论是以人的自然素质（体能和智能）的高低、优劣为依据，衡量生命对自身、他人和社会存在的价值的一种伦理观。它强调人的生命价值不在于生命存在本身，而在于生命存在的质量。人们不应单纯追求生命的数量，更应关注生命的质量，增强和发挥人的潜能。在医学领域，它是在第一次医学革命，即人类具备了成功控制烈性传染病的能力之后出现的，并伴随着优生学的发展而发展，是世界人口出现爆炸性增长后备受人们关注的一种理论。

2. 对生命质量论的历史评价

（1）生命质量论的伦理意义：①生命质量论的产生，标志着人类生命观已经发生历史性转变。生命质量、人口素质不仅关系到国家的前途、民族的命运，而且也关系到人类的命运。由传统的生命神圣论转向追求生命质量论，由数量向质量的转变无疑是人对自身认识的一次飞跃。②生命质量论为人们提出人口政策、环境政策、生态政策等提供了理论前提，也为人们认识和处理生命问题提供了重要的理论依据。医护人员可为控制无生命质量的人而采取避孕、人工流产、绝育等措施，这对长期以来困扰人们的生与死的选择问题提供了新的标准。③生命质量论也为医护人员的治疗决策提供了理论依据，并促使医护人员追求有质量、高质量的生命。

（2）生命质量论的局限性：主张生命质量道德的观点仅就人的自然素质谈生命存在的价值有其局限性。它认为，生命神圣论只注重生命的数量，不注重生命的质量，应该用生命质量的伦理观代替生命神圣的伦理观，并主张如果一个人生命无质量，就没有必要加以保护或保存。这样的观点带有一定的片面性和局限性。因为有的人生命质量很低，但存在的价值却超人；反之，有的人生命质量很高，但其存在的价值却很小。所以，单凭生命质量决定对某一个体生命延长或维持、结束或缩短是缺乏道德依据的。

（三）生命价值论

1. 生命价值论的含义

（1）生命价值论：生命价值论（theory of life value）形成于20世纪70年代，是对生命质量论的进一步发展，它是根据生命对自身、他人和社会的效用如何，采取不同态度的生命伦理观。

生命价值论是以人具有内在的和外在的价值来衡量生命意义的一种伦理观念。内在价值是生命对自身具有效用的属性，是生命具有的对自身的效用；外在价值是生命对他人、社会具有效用的属性，是生命具有的对他人、社会的效用。

（2）生命价值量的确定：生命价值论要求根据生命对自身和他人、社会的效用如何，不同对待。评价生命价值的标准主要有两个因素：一是生命本身的质量决定生命的内在价值，是生命价值判断的前提和基础；二是个体生命对社会、对他人的贡献，决定了其生命的价值，是生命价值的目的和归宿。所以，判定人的生命价值要把内在价值和外在价值相结合，不仅重视生命的内在质量，更应重视生命的社会价值。因而，一个人的生命素质越好，对社会的贡献越大，创造的物质和精神财富越多，其生命价值就越高，生命价值论主张对这样的人的生命给予更多的权利；相反，对生命质量低劣，维持其存在所花费的代价过分昂贵，或给他人、社会带来沉重负担的生命，应该负担起责任去决定采取行动加速衰亡过程。

2. 生命价值论的历史意义 人类对生命的医学伦理理论，为全面认识人的生命提供了科学论据。评价和判断生命价值时只看生命质量、生命的内在价值是不够的，因为有的人生命质量很高，而其生命价值很低；有的人生命质量很低，但却有他的存在价值，且价值很高。因此，评价和判断生命价值更重要的是要看其外在价值，看其对社会的责任和贡献的大小，即一个人对社会、对他人的贡献越大，其生命就越崇高，价值也就越大。

> **科研小提示**
>
> 查阅文献可知，生命论研究尚有改进空间，如医学生生命观教育研究。

二、道义论

（一）道义论的理论渊源

道义论（deontology）又称为义务论。道义论认为一个行动对错的评价不能诉诸行动的后果，而是规定伦理义务的原则或规则，而有些原则和规则是不管后果如何都必须贯彻的。如"不许说谎""必须遵守诺言"。也就是说，行动本身的性质决定着行动的对或错，而不是行动的后果决定的。比如，某护理人员给患者注射时告诉患者"此药有效"，其实他所开出的是一剂"安慰药"。义务论认为，这样做是不对的，因为这一行动本身的性质是"欺骗"，而不管其后果如何。

（二）道义论对护理伦理学的影响

道义论属于规范伦理学，它曾经对护理伦理学起过巨大的历史作用，而且至今仍然有着举足轻重的影响。道义论的各种经典医德文献表明，道义论把护士为患者服务当作某种绝对的义务和责任。它的主要出发点是护士高尚的善良的动机与为患者服务的信念，而不问行为或不大考虑行为的后果。它从义务的观点出发，为护理人员规定了各种各样的美德要求和美德规劝，以各种形式的"准则""守则"规定下来。同时又为护理人员规定了各种必须恪守的职责。

随着医学科学的进步和人们对道德认识的深化，道义论的护理伦理学也日益暴露了其先天的不足。道义论仅仅着眼于人的动机，不考虑效果。而在实践中，人的好动机并不必然带来良好的效果，有时却恰恰相反。而且人的好动机没有行为效果的检验，很容易流于空洞，甚至是空中楼阁。

三、效果论

效果论（effect theory）又被称为目的论或后果论，是以道德行为后果作为确定道德规范的最终依据的伦理学理论。效果论的主要学派是功利主义或功利论。

> **案例 2-3**
>
> 患儿李某，女，5岁，患肾炎继发肾衰竭住院3年，一直做肾透析，等候肾移植。经父母商讨，同意家人进行活体移植。经检查：其母因组织类型不符被排除，其弟年纪小也不适宜，其父中年、组织类型符合。医生与其父商量作为供体，但其父经一番思考决定不做供体，并恳请医生告诉他的家人他不适合作供体，因他怕家人指责他对子女没有感情，医生虽不大满意，还是按照他的意图做了。
>
> 请回答：
>
> 医生"说谎"道德吗？其父的做法对吗？从伦理角度进行分析，并说明理由。

（一）功利论的含义

功利论（utilitarianism）是由有英国传统的经验主义哲学背景的边沁和穆勒创立的，从人的趋乐避苦的生理性特点出发，发展到追求精神的快乐，强调以一个行为能给最大多数人带来最大幸福为评价行为依据的伦理。

功利论就是根据行为是否以相关者的最大利益为直接目的而确定道德规范的后果论。功利论的著名原则是"最大多数人的最大幸福"。功利主义认为确定的道德规范必须直接有利于实现最大多数人的最大幸福。功利论分为行为功利主义和规则功利主义。行为功利主义主张行为的道德价值必须根据最后的实际效果来评价，道德判断应以具体情况下的个人行为的经验效果为标准，而不是以是否符合某种道德准则为标准。因此，行为功利主义者认为每个人都必须估量自己的处境，使自己的行为给他人带来最大的好处或把不好的结果降低到最小程度，而没有什么可遵循的原则；规则功利主义主张人类的行为具有某种共同特性，其道德价值以它与相关的共同准则的一致性来判断。因此，规则功利主义者认为每个人都应当遵循会给一切相关者带来最大好处的规则。

（二）功利论的主要观点

1. 功利论的道德原则 最大多数人的快乐是功利主义的道德原则。功利论认为每一事件的发生及演变都是有目的的，每一个人的行为或所遵循的规则应该为每一个有关者带来最大好处或幸福。这种理论关注的是行为的结果，或一种行为达到一定目的。

2. 功利论的快乐标准 功利论所说的行为的效用是以该行为能不能带来快乐为标准，能给别人带来快乐的就是利他的功利主义，否则就是利己的功利主义。功利主义的决策程序是：首先列举一切可供选择的办法，然后计算每一种办法可能产生的后果，对自己或别人产生了多少快乐和不幸，最后比较这些后果，找出导致最大幸福和最小不幸的办法。

（三）功利论的历史评价

1. 功利论的护理伦理意义 功利论应用到护理领域，尤其是在市场经济时代，最大的好处是在判断或进行行为选择时，以患者和社会大多数人的利益为重。

（1）有助于护理人员树立正确的功利观，将患者的健康功利和社会大多数人的健康功利放在首位，并对其行为后果进行价值分析和判断，将有限的卫生资源按照符合社会整体利益的方向进行分配，从而避免浪费。

（2）功利论也兼顾到医院和护理人员的正当利益，有利于调动其积极性，同时，医院及护士的正当利益也要得到理解、肯定，其物质和精神需要应得到逐步满足。

（3）在道德评价中，这种理论、观点具有客观性、可视性、有形性和明显可见的实际利益性，容易被人接受和运用，比较符合科学原则和实事求是原则的要求。

2. 功利论的局限性 用功利论对一个人的行为进行评价也有其片面性，而且容易导致以功利的观点对待生命以及利己主义、小团体主义的滋长，在某种程度上忽视全心全意为人民服务的宗旨，忽视医疗护理服务经济效益和社会效益的统一，同时，过分重利也容易使人们为了利益而不择手段。因此，功利论的应用要注意价值导向的及时调整。一是注意防范滑向"重利轻义"的极端，二是要注意功利主义容易使人"短视"，容易使人们重视眼前利益，忽视长远利益和根本利益。

四、美德论

美德在人类的发展过程中有其内在规律性，它是在继承和弘扬优良传统美德的基础上不断发展和进步的。美德论旨在告诉人们什么是道德上的完美的人，如何成为道德上的完人。

> **知识链接**
>
> **杏林春暖**
>
> 三国时期，吴国侯官（今福建闽侯县）有一位叫董奉的人，是一位很高明的医生，传说有"仙术"。董奉曾长期隐居在江西庐山南麓，热忱为山民诊病疗疾。他在行医时从不索取酬金，每当治好一个重病患者时，就让病家在山坡上栽五棵杏树；看好一个轻病患者，只需栽一棵杏树。所以四乡闻讯前来求治的患者云集，而董奉均以栽杏作为医酬。几年之后，庐山一带的杏林多达十万余株。他让山中白禽群兽在杏林中嬉戏，替他看管杏林。杏树下不生杂草，像专门有人锄草一样。每到杏子成熟后，他就在杏林中盖一间仓房，并告示人们：如需买杏，只管拿一罐谷物倒进仓房，然后装一罐杏子走，不需通知他。董奉又将杏子变卖成粮食用来救济庐山贫苦百姓和南来北往的饥民，一年之中救助的百姓多达两万余人。正是由于董奉行医济世的高尚品德，赢得了百姓的普遍敬仰。庐山一带的百姓在董奉羽化后，便在杏林中设坛祭祀这位仁慈的道医。如此一来，杏林一词便渐渐成为医家的专用名词，人们喜用"杏林春暖""誉满杏林"这类的话语来赞美像董奉一样具有高尚医风的苍生大医。

（一）美德论的含义

美德通常指人的道德品质，是一定社会的道德原则和规范在个人思想和行为中的体现，是一个人在一系列的道德行为中所表现出来的比较稳定的特征和倾向。美德论（virtue theory）又称为德性论或品德论，是研究做人应该具备的品格、品德的理论。

美德论的历史源远流长。不同国家、不同时代、不同民族都有着许多传统美德。首次提出"美德论"是在《荷马史诗》中，随后分别出现在柏拉图、亚里士多德的著作中。古希腊哲学家苏格拉底最早提出了"美德即知识"的观点，亚里士多德系统地阐述了美德与知识、情感、自愿、行为、快乐、中道等之间的关系，创立了完整的美德论体系。此后现代伦理学家在亚里士多德的理论基础上，构建了美德论的伦理学体系，并且将完美的道德品质描述为诚实、同情心、关爱照顾、责任心、诚实可靠、敏锐的洞察力以及审慎等。

（二）美德论的主要内容

在长期的护理实践中，培养了护理人员许多高尚的道德品质，主要有以下内容：

1. 仁慈 即仁爱慈善，对患者怀有恻隐之心，同情、尊重、关心患者，热情为患者服务，实践医学人道主义。

2. 诚挚 即热爱并潜心护理事业，忠诚服务对象，诚心维护服务对象的健康利益，一切为患者，并具有实事求是的作风，敢于承担责任，勇于纠正错误。

3. 严谨 即具有严肃认真的科学态度，周详缜密的思维方法，审慎负责的工作作风。

4. 公正 即能够一视同仁地对待服务对象，合情合理地处理公私关系和分配卫生资源。

5. 进取 即刻苦钻研专业技术，不断更新知识，虚心向同行求教，不断提高护理质量。

6. 协作 即在工作中能与其他医务人员密切配合、互相尊重、互相支持、齐心协力，并勇挑重担。

7. 奉献 即不怕苦，不怕累，不嫌脏，不嫌麻烦，不畏困难，勇于牺牲个人利益。

8. 廉洁 即办事公道，作风严谨正派，不图谋私利。

（三）对美德论的历史评价

1. 美德论的护理伦理意义 由于护理职业对护士的行为要求含有更多的奉献成分和牺牲精神，因此，美德论是护理道德领域中很重要的伦理学理论。虽然20世纪前西方护理伦理教材中几乎没有提及美德论，但是在现代护理伦理学中，美德论已重新成为检验和判断道德行为的重要理论框架。

（1）可以培养护士在护理工作中良好的护理道德品质。护理道德品质是护士在认识护理道德原则和规范的基础上所表现出来的具有稳定性特征的行为习惯和倾向，是由护理道德认识、道德情感、道德意志、道德信念和道德行为所构成的统一体。

（2）护理行为和护理目的即是善良助人，决定了护理工作是一种体现人类美德的工作。因此护士在工作中要认识到护理工作本身的重要性与崇高性，增加自己的职业认同感与成就感，在个体的内心形成稳定的道德信念。

2. 美德论的局限性　美德论局限于个体人的道德完善，忽视社会环境对个体道德的制约性，没有把作为道德主体的人理解为社会关系的总和，不利于实现个体道德建设与社会道德建设的平衡发展。

随堂测 2-6

五、公益论

公益思想自古就有，当今世界共同面临的环境污染、资源短缺、人口猛增、贫富差距等一系列现实问题，使人们的公益意识空前强烈。因此，公益论的出现迎合时代的需要，具有重要的现实意义。

案例 2-4

产妇王某，45岁，孕4产1。因过去有习惯性流产，起初王某和其丈夫都感到很紧张。但是，现在他们已接受了这个事实。第四次妊娠保胎至31周早产，新生儿体重1.85 kg，而且出生后呼吸暂停，最长一次达20分钟。B超检查发现新生儿有颅内出血，后来又发生吸入性肺炎、硬皮肿。医生向产妇及家属交代新生儿病情危重，即使抢救能够存活，未来也可能影响智力。但是，产妇和家属商定：即使孩子长大是痴呆儿，也要不惜一切代价地抢救。

请回答：
请运用公益论的观点讨论产妇和家属的决定。

（一）公益论的含义

公益即公共利益、大多数人的利益。公益论（public interest theory）是根据行为是否以社会公共利益为直接目的而确定道德规范的后果论。它主张从社会、人类和后代的利益出发，公正合理地分配医疗卫生活动中的利益。随着人类不断社会化，不同群体、国家乃至整个世界形成共同的、长远的利益，这些公益与每个人的利益息息相关。

20世纪70年代，公益论作为医学伦理学的基本理论出现。公益论所要探讨的是如何使特殊的医疗手段（如优生、羊水穿刺等）和有限的卫生资源得到更合理的分配和使用，更符合大多数人的利益。

（二）公益论的主要内容

1. 公益论的兼容观　公益论主张社会利益、集体利益和个人利益相统一，在医疗卫生事业中主要表现为医务人员在工作中既要做到满足广大人民群众日益增长的健康的需求，又要做到提高全社会，即中华民族的整体健康水平。公益论的兼容观强调的是社会利益、集体利益和个人利益的相互兼容，根本上并不排斥。

2. 公益论的兼顾观 任何医疗护理行为都应当兼顾社会、集体和个人的利益。当三者发生冲突，形成"非此即彼"不可调和的排斥矛盾时，社会和集体无权作出否定个人利益的选择，应该满足和实现个人利益；当冲突不是以排斥的形式出现时，要做到个人利益与集体利益兼顾，以集体利益为主，集体利益与社会利益兼顾，以社会利益为重，当前利益与长远利益兼顾，以长远利益为重。公益论的兼顾观要求尽可能对利益进行公平、合理的分配。

3. 公益论的社会效益观 公益论强调在医疗服务中坚持经济效益与社会效益并重、社会效益优先的原则。公益论把医学伦理关系扩展到整个人类社会，并提示人们不仅着眼于人类的现在，而且要关注到人类的未来，既注重卫生资源的合理分配与有效运用，又注意保护和优化人类赖以生存的自然环境，积极造福社会，为人类将来的繁荣昌盛创造条件。

（三）对公益论的历史评价

1. 公益论的护理伦理意义 现代的护理工作已从治病扩展到防病保健，逐步渗入临终关怀、老年护理、康复保健、家庭护理及社区护理等领域。护理学科的社会化及护理服务对象的扩大使得护士在卫生保健工作中的作用日益增强和提高，这就越来越要求护士对自己的工作进行独立的判断和决策，也将面临更多的伦理决策难题，如在患者的关怀照顾中如何权衡利害得失，如何保护患者的自主权，如何公正分配护理保健资源等。因此，公益论对护士护理工作中的伦理判断起到指导作用。

在护理服务过程中，护士要善于充分利用公益论的理念指导自己的行为，具体表现为：①以改善和提高人们健康质量为目的，预防疾病，体现社会进步；②以保护全人类的健康为基础，与保护资源和环境的承载能力相适应，强调以可持续发展的方式使用护理资源。另外，公益论加强了护士的社会责任感，扩大了护士的义务范围，将有助于护理服务领域的进一步扩大和护理学科向纵深方向发展。

2. 公益论的局限性 由于公益论把医疗护理工作的重心放在了集体公益，淡化了患者的个人利益，从而不利于贯彻"以患者为中心"的医疗思想，在一定程度上会影响各个患者的现实利益。因此，公益论是一种美好的理想框架，不可能引导人们走出当代生命伦理问题的所有困境。只有把义务、生命质量与价值和公益三者有机地结合起来，才能使护士在实践中所面临的伦理难题得到解决。

小 结

1. 哲学是伦理学的理论前提，中国传统哲学的主要特征是"天人合一"的思维模式和伦理为本位的人道主义。其中"仁爱、义利、诚信和慎独"等基本范畴对现代护理伦理思想影响较为深远。古希腊哲学思想发展是在理性主义传统范围内进行的，其中苏格拉底提出了"美德即知识"的道德命题。柏拉图在苏格拉底的理论基础上提出了"四元德"。亚里士多德也认为，人应当力求掌握德性并且身体力行。

2. 护理伦理学就是在生命论、道义论、效果论、美德论、公益论等基础理论的指导下建立和发展起来的，生命论经历生命神圣论、生命质量论、生命价值论三个阶段。道义论、效果论、美德论、公益论既对护理伦理起着重要的指导作用，但也有其局限性。

思考题

1. 请阐述中国传统哲学的主要特征及其对护理伦理思想的影响。

2. 试述生命论经历的发展阶段。

3. 阐述道义论的主要观点及对护理伦理学的影响。

4. 患者郑某，男，66岁，工人，公费医疗。因肠梗阻和梗阻性黄疸急诊住院。查体：巩膜及皮肤黄染，右下腹轻压痛和肌紧张，左下腹触及一个直径4 cm的圆形质韧肿物，边界不清且随呼吸上下移动。经CT、B超及胃镜检查，临床诊断为结肠癌，但不能完全排除淋巴瘤及十二指肠肿瘤，行开腹探查。活检冰冻切片为恶性肿瘤晚期，行姑息性手术。术后患者发生肺部感染、左心衰竭，继而发生应激性溃疡而致上消化道出血，经抢救后，患者处于多器官功能衰竭状态。医生下病危通知，告知患者家属已无康复希望，并劝其放弃治疗。而家属不但不愿放弃治疗，反而要求尽全力抢救。医务人员为避免与其家属发生纠纷，遵照家属的要求不惜一切代价继续治疗半个月，直至患者死亡。

问题：请对上述案例中医务人员及家属的行为进行伦理分析。

（陈雪霞）

第三章 护理伦理原则、规范与范畴

导学目标

通过本章内容的学习，学生应能够：

◆ **基本目标**
1. 阐述护理伦理学的基本原则、具体原则和应用原则的内容。
2. 理解护理伦理规范的基本内容。
3. 比较护理伦理原则、规范、范畴的含义及其间的关系。
4. 诠释护理伦理规范和护理伦理范畴的内涵。
5. 比较权利与义务、情感和良心、功利和荣誉、审慎和胆识、价值和保密的内涵。

◆ **发展目标**

确立护理伦理观念，运用护理伦理原则、规范与范畴分析临床具体案例，提出问题，解决问题，做出适宜的伦理决策。

护理伦理原则、规范和范畴在护理伦理学中占有重要的地位，是护理伦理学的核心内容。护理伦理基本原则是护理伦理具体原则、规范和范畴的总纲和精髓，在护理伦理理论体系中处于首要地位，起着主导作用，具有引领性；具体原则、规范和范畴是基本原则的展开和具体化；护理道德规范是整个体系的架构，是护士道德意识和行为的具体标准，具有可操作性；护理道德范畴是护理伦理原则和规范的补充。如果将护理道德体系比喻为一张网，那么护理伦理原则和规范就是网上的经纬线，而护理伦理范畴则是经纬线交叉处的纽结。

第一节 护理伦理原则

案例 3-1

一对农村夫妇抱着白喉患儿去医院求治，患儿呼吸困难，医生决定做气管切开，但患儿父母坚决不同意。此时患儿面部发绀，生命垂危。急诊医生看到病情危急，将患儿强行抱到手术室实施手术。患儿得救，患儿父母给医生跪下致谢。

案例 3-1（续）

请回答：
1. 急诊医生的做法是否符合伦理要求？这是否违反了父母的知情同意权？
2. 如果听从父母最初的意见，患儿死亡，医生是否负有责任？
3. 如果强行手术后患儿仍死亡，医生是否负有责任？

原则，是人们观察问题和处理问题的标准和准绳。护理伦理原则（nursing ethical principle）是指调整护理实践中观察和处理各种人与人、人与社会之间关系的行为准则。它反映了护理学发展阶段及特定社会背景之中的护理伦理基本精神，是调节各种护理道德关系都必须遵循的根本准则和最高要求。学习并理解这些规则，有利于护士对护理专业终极目标的反思，并帮助他们进行护理行为的伦理选择。

一、护理伦理的基本原则

（一）护理伦理基本原则的概念

护理伦理基本原则是人们为了明确护理道德的基本精神、为新护理道德的确立指明方向、解决伦理难题提供基本依据、弥补道德规范和法律运用于职业活动时的缺陷，而从护理实践和护理行为准则中归纳、总结、抽象概括得出的结论，它具有引领护理伦理准则、规范一切护理伦理行为方向的功能。

（二）护理伦理基本原则的内容和要求

1. 护理伦理基本原则的内容 我国护理伦理基本原则的内容是：防病治病，救死扶伤，实行社会主义人道主义，全心全意为人民身心健康服务。

2. 护理伦理基本原则的要求

（1）防病治病，救死扶伤：救护生命是护理基本价值的核心，护理工作本身的职责和职业道德要求必须具备精湛的技术和高尚的医德。因而它对护士提出了具体的要求：一是正确认识护理工作职责，树立崇高的职业责任感和使命感；二是刻苦学习基础理论知识，积极参与临床护理实践，不断提高护理技术水平，更好地为患者提供优质护理服务。

（2）实行社会主义人道主义：人道主义（humanism）是一种几乎可以渗透进人类社会各个领域中的、具有深厚历史渊源的人类精神、观念和思想。人道主义的核心内容有三个方面：①在对待世界的态度上，人道主义以一种理性、自然而不是神性、非自然的态度看待世界，包括人的生命活动；②在对待人的态度上，人道主义强调个人生命的宝贵、人格的独立、自由、平等、尊严和幸福；③在对待群己关系的态度上，人道主义要求对己合理地保护和提高，对人施之以爱，"己所不欲，勿施于人"。人道主义与医学的紧密结合，形成了医学人道主义的理论与实践。

古代朴素医学人道主义的特点：①古代医家多具有朴素的人道主义情感，孙思邈有言"凡大医治病，必当安神定志，无欲无求，先发大慈恻隐之心，誓愿普救含灵之苦"；②这种朴素情感是建立在要求医生对患者尽道德义务的思想基础之上的，很少考虑人群和社会利益；③缺乏发达的医学技术的支持，常出现非人道的治疗；④这种人道精神与宗教的因果报应思想相联系。

近现代医学人道主义的特点：①医学界逐步明确为人道主义行医的医德要求；②建立在近现代医学科学的基础之上，逐渐摆脱了"神"的影响；③进一步强化了生命神圣的观念，强调

随堂测 3-1

人的价值和尊严。

当代医学人道主义的特点：①强调医学是全人类的事业；②医学人道主义的内容更加全面具体；③医学人道主义从仅仅关注个体生命开始向既关注个体又关注社会公益转变。当代医学人道主义的实质主要体现在社会主义制度和价值体系下，对人的生命价值的尊重以及对生命质量的重视。因此对护士的具体要求：一是尊重每一个人（包括患者）的生命价值；二是树立新的现代医学模式观，全方位地服务患者，提高其生命质量。

医学人道主义是在人道主义思潮推动下发展起来的。医学人道主义的基本内容：医学人道主义以自然、理性的眼光观察人类生命活动和疾病症状，应当把它们归结为自然原因而不是神灵的作用，这点决定了医学和巫术的分离；医学人道主义要求医生以仁爱、平等的精神对待患者，关爱人类生命，对患者的疾苦感同身受，尊重患者的独立人格，理解患者的情感，所以医学人道主义也可以归纳为"仁爱""行善"；医学人道主义强调医生的道德自律，尊重医生自我的价值观，要求充分发挥医生自身的道德能动性。

（3）全心全意为人民身心健康服务：它是护理道德的全部实质和核心，也是人类开展医护工作的根本宗旨和目的，更是护理工作的出发点和落脚点。包括建立在"服务对象、服务目标、服务态度"上的全心全意。因此，对护士提出的具体要求：一是正确处理好个人与患者、集体、社会之间的关系；二是树立一切为了人民群众的基本观点，同情患者，关心患者，体贴患者；三是为服务对象提供良好的服务态度和优质的护理水平。

"防病治病，救死扶伤"是护士实现"全心全意为人民身心健康服务"的途径和手段；"实行社会主义人道主义"是社会主义道德对护理职业的要求，也是护士实现"全心全意为人民身心健康服务"的基本要求；"全心全意为人民身心健康服务"是社会主义道德对护理职业的要求，它既是"防病治病，救死扶伤"和"实行社会主义人道主义"的落脚点，也是护士追求的最高境界。这三方面的内容构成了相互联系、不可分割的统一体，体现了护理伦理基本原则的层次性和统一性。

二、护理伦理的具体原则

目前，国际公认的护理伦理具体原则是由美国学者比彻姆（Tom L. Beauchamp）和查尔瑞斯（James F. Childress）在《生物医学伦理学原则》一书中提出的，其内容包括"尊重原则、不伤害原则、有利原则、公正原则"。具体原则是对基本原则的进一步细化和解释说明。

（一）尊重原则

1. 尊重原则的概念 尊重原则（respect principle）有狭义和广义之分。狭义的尊重原则是指护士应尊重患者及其家属的独立而平等的人格尊严；广义的尊重原则是指护士尊重患者人格尊严的同时，还要尊重患者的自主权利，包括自主选择权、自主同意权、自主知情权。

2. 尊重原则对护士的具体要求

（1）尊重患者及其家属的人格权：人格权就是一个人生下来即享有并应该得到肯定和保护的权利。依据我国法律规定，每一位公民都享有生命权、健康权、身体权（遗体权）、隐私权、名誉权、荣誉权、姓名权、肖像权等人格权利。患者及家属享有法律赋予的各种人格权利，应该得到护士的尊重和维护。

（2）协助患者行使自主权：自主权是指自我选择、自由行动或依照个人意愿自我管理和自我决策的权利。在临床实践中，患者的自主权主要表现为患者对自己所患疾病及拟采取护理措施相关问题的知情同意权。护士有义务主动提供适宜的环境和必要的条件，与患者进行沟通和交流，向患者提供医护信息，保证患者充分行使自主权。

3. 尊重原则的伦理意义 现代生物-心理-社会医学模式要求，护士应将患者看作独立、有尊严、有自主权利的完整的个体存在。首先，护患在交往过程中应该相互尊重。同时，由于

随堂测 3-2

护患双方所面临的处境和扮演的角色不同，尊重原则更加强调护士对患者的尊重。尊重患者是现代护患关系发展的必然趋势和客观要求，护士尊重患者，使患者感受到自身的价值和独立的人格，从而调动患者主动参与护理决策的主观能动性，有利于护理决策的合理制订与顺利实施；能够保障患者的应有权益，增进患者对护士的尊重和信任，有利于建立和谐的护患关系。

4. 尊重原则在医护实践中的应用

（1）贯彻自主原则时需解决患者与家属的关系问题：首先需要确定的是患者是否有自主决策的能力（年龄、精神、智力状况等）。如果有，则最终决定权在患者本人，不应为家属取代；如果没有，则可由家属或其他代理人代为决定。

（2）最佳方案遭拒时的应对措施：当患者有决策能力，且患者本人和家属意见不能统一时，遵从患者本人意见；当患者没有决策能力时，家属拥有决策权；当有决策能力的患者和家属反对"最佳方案"时，要搞清拒绝的真正理由，并做出进一步解释，同时做好详细和完整的病案记录。

（3）患者的自主权不是绝对的：当遇到下列情况时，医方可以做出决定。①本人昏迷或病情危重，需要立即实施抢救，来不及获取患者家属的知情同意；②患者患不治之症，本人和家属将治疗权全权授予医方；③"无主"患者需要紧急救助时，本人不能行使自主权；④患者患有对他人和社会有危害的疾病而有不合理要求和做法时，如传染疾病患者拒绝住院隔离；⑤患者和家属错误的决策导致明显危害患者的健康和生命；⑥患者的自主权以不违背法律、法规、政策、社会公共利益为前提。医护人员在特定情况下有权拒绝患者的不当选择，如有权拒绝传染病患者提出行动自由的要求等。

> **知识链接**
>
> **中西方患者自主的区别**
>
> 中西方文化背景的差异也体现在医疗决策上。西方文化强调个体性，医疗决策的最后决定人是患者自己；而中国文化比较重视家庭性，往往是以家庭为单位做出医疗决策。西方自主原则所提倡的是患者自己在医疗行为中所感受的主观益处，而在中国，更多强调的是医疗行为给患者带来的客观益处；西方自主原则赖以坚持的价值观是主张患者个人的独立，而中国则坚持强调患者对家庭的依赖。

（二）不伤害原则

1. 不伤害原则的概念 不伤害原则（no damage principle），也可称无伤原则。是指护士在为患者提供护理服务时，其动机与结果均应避免使患者身心受到伤害。不伤害是对护理行为的最基本要求。

2. 不伤害原则对护士的具体要求 不伤害原则包括两层含义，一是重视患者的利益，培养以患者利益为重的服务观念，绝不能因自身利益而滥用诊疗护理手段，坚决杜绝责任伤害行为的发生；二是对有危险或伤害的护理措施要事先进行风险评估，进行危险与利益分析，权衡利弊，审慎考虑，选择利益大于危险或伤害的护理措施，将伤害尽可能降到最低程度，切实保障患者的健康利益。

3. 不伤害原则的伦理学意义 不伤害原则的意义在于强调培养护士高度的责任心和使命感，养成在执业中敬畏生命、尊重患者、谨慎从事的职业意识及职业作风，正确对待医疗的双重效应，充分权衡利弊，努力使患者免受各种不应有的身体伤害、精神伤害及经济伤害。

第三章 护理伦理原则、规范与范畴

4. 医疗伤害的概念和分类

（1）医疗伤害的概念：医疗伤害是指医疗护理行为对患者身心造成的伤害。在目前的医疗实践活动中，任何医疗措施都是与患者的健康利益及医疗伤害相伴而来的，如手术后的创伤、药物的毒副作用、辅助检查导致的痛苦与不适等。

（2）医疗伤害的分类

1）依据性质分为以下类型。①有意与无意伤害：有意伤害是指医护人员或主观恶意伤害患者；或不负责任，应该采取的医疗与护理措施没有实施；或为了不正当目的对患者采取了不合适的医疗与护理措施。无意伤害是指进行正常诊治活动中对患者造成的间接伤害，如手术治疗带来的创伤、辅助检查造成的损伤等。②可知与不可知伤害：可知伤害是指医护人员在采取医护措施之前就可通过预测而应当知晓对患者的伤害；不可知伤害则指虽经医护人员预测，但难以预料对患者造成的伤害，主要是指意外伤害。③可控与不可控伤害：可控伤害是指经过医护人员努力可以控制的伤害；不可控伤害则指超出医护人员控制能力的伤害。④责任与非责任伤害：责任伤害是指由于医护人员责任问题导致的对患者的伤害，如有意伤害、可知可控却未加预测与控制的伤害等；非责任伤害是指并非由医护人员的责任心不强所导致的对患者的伤害，如无意伤害、可知而不可控、意外伤害等。发生责任伤害是一定要追究道德和法律责任的，对非责任伤害则应该允许其存在。因而，不伤害原则主要是针对责任伤害而言。

2）依据部位分为：①身体伤害（身体疼痛、不适、损伤或功能丧失是操作的直接结果或副作用，分永久的或短期的）；②心理伤害（思维过程或情绪状态的改变，如情绪低落、心理创伤、隐私受到侵犯）；③社会地位的丧失（羞辱、歧视、处境尴尬、失业、经济能力的下降或丧失）。

（三）有利原则

1. 有利原则的概念 有利原则（principle of beneficence）又称行善原则，是指护士在减少或预防对患者伤害的基础上，始终把患者健康利益放于首位，尽可能多角度地为患者考虑，促进其健康，增进其幸福感。有利原则包括四个方面的具体原则：①不应施加伤害；②应预防伤害；③应去除伤害；④应做或促进善事。

随堂测 3-4

2. 有利原则对护士的具体要求

（1）树立为患者利益服务的观念。护士要树立全面的利益观，既要关心患者的客观利益（如控制疼痛、恢复健康、节省费用），又要关心患者的主观利益（如合理的心理和社会需求）。

（2）为患者提供最佳的护理服务。护士应努力维护患者的利益，在多种可选的护理方案中选择并实施对患者最有利的护理措施。

（3）充分权衡利弊。当伤害无法避免时，应根据患者的具体情况，权衡利益大小，慎重地做伦理决策。

（4）综合考虑患者、他人及社会利益。护士应将既有利于患者又有利于他人、社会利益的护理行为有机统一起来。给患者带来益处的同时，不应该给他人、社会利益带来伤害。

（四）公正原则

1. 公正原则的概念 公正原则（principle of justice）指护士在护理服务中公平、公正地对待每一位患者，即同样有护理需求的患者，应该得到同样的护理待遇。公正原则包括形式公正和内容公正。形式公正即在某些方面相同的人相同对待、不同的人不同对待。内容公正即根据一定的实质标准来分配负担和收益。

在卫生领域，公正原则主要体现在人际交往公正和卫生资源分配公正两个方面。人际交往公正指对患者平等对待、一视同仁；卫生资源分配包括宏观分配和微观分配，宏观分配要努力保证全体社会成员都能公平有效地享受基本医疗服务，微观分配的标准是根据医学标准、社会价值标准、家庭角色标准、研究价值标准、余年寿命标准综合权衡,其中医学标准是首要考虑的标准。

2. 公正原则对护士的具体要求

(1) 公平公正地对待每一位患者:对患者不分民族、地域、信仰、性别、职业、美丑、社会地位、经济状况,都应一视同仁,尊重和关心每一位患者的人格、权利与正当合理的健康需求。

(2) 公平公正地分配卫生资源:护士在护理服务中应当把形式和内容的公平公正有机地统一起来,综合权衡拥有的住院病床及稀缺医疗卫生资源的分配权,在对各种分配方案的比较中进行筛选,以确定稀缺卫生资源享受者资格,实现卫生资源效益的最大化。

(3) 公平公正地解决护患纠纷:在护理工作中发生护患纠纷或护理差错事故是难以避免的,但是一旦发生了护患纠纷或差错,护士应站在公正的立场上,不应偏袒任何一方,本着实事求是的原则妥善合理地解决好矛盾和纠纷。

3. 公正原则的伦理意义 有利于建立和谐的护患关系,有利于解决健康利益分配的尖锐矛盾,有利于塑造护理人员良好的职业道德。

三、护理伦理的应用原则

在临床实践中,护理伦理的应用原则包括知情同意原则、最优化原则、保密原则和生命价值原则。

(一)知情同意原则

1. 知情同意原则的概念 知情同意原则(principle of informed consent)也称知情许诺或承诺原则,临床上指患者或其法定代理人在完全了解医护人员所提供的关于自己疾病的足够信息(疾病的性质、严重程度、治疗措施、预后情况、疾病及诊断风险和不可预见的意外等)的前提下,自愿同意或应允所给予的某些检查、治疗、手术或实验的伦理原则。

2. 知情同意的主体 知情同意权的主体主要是患者或患者的法定代理人、监护人以及患者的亲属。从法律上讲,精神正常的18周岁以上的成年患者具有完全的民事行为能力,知情同意只能由其本人做出决定方为有效。对于丧失行为能力的患者、精神病患者或无民事行为能力的患者,其知情同意权应由其法定代理人或监护人或患者的亲属行使。对于16周岁以上不满18周岁的正常人,以自己的劳动收入为主要生活来源的,视为完全民事行为能力人,可以行使知情同意权。对于16周岁以下的未成年人(限制民事行为能力人),其监护人依次为父母、祖父母、外祖父母、兄姐、关系密切的其他亲属、朋友、居民或村民委员会等。精神病患者的监护人依次为患者的配偶、父母、成年子女、其他近亲属等。

3. 知情同意的实施要素

(1) 信息的告知:是指护士给患者提供做出合乎理性的决定所需要的有关信息(病情、预后、治疗护理方案及其可知后果)。告知应当全面、通俗、精确、真实。告知时应预先做好计划、注意方式、场合、时机和语言表达;对特殊和重症患者应留有余地,让患者慢慢接受事实,尽可能给予希望,决不欺骗患者;医患统一口径,以免引起患者误解。

(2) 信息的理解:有效的知情同意除了足够的信息告知外,还需要患者对信息的正确理解。护士应当选择合适的时机、用患者可以理解的方式和语言为患者提供足够的正确信息。

(3) 同意的能力:患者具有同意的能力是实行知情同意的前提。护士必须了解患者是否有这个能力,即能否自主地做出决定。

(4) 自由的同意:是指患者具有自主决定的自由,没有遭到不正当的影响、胁迫或操控。

4. 知情同意的伦理条件

(1)"知情"应该满足如下伦理条件:①提供信息的动机和目的完全是为了患者利益;

②提供让患者做出决定的足够信息；③向患者做出充分必要的说明和解释。

（2）患者在知情的基础上做出某种许诺或承诺即"同意"，应具备如下条件：①患者有自由选择的权利；②患者有同意或不同意的合法权利；③患者有充分的理解能力。

5．同意权的临床实施形式　患者在充分理解医务人员提供的相关诊疗信息的基础上，并有能力做出自主、自愿的判断后，必须做出同意或不同意的决定。这种同意与不同意的决定权，即同意权在临床实践中的表现形式主要有三种：①语言表达；②文字表达；③行为表达。

6．知情同意原则的意义　切实做好知情同意可以保护患者实现自我决定的权利，这有利于护患双方复杂的权利、义务关系问题的解决，有利于医疗纠纷的防范和处理，有利于和谐护患关系的建立。

7．运用知情同意的特殊情况

（1）紧急情况：当遇到危及患者生命的紧急情况时，如果拖延会给患者的生命安全造成威胁，护士可从患者的最高利益出发实施抢救措施，不需要知情同意。但建议事后补充至少口头的知情同意，并做好记录。

（2）治疗上的特殊状况：某些特殊情况允许护士在衡量患者情况后，可不告知对患者健康有害的信息，目的是减轻患者的焦虑，一旦患者情况改善，可接受所有被告知的信息时，护士应将事先暂时隐瞒的信息完全告知患者。

（3）患者自动委托或患者无同意能力，又无法与法律上认定的代理人取得联系时，可不经同意，即给予必要的处置。

科研小提示

随着科技发展，医疗数据的收集、分析更加精准，如何保护个体隐私权有待研究。

（二）最优化原则

1．最优化原则的概念　最优化原则（principle of optimization）是指在临床实践中，诊疗方案的选择和实施追求以最小的代价获取最大效果，达到最佳程度的伦理原则。它是行善原则、不伤害原则在临床工作中的具体应用，是临床诊疗护理工作中最普遍、最基本的伦理原则。

随堂测 3-5

2．最优化原则的内容

（1）疗效最佳：指选用的诊疗护理措施所产生的效果在当时医学发展水平上或在当地医院的技术条件下是最好的、最显著的。

（2）损伤最小：在疗效相当的情况下，医护工作者应以安全度最高、副作用最小、风险最低、伤害性最少为选择诊疗方法的标准。

（3）痛苦最轻：在确保治疗效果的前提下精心选择给患者带来痛苦最小的治疗手段。

（4）耗费最少：应当在保证诊疗效果的前提下，选择卫生资源耗费最少，社会、集体、患者及家属经济负担最轻的诊疗措施。

（三）保密原则

1．保密原则的概念　保密原则（principle of confidentiality）通常是指医护人员在医疗中不向他人泄露能造成医疗不良后果的有关患者疾病隐私的原则。这一概念有三层含义：①"患者疾病的隐私"，对患者的个人生活、行为、生理和心理等隐私要保密；②"不向他人泄露"，不向治疗医生或小组之外的医生或他人泄露；③"医疗不良后果"，泄露后会直接或间接损害患者的身心健康或人格尊严。

2．医疗保密的内容　医疗保密不仅指保守患者隐私和秘密，即为患者保密，而且也指在一些特定情况下不向患者透露真实病情，即对患者本人保密。此外，还包括保守医务人员的秘密。总之，医疗保密的内容包括为患者保密、对患者保密和保守医务人员秘密。

3. 医疗保密的伦理条件　对患者隐私权的保护并不是无限制的、绝对的，恪守医疗保密必须满足以下几个伦理条件：①医疗保密的实施必须以不伤害患者自身的健康与生命利益为前提；②医疗保密原则的实施不得伤害无辜者的利益；③恪守医疗保密原则必须满足不损害社会利益的伦理条件；④遵循医疗保密原则不能与现行法律相冲突。

4. 保密原则对护士的具体要求

(1) 增强维权及保密意识：护士要学习相关法律法规及护理伦理规范、增强法律意识和患者隐私保护权的认识，做好保密工作。

(2) 不得任意传播和扩散患者的秘密：护士在护理过程中接触或知晓患者的隐私和个人秘密后要履行保密义务，不得随意泄露；绝对禁止非医学护理需要的对患者隐私的探听与利用。

(3) 防止意外泄密：在公共场合如电梯内、餐厅内不得公开讨论患者的病情，注意妥善保管患者的资料，防止其隐私的意外泄露。

5. 保密原则与讲真话　患者与护士之间的交流应当是诚实的，讲真话在临床实践中的应用是有条件的；施行保护性医疗，医务人员不向患者讲真话，而采用"善意的谎言和欺骗"，这在道德上是被允许的（当然应当考虑到中西方文化之间存在差别的事实）。

依据患者的不同文化水平和社会地位、心理特征的情况而决定讲真话的限度，如何向患者讲真话是一门艺术，需要在长期的临床实践中不断总结、积累和提高。

（四）生命价值原则

1. 生命价值原则的概念　生命价值原则（principle of life value）是护理伦理学最基本的原则之一，已成为当代医学干预人类健康与生命的主要依据。它包括三个方面的含义：①尊重人的生命，人的生命及其价值是神圣的，是至高无上的；②尊重生命的价值，人的生命价值是人的生命内在价值与外在价值的统一，尊重生命价值意味着尊重有质量、有价值的生命；③人的生命是有价的，如果生命质量低劣，社会为维护其生存所花代价太高，就不应当承担特殊救治义务。

生命价值原则强调生命神圣与生命质量的统一。生命并不是绝对神圣的，人的生命本身是可以用价值来衡量的。其生命价值的非决定性公式为：

$$生命的价值 = \frac{生命的质量 \times 治愈率 \times 预期寿命 \times 医疗需要 \times 社会需要}{救治代价}$$

2. 生命价值原则的应用　现代医疗生活中，对极低体重新生儿和残疾新生儿的处置、急诊患者的救治、安乐死、临终患者、器官移植等问题都与生命价值原则有关。

残疾新生儿的处置取决于新生儿残疾的程度，因为残疾程度决定了残疾新生儿是否可以成为一个真正意义上的人。急诊患者多是病情紧急、生命受到威胁的患者，然而在医疗实践中由于经济问题，一些急诊患者往往得不到及时的救治，使人感到坚持生命价值原则的重要性。在活体器官移植中，生命价值原则的目的是要求人们不仅要尊重受体生命的神圣性、供体勇于奉献的高尚道德，还要求考虑受体术后的生存时限及生活质量。

对生命的尊重并不在于延长患者痛苦的时间，无助地看着生命在痛苦中挣扎并不能表明是对生命的尊重，真正的尊重生命在于接受生命，有时也接受死亡，这也是生命价值原则所表达的一种对待生命的全新的态度。

第二节 护理伦理规范与范畴

> **案例 3-2**
>
> 金代名医刘完素，为了方便百姓治病，到处游走送医送药上门，对每位患者态度耐心，诊治疾病十分认真负责，从不放过任何疑点。有一次，他在河北保定遇见一队人出殡，死者是一个因难产而刚去世的妇女，家人哭得十分悲伤。当出殡队伍走过刘完素身边时，他仔细察看了从棺材缝流出的鲜血，认为该妇人并未死，还有救，便恳求家属打开棺材。刘完素首先在涌泉穴针灸，妇人稍微苏醒、略有生气，后又针刺合谷、至阴二穴，胎儿产下，结果母子得救。家人悲喜交加，激动万分，拿出银两下跪谢恩，而刘完素却分毫不收，认为这是医家该做的。这就是"一针救二命"的民间传颂。
>
> **请回答：**
> 试用伦理学规范理论对名医刘完素的行为进行伦理分析。

护理伦理规范是护理人员在护理实践中应遵循的道德关系普遍规律的概括和反映，是在护理伦理基本原则指导下的具体行为准则，也是培养护理人员道德品质和道德行为的具体标准。护理伦理范畴是道德规范在护理活动中的具体运用，是护理道德现象的总结和概括。它反映了护患之间、护际之间、护士与其他医务人员以及社会之间最本质、最普遍的道德关系，是对护理伦理基本原则与规范的必要补充。

一、护理伦理规范的含义与内容

（一）护理伦理规范的含义

护理伦理规范（nursing ethical code）是指依据一定的护理伦理理论和原则而制订的，用以调整护士人际关系及护士与社会关系的行为准则，也是培养护理工作者伦理素质的具体标准或要求。

（二）护理伦理规范的作用

1. 护理伦理学规范体系的重要组成部分 护理伦理规范是整个体系的架构，是护士道德意识和行为的具体标准，具有可操作性。

2. 实施护理道德评价的直接尺度 护理伦理规范是评价护士伦理行为的基本准则，符合护理伦理规范的行为就是善的行为，违背护理伦理规范的行为就是恶的行为。

3. 实施医院规范管理的重要依据 护理伦理规范是医院制订规章制度、管理规范和制约措施的准则，是实施科学管理的重要依据。

4. 加强护理伦理修养的主要内容 护理伦理修养的过程就是护士把护理伦理规范内化为自觉自律的职业行为。在护理活动中，只有以护理伦理规范认真指导和检验自身言行，护士才能实现护理伦理规范的内化，才能实现从他律到自律的转化，从而提高和完善护士的道德品质。

（三）护理伦理规范的内容

1899 年国际护士协会在美国波士顿成立，1953 制订了《护士伦理学国际法》，1992 年中华人民共和国国务院第 106 号令发布《中华人民共和国医务人员医德规范及实施办法》，2020

年中华护理学会和中国生命关怀协会人文护理专业委员会共同制定了《中国护士伦理准则》。结合我国的护理实践，可将护理伦理基本规范的基本内容归纳为以下几个方面：

1. 恪尽职守、精益求精 恪尽职守诠释的是责任，是护士必须具备的职业意识和职业素养。护士在提供护理的过程中，必须尽职尽责确保护理行为对患者无身心伤害，同时不断提高业务技能，熟练掌握护理专业知识和各项护理操作技能，对技术精益求精，不断提高自己的业务水平，从而在护理工作中有能力做出技术上的准确判断。现代护理学的发展使护理工作的内容和范围不断扩大，对护理人员的知识和能力也提出更高的要求，要想胜任临床护理工作，就需要护理人员具备终身学习能力，逐步完善知识结构，掌握新的护理知识和专业技能，从而适应护理科学的发展与进步。

2. 关爱生命、一视同仁 关爱患者体现了护理本质与专业的核心价值，护理活动是一种情感劳动，护士不付出情感，就难以提供让患者满意的护理服务。关爱是一种自然情感，也是一种道德情感，更是一种能力，体现了护理的人道主义精神，应成为一切护理工作的出发点和落脚点。对待患者一视同仁，一方面把患者看作与医护人员平等的人，另一方面无论患者的性别、年龄、肤色、外貌、地域、国籍、种族、宗教信仰、贫富及社会地位如何，一律平等对待，为其提供一视同仁的专业护理。

3. 认真负责、审慎无误 认真负责、审慎无误是对护士的职业行为及行为结局的要求。护理工作肩负着维护健康、保护生命的崇高使命，每个护士都应该自觉地意识到自己对患者、对社会所肩负的道德责任，以严肃的态度、严格的要求、审慎的作风认真执行各项规章制度和各项操作规程。任何疏忽大意都有可能导致差错事故，甚至危及患者生命。

4. 举止端庄、文明礼貌 护士的言语和行为是实现护理道德规范的主要途径，体现了护理的职业美感。在护理活动中，护士的言谈举止影响着患者对护士的信赖和治疗的信心，护士端庄文雅的气度、关怀体贴的态度会使患者产生温暖和亲切的感觉，有利于护理工作的顺利开展。因此，护士的一言一行都直接影响着护患之间、护际之间、医护之间，以及护士与社会各类人员之间的关系，也影响着护士自身形象和医院声誉，甚至影响护理质量和治疗效果。

5. 廉洁奉公、遵纪守法 医术自古以来就被尊为"仁术"，而非谋取私利的手段。在社会主义市场经济条件下，每个医护人员以自己的辛勤劳动获取属于自己的物质利益，这是无可非议的，但是，治病救人是医务工作者的天职，决不能以医护工作作为谋取私利的手段。护士要始终牢记自身的责任和患者的利益，在任何时候都要清正廉洁、奉公守法，杜绝医护谋私等行业不正之风，以自己的廉洁行为维护白衣天使良好的社会信誉和形象。

6. 勇担责任、促进健康 当前，随着医学科学的飞速发展，许多医学问题已经成为关系人类自身命运的社会难题，医护人员行为的社会后果更加明显，因而其社会道德责任也愈加凸显。医学模式的更新、医学高科技的应用以及医患关系的复杂化，使得医务人员除了要面对患者本人，还要与更多的人发生直接或间接的关系。随着社会公益化观念的不断深入，人们期望医学不仅能治疗疾病，更能成为成就社会文明和人类福祉的重要支柱，要求医护人员将患者的个人利益和社会利益、近期利益与长远利益更好地结合起来，将维护社会群体和人类的生命健康作为自己工作的重要目标。所以，护士应科学地开展健康教育，推动发展社区保健，合理使用卫生资源，促进和改善公众的健康状况，为实现"人人享有卫生保健"的长远目标而努力。同时还要不畏艰险、勇担责任，为保护人民群众的生命安全表现出无私的奉献精神。

> **知识链接**
>
> **《中国护理伦理准则》节选**
>
> 第七章
>
> 第二十二条 以德修身：坚守社会公德，善良正直，胸怀宽广；仪表端正，言行优雅；自尊自爱，自信自强；严谨慎独，求真务实，至善至美，陶冶良好的专业品质和人格特质。
>
> 第二十三条 身心健康：注意自身保健，保持良好的形象和身体状态；情绪稳定，精神饱满，直面困难，化解压力；积极进取修炼良好的自控能力和社会适应能力，维护身心健康。
>
> 第二十四条 家国情怀：心怀天下，爱国爱家，以业报国，以情护家。维系亲情，尊老爱幼，互敬互爱，提升个人与家庭成员幸福感，平衡工作与家庭关系，促进事业与家庭的和谐发展。

二、护理伦理范畴的含义与内容

（一）护理伦理范畴的概念

护理伦理范畴（nursing ethical category）是指能够反映护理工作者道德关系和行为要求的基本概念。护理伦理范畴能够调整护理人员的道德行为，促使护理人员自觉将客观外在的护理伦理基本原则和规范要求转化为内在的道德观念，从而产生强烈的道德责任感、自我评价能力和自我约束与激励的能力，实现护理伦理基本原则和规范的要求。

（二）护理伦理范畴的基本内容

护理伦理范畴一般包括权利与义务、情感与良心、功利与荣誉、审慎与胆识、价值与保密。

1. 权利与义务

（1）权利（right）

1）权利的含义：权利通常指两个方面。一是指法律上的权利，即公民或法人依法行使的权利和享受的利益；二是泛指社会团体规定享受的利益和允许行使的权利。护理伦理学中所指的权利主要指患者的伦理权利和护士的伦理权利。

2）患者的伦理权利：患者的伦理权利是指作为一个患者"角色"应该得以行使的权利和享受的利益。尊重患者的权利，是护理伦理的重要基础之一。我国法律法规规定，患者有平等享受医疗的权利、疾病认知和知情同意的权利、自主选择的权利、免除部分社会责任和义务的权利、监督自己医疗和护理权益实现的权利及个人隐私和尊严获得保护的权利（详见第五章第二节）。

3）护士的伦理权利：护士有维护和保证患者医疗护理权利的实现、促进患者身心健康的权利。在保证患者康复或有利于病情缓解的前提下，有医疗护理的自主权利。如护士有权利根据患者的治疗护理需要而调整病房、床位等。护士还有医疗保密权，为了维护患者和社会的利益，医护人员有权对病情及治疗等信息保密，包括为患者保密和对患者保密（详见第五章第二节）。

4）护理伦理权利的作用：①护士在明确了自身的权利后，就能正确行使自身的权利，从而避免滥用权利，导致不良后果；②护士在明确了患者的权利后，就能尊重患者的权利并更好地维护患者的权利；③护士在明确了护患双方的权利后，就能与患者互相尊重、互相配合，从而提供高质量的护理服务；④护士正当的护理伦理权利受到尊重和维护，就能提高护理工作的职业声誉和社会地位,调动其履行护理伦理义务的积极性,促进护士在维护和增进人类健康的活动中发挥更大的作用。

(2) 义务(obligation)

1) 义务的含义:义务是指个人对社会、对他人应尽的责任。在伦理学上义务与责任、使命、职责具有同等的意义。道德义务就是医护人员对患者、对社会防病治病的自觉责任感和对医疗事业的献身精神。

2) 护士的伦理义务:护理工作是社会分工的结果,护士对患者负有责任和义务,同时对社会也负有责任和义务。护士的伦理义务包括对社会的义务和对患者的义务两个方面(详见第五章第二节)。

首先是对患者的义务,主要包括:①尊重患者接受医护权利的义务;②尊重和维护患者及其监护人的权利,尽量减少患者的痛苦并尽量减少患者的经济损失的义务;③为患者提供最佳的护理服务的义务;④高度负责地执行医嘱的义务;⑤维护患者的人格权,为患者保守医疗秘密的义务;⑥与医护人员及患者的监护人密切协作的义务。

其次是对社会的义务,护士对社会的基本责任是:预防疾病、恢复和增进健康、为患者减轻痛苦。除此以外,还应适应社会的变化,以满足人民健康的需要。其义务主要体现在:①努力提高专业知识、技术水平和发展护理科学的义务;②满足公众的卫生需要和促进社会人群健康的义务;③维护集体、社会整体利益的义务。

3) 护理伦理义务的作用:第一,护士明确伦理义务,就会增强自身的责任感和使命感,从而热爱本职工作,端正服务态度,自觉地把为患者服务视为自己义不容辞的天职,为患者和社会提供更优质的服务。第二,护士增强伦理义务观念,就会把伦理义务变成自己的内心信念、行为习惯,真正做到忠于职守、廉洁奉公,克服以医谋私的行为,并使自身的道德境界得到不断升华。

2. 情感与良心

(1) 情感(feeling)

1) 情感的含义:情感是人们内心世界的自然流露,是人们对客观事物和周围人群的喜怒哀乐的外在表现,也就是人们对客观事物产生的内心体验。护理道德情感是护理人员在护理实践活动中对自己所履行的护理道德义务行为的一种爱憎或好恶的情绪和态度。

2) 道德情感的特点:①科技性:指护理道德情感的产生和发展受社会物质条件的制约,并以护理科学技术的正确使用为基础;②职业的特殊性:护理职业所服务的对象是患者,其职业道德要求不能有丝毫的厌恶、烦恼或恐惧、嫌弃的情感,要把情感的职业特殊性诠释为深刻浓厚的人道主义;③理智性:在患者面前,即使有强烈的心理反应,也必须靠理智控制,而不能依靠情绪去支配;④自觉性和纯洁性:护士在工作中不允许出现对患者掺杂打击报复、图谋私利及男女之间产生非道德情感等个人利己行为,充分体现情感的自觉性和纯洁性。

3) 护理道德情感的内容:①同情感:指发自扶危济难的人道主义同情心,这是基本的、低层次的情感,是正确处理护患关系极为重要的一个方面。有同情心才能在情感上维护患者的尊严,尊重患者的人权,尊重患者的生命价值;才能在言行举止上摒弃不关心、麻木不仁、无动于衷的不道德行为,给患者带来真正的关怀和体贴。②责任感:在责任感的作用下,护理人员能够自觉地以患者的健康利益为出发点,视抢救患者为至高无上的道德使命和自己的崇高职责。③理性感:护士的情感应当是理性的,建立在理智、科学、有度的基础上,在工作中应排除亲疏、政治、恩怨、性别等各种因素的干扰,使情感保持高度的纯洁和理性。④事业感:事业感是责任感的升华,是一种高层次的情感,是人们的一种高级精神需要。热爱护理事业的责任感和事业心是提高医疗护理服务质量的强大精神动力。

(2) 良心(conscience)

1) 良心的含义：良心是指人们对是非、爱憎、善恶、荣辱、美丑的内心深刻认识和感觉，是对道德责任的内心感知和行为的自我评价与自我意识。护士的良心，是护士在患者和社会的关系上，对自己的职业行为上负有的道德责任感和自我评价能力，是一定的道德观念、情感、意志和信念在个人意识中的统一。

2) 良心的内容：①以护理道德基本原则作为自我评价的依据；②道德良心要求护士在任何情况下都要忠实于患者；③道德良心要求护士热爱本职工作，忠于护理事业，具有为事业献身的精神；④道德良心要求护士要忠于社会。

3) 良心的作用：①自我选择的作用：护士在行为开始之前，需依据道德价值和道德责任、义务的要求，对自身行为动机进行检查，对符合道德要求的动机予以肯定，对不符合道德要求的动机进行抑制或否定，从而按照道德的要求调节方向，最终做出正确的选择；②自我监督的作用：在护理实践中，护士对符合道德要求的意志、情感、态度、信念及行为方式予以激励和强化，对不符合道德要求的异常情感、私欲、邪念予以纠正和克服，避免不良行为的发生，主动调节自身行为的方向，自觉保持高尚的道德；③自我评价的作用：护士通过良心的审视评价，对符合道德的行为及后果产生满意和欣慰，对不符合道德要求的行为及后果产生羞耻、惭愧、内疚感，受到良心的责备，并及时矫正自己行为的过错，为发动后续行为奠定道德基础。

> **知识链接**
>
> **南丁格尔誓言**
>
> 1893年，一位美国护士格瑞特仿效希波克拉底誓言编写了南丁格尔誓言，全文如下：
>
> 余谨以至诚，于上帝及会众面前宣誓：
>
> 终身纯洁，忠贞职守，勿为有损之事，勿取服或故用有害之药；尽力提高护理之标准，慎守患者家务及秘密。竭诚协助医生之诊治，务谋病者之福利。
>
> 谨誓！

3. 功利与荣誉

(1) 功利（utility）

1) 功利的含义：功利即功效和利益，其狭义指眼前物质上的功效和利益，其广义指眼前和长远的种种功绩和事业所带来的利益。护理道德范畴的功利是指护士在履行道德义务时所涉及的功劳和利益，不仅指护士的功利，也包括服务对象的功利。

2) 功利观的内容：①把集体和社会的功利置于首位：社会主义护理道德的基本原则和规范要求，功利首先是集体和社会的功利观，个人的功利必须以服从集体和社会功利为原则。当个人与集体、社会功利发生矛盾时，个人应该自觉地牺牲个人功利，保障集体和社会的功利。②陶冶高尚的道德情操：高尚的精神生活是正确功利观的重要组成部分。护士应建立高尚的道德信念，把树立正确的功利观和高尚的道德情操作为自己精神追求的目标。③评价功利以贡献大小为依据：评价护士的个人功利，以其工作水平的高低、服务态度的好坏、工作绩效的优劣等为依据。凡是为患者的身心健康认真负责、竭尽全力、提供优质服务的护士，理应得到较大的功利。

(2) 荣誉（honor）

1) 荣誉的含义：是对道德行为的社会价值所做出的客观评价和主观意向。护士的荣誉指为患者身心健康贡献自己智慧和力量并得到社会的公认和赞扬，个人也得到良心上的满足和自我价值的实现。

2）荣誉的作用：荣誉是激励护理人员不断进取的精神力量，荣誉对护理人员的行为起着社会评价的作用。

3）正确对待荣誉：①正确对待工作与荣誉的关系：护理工作的根本目的是维护人民的身心健康，而不是获取护士的荣誉。护士应把社会和人民给予的荣誉作为鞭策自己前进的精神力量，而不要被荣誉所束缚。②正确处理个人荣誉与集体荣誉的关系：当个人荣誉与集体荣誉发生矛盾时，应牺牲前者而保全后者，任何损害、诋毁集体荣誉的行为，都应受到谴责和反对。③正确处理保持荣誉与争取荣誉的关系：能否正确对待荣誉、能否把好荣誉关、能否把保持荣誉与争取荣誉统一起来，是衡量护士道德境界高低的一个重要方面。

4．审慎与胆识

（1）审慎（circumspection）

1）审慎的含义：审慎即缜密、谨慎、细心，指人们在工作、学习和生活及为人处世上，小心慎重，审时度势，细致严谨，表现出严谨的科学态度和强烈的道德责任心，是表示个人品性和作风的道德概念。护理道德范畴的审慎是指护士在护理行为前的周密思考与行为过程的谨慎、认真、细心的一种道德作风。

2）审慎的内容：①慎于执行护理操作：护士在护理实践的各个环节要自觉做到审而又慎，如为患者进行特殊检查、为患者保管财物、检查患者服药情况时必须谨慎从事，严格遵守各项规章制度和操作规程，防止差错，杜绝事故，遇到复杂病情或紧急抢救时，能既敏捷又准确，既果断又周密；②慎于处理人际关系：在与患者、家属、其他医护人员或社会人际交往中，应注意言语表述科学严谨，行为举止庄重得体。

3）审慎的作用：①利于护理人员养成良好的工作作风：利于护理人员加强责任感，避免疏忽大意造成护理差错事故，从而提高护理质量，保证患者身体健康和生命安全；②利于护理人员提高知识和技能：审慎建立在较强的业务能力以及良好的心理素质基础之上，因此，审慎要求护理人员不断刻苦钻研业务，提高技术水平；③利于护理人员加强自身修养：审慎促进护理人员以高度的热忱、极端负责的态度严格要求自己，以护理道德原则和规范修身养性，逐步达到"慎独"的境界。

（2）胆识（courage and insight）

1）胆识的含义：胆识即胆量和见识，在护理工作中，特指护士在患者面临风险时敢于承担风险和善于化解风险的勇气和能力。

2）胆识的内容：①有能力识别患者的病情变化：临床实践中，患者的病情处于变化中，特别是急危重症患者，能否第一时间识别患者的病情变化并作出积极处理，往往决定了患者的生死归属；②有胆量作出诊断和处理：在临床实践中，当发现患者的病情出现变化，能够迅速做出判断并给予处理。

3）胆识的作用：①提高救治效率：帮助护士把握住有效的抢救时机，做出快速正确的处理，挽救患者生命；②权衡利弊，做出选择：帮助护士在患者损伤不可避免时做出争取最大善果和最小恶果的合理选择；③不断实践，精益求精：可以帮助护士对疑难杂症做出正确的诊断和处理。

5．价值与保密

（1）价值（value）

1）价值的含义：价值反映的是客体满足主体需要的有益属性，是现实的人和事物之间的一种需要与被需要的关系。某物被现实的人所需要时，该物的存在就有了价值。而此时，该物就会成为现实的人所追求的对象或目标。

2）价值的内容：第一，护士的价值在于能够"预防疾病，减轻痛苦，恢复健康和增进健康"；第二，当护士意识到护理活动的作用并能够对护理活动做出善恶判断时，便形成了护士的职业价值观念。正确的职业价值观保证了护士和护理活动的价值，维护了患者和社会的健康利益。

(2) 保密（confidentiality）

1) 保密的含义：保密即保守秘密，不对外泄露。护理伦理保密是指护士要保守患者的秘密和隐私，并对其采取保护性措施。

2) 保密的内容：第一，为患者守密。护士对患者由于诊疗需要而提供的个人秘密和隐私，不能随意泄露，更不能将其作为谈笑资料任意宣扬。同时有责任采取有效的措施保证患者的秘密不被他人获得。否则，护士对所造成的不良后果要承担责任，严重时甚至可能追究法律责任。如对某些不良名誉疾病或公众人物、领导人的病情等就应采取保密措施，避免外界知晓，当然，对烈性传染病（如艾滋病）要按规定逐级上报。第二，对患者保密。因治疗护理的需要，凡不利于稳定患者情绪的事情，如对患者的危重病情或对患者可能产生不良后果的事情，应该出于保护性医疗的要求，对患者本人保密，避免使其受到刺激，进而影响治疗效果。

3) 保密的作用：保守患者的秘密，有利于构建和谐家庭、和谐社会，增进家庭和睦与社会团结；医疗保密可以避免患者受到恶性刺激，以维护患者的尊严，提高患者的自信心，从而调动患者自身的抗体，提高抵抗力，促进患者早日康复；有利于建立良好的护患关系，从而促进护理工作的开展和护理质量的提高。

随堂测 3-8

小　结

1. 护理伦理的基本原则、规范和范畴是社会主义医德的精华，是护士在工作中必须遵守的行为准则，其范畴是护士在护理活动中对护理道德现象的概括和总结。护理伦理学的基本理论、基本原则与范畴是护理伦理学的重要理论基础，在护理伦理理论体系中处于首要地位，起着主导作用，具有引领性。护理伦理学的基本原则包括有利与不伤害原则、尊重与自主原则和公平与公益原则。有利与不伤害原则是护理伦理学中的一条最基本和最重要的道德原则，在国外也称为行善原则。

2. 护理伦理基本规范是护士在护理实践中应遵循的道德关系普遍规律的概括和反映，是在护理伦理基本原则指导下的具体行为准则，也是培养护士道德品质和道德行为的具体标准。

3. 护理伦理范畴能够调整护士的道德行为，促使护士自觉将客观外在的护理伦理基本原则和规范要求转化为内在的道德愿望，从而产生强烈的道德责任感、自我评价能力和自我约束与激励的能力，实现护理伦理基本原则和规范要求。护理伦理范畴一般包括权利与义务、情感与良心、功利与荣誉、审慎与胆识、价值与保密。

思考题

1. 患者姜某，女，48岁，因为常规体检来到某医院做妇科检查，你作为护士安排姜某做好准备躺在检查床上。这时，医生带着多名实习同学进来准备检查，患者感觉非常难堪和紧张，当即向你提出请求，不想要实习医生参与检查。

问题：作为教学医院的一名护士，此时你应该怎么办？

2. 北京协和医院妇产科主任、中国工程院院士郎景和教授曾为一名子宫肌瘤患者先后做了3次手术，充分体现了"一切从患者利益出发"。

第一次手术是患者 24 岁时，其患子宫肌瘤，虽然肌瘤很大，但考虑到患者尚未结婚生子，郎院士选择肌瘤剔除而非子宫摘除。第二次手术是两三年后，该患者已妊娠，考虑到瘢痕子宫，郎院士给她做了剖宫产手术。第三次手术是产后 5 年，患者子宫又长了肌瘤，这次在与患者商讨后共同决定切除子宫。

郎院士说："考虑病情，是科学原则；考虑人情，是人文原则。将病情、人情结合起来，才是最好的治疗，这就是医生的责任。"

问题：郎景和院士曾讲过，医生对患者开出的第一张处方应是关爱。请结合上述案例，谈谈你对这句话的理解。

(邵 渝 龙 婷)

第四章 护理伦理决策与评价

导学目标

通过本章内容的学习,学生应能够:

◆ **基本目标**
1. 阐述护理伦理决策的概念、类型。
2. 复述护理伦理评价的概念、特点及作用。
3. 解释不同的护理伦理决策模式。
4. 理解护理伦理决策程序和护理伦理评价依据。

◆ **发展目标**

根据实际的护理伦理困境,运用科学的程序或模式进行伦理决策。

护理伦理决策和评价是护士伦理道德实践的基本形式,贯穿于日常工作中,是护理伦理学的重要内容。有意识地实施护理伦理决策、对临床实践进行伦理评价,可保证护理决策的科学性,有助于解决护理决策中的伦理困境,促进护患关系的和谐,帮助护士进行自我调适,对护理事业的优质发展具有重要意义。

第一节　护理伦理决策

案例 4-1

患者李某,男性,67 岁,20 年前的一次车祸导致脾破裂,因术中输血感染了丙型肝炎病毒,现已进展为中度肝硬化。本次因排便习惯和性状改变 6 月余入院,诊断为结肠癌。各项指标均达到手术要求后,医生与患者及家属沟通并签署了《术前知情同意书》,后行结肠癌根治术。术后,患者出现了肝肾综合征,随后出现了肝衰竭、多脏器功能衰竭,经多学科会诊及对患者的多次抢救,生命体征暂时平稳,但患者处于昏迷状态,随时有生命危险,医生多次下达病危通知。

患者家属协商后,决定再出现危险状况,不要施救,以免增加患者不必要的痛苦。家属与医护人员沟通,要求停止一切治疗,一旦患者的生命体征消失,请停止吸氧,并

> **案例 4-1（续）**
>
> 撤掉相关管道。
> **请回答：**
> 如果你是当班护士，你会如何决定？会停掉正在进行的治疗吗？

护理工作是整个医疗工作的重要组成部分，护士的任何职业行为都是在多个行为方案中选择的结果，这种选择就是决策。护士不仅要进行护理技术上的决策，而且还需要在众多的护理决策中进行伦理方面的决策。

一、概述

（一）护理伦理决策的含义

1. 决策（decision-making） 又称抉择，《辞海》中的解释是："指人们在改造世界的过程中，寻求并实现某种最优化目标，即选择最佳的目标和行为方案而进行的活动，以对事物发展规律及主客观条件的认识为依据"。因此，决策是根据问题或目标拟定可行的方案，然后从中选出能达成目标的最佳方案的过程。伦理决策就是作出伦理方面的决定和选择。伦理决策涉及两个复杂过程，即判断过程和选择过程。

2. 护理伦理决策（nursing ethical decision-making） 即护理工作中的伦理决策，是指护士根据确定的多个护理行为目标，从护理伦理角度来思考作出恰当的、符合护理伦理的最佳决定，是护理伦理理论、原则和规范在护理工作中的贯彻和运用。如在照护癌症患者时，护士要面对是否告诉他实情的伦理决策。

护士的护理决策是复杂的，其中最基本的护理决策是技术决策和伦理决策。护理技术决策必然是伦理决策，而护理伦理决策不一定是技术决策。因为，护士在伦理上作出的决策，需要建立在道德思考的基础上，涉及个人的价值观，同时受社会文化及宗教信仰、法律法规、行为情境等各种因素的影响，而不是单纯考虑技术因素。

（二）护理伦理决策的类型

根据护理伦理决策主体的不同，分为个人决策和团体决策两种类型。

1. 个人决策（individual decision-making） 是指由个人独立作出决定。在护理实践中，个体决策是指护士以个体的形式独立作出伦理判断，并采取伦理行为。个人决策多发生在伦理情境简单或紧急的情况下。在护士执业中，几乎随时随地都需要进行个人决策。但个人决策受护士个人的伦理意识、伦理判断能力及职业道德等素质的影响，护士在独立工作中经常需要迅速作出反应并采取相应行为，因此，个人决策质量有赖于护士伦理知识、伦理判断能力和决策能力的培养。

2. 团体决策（group decision-making） 是指由团体（如伦理委员会、多学科团队）通过共同讨论之后作出决定。临床实践中，如遇复杂情况，需要各方专家集思广益，或涉及团体利益时，则应由团体来做决策。团体伦理决策受团队成员性别、成员多样性、沟通媒介、领导者特征和社会化等的影响。对于团体决策而言，决策程序尤为重要。由于团体是由多个成员共同组成的，若没有良好的程序约束，则会造成一些利益和观念的偏离，难以保障团体决策的公正性。一般来说，确定科学的团体成员准入标准，保障团体决策的公开化，保证每个成员自由发言等平等权利，是对团体决策的公平性和最优化的基本保证。

无论是个人决策还是团体决策，都会面临不同程度的伦理困境。

（三）护理伦理困境

当专业职责与个人价值观相冲突时，应该履行专业职责还是坚守个人的信念？在临床护理工作中采取的某项护理措施有利有弊时，到底是做还是不做？当护理专业角色与护理专业伦理要求相冲突时，专业角色和专业伦理如何取舍？当患者要求的医护措施无明确规定可依循时怎么办？

护理伦理决策的重要作用在于利用程序的方式解决伦理困境或伦理难题。护士在工作中面对某些问题时发生混淆不清、模棱两可，陷入难以选择或决定某一行动时的情境，即伦理困境（ethical dilemmas），所面对的问题即伦理难题。护理伦理难题是护士在伦理决策时遇到的特殊问题，不仅是"两难"选择，有时可能是"多难"选择，如人员配备不足对患者造成的影响。护理行为的特殊性，决定了护理伦理难题不同于一般的伦理难题。

护士在日常工作环境中，在下列情况容易陷入伦理困境。

1．专业伦理与专业角色要求相冲突 当护理专业角色与护理专业的伦理要求相冲突时，护士就会面临伦理困境。例如，当医生决定为患者的病情保密时，护士在专业角色上应配合医生保密，但在护理伦理中，患者有知情的权利，护士对患者有告知的义务，这就陷入了专业伦理与专业职责两难的困境。

2．专业职责与个人价值观相冲突 如当护士需要协助医生为患者执行人工流产的治疗，而护士的个人信仰并不赞同堕胎，她是应该履行专业职责对患者提供良好的照顾、安慰和指导，还是坚守个人的信念拒绝人工流产护理？这就产生了伦理困境，这种困境有时会驱使护士被迫调换科室。

3．采取的护理措施利弊与患者及家属观念存在矛盾 在临床工作中，有时采取的护理措施有利有弊，护士将面临做与不做的两难情况。如用约束带将患者约束在床，对于某些患者或家属可能不易接受，但不加以约束有可能发生坠床的危险，这时就会面临困境。

4．诊疗或护理措施的预期结果未知 在诊疗和护理过程中经常会出现一些无法选择、无法掌控的情况。如一位30岁的孕妇在唐氏综合征筛查中仅有一项出现了比值偏高，从年龄上看，还不属于高龄孕产妇，从指标的结果上看也不能明显判断是否存在问题，进一步的羊水穿刺能够在一定程度上确定染色体是否存在问题，但存在一定的风险，医护人员此时很难决策是否需要对该孕妇做羊水穿刺检查。

5．患者的要求无法可依，难以实施 如一位癌症晚期患者要求安乐死，但卫生政策及法律并无明文规定可以执行，此时会陷入伦理困境。

在解决诸多的困境时，需要遵循一定的伦理决策原则、模式与程序，在护理实践中逐步提升自我的伦理决策能力十分必要。

（四）护理伦理决策能力

护理伦理决策能力是指护士在临床实践中有效识别、阐明和采取行动解决伦理和法律问题的能力，包括伦理问题的评估能力、做出伦理决策的能力、评价伦理决策过程和反思的能力、伦理实践能力。

（五）伦理决策的影响因素

1．客观因素 国家的经济、政治、法律制度、文化发展水平、自然条件和民族传统等方面都是影响伦理决策的客观因素，在某个国家或某一地区进行的合理的伦理决策，在另一个国家或地区可能却不适用。如在一些国家，人工流产在一定情况下被视为是合理的，而在有些国家或民族则被视为不合伦理、违反宗教，甚至是违法的。因此不同的时代、不同国家、不同文化传统的民族的权利主张都是不一样的。进行护理伦理决策前充分了解患者群体的文化和信仰是非常必要的。此外，新型冠状病毒肺炎的流行极大地促进了信息技术的发展，使得很多护理伦理决策基于网络会议开展，沟通媒介的变化会影响伦理决策的实施过程。

2. 主观因素 护理伦理决策过程是有目的的主观创造过程，进行这一活动的主体是有意识、有目的的护士，这使得在进行道德判断和决策时会受到护士自身利益、立场和思维方式的影响。同样，护士个人的价值观、判断能力、伦理知识和素养等都会影响护理伦理决策的进行。另外，在团体伦理决策中，领导者会产生重要影响。

3. 道德形式本身的限制 道德本身具有内在的规范性、多元化和原则性的特点。其原则性无法用具体的表征来规范，道德评价也多以舆论或内心信念的形式进行。因为道德标准难以量化，道德评价具有多个维度，这往往导致伦理决策陷入两难境地。而在团体伦理决策中，团队成员具有不同的特点，其道德评价的异质性会更明显地凸显在决策过程中。

二、伦理决策机构

伦理咨询组织机构，通常指医学伦理委员会，是伦理决策中团体决策的一种重要形式。

（一）国外伦理决策机构概况

国外的医院伦理咨询工作开展得比较早，其中，美国的医院伦理咨询工作开展得最早，始于20世纪60年代末期。目前，在美国的医疗机构中，有两种伦理委员会：一种是处理医院医患纠纷或者解决伦理争议的医院伦理委员会，另一种是进行科研审查的伦理委员会。20世纪80年代，美国的医院管理协会要求每家医院都成立这样的医院伦理委员会，而伦理委员会的成员并不属于医院的管理编制，也得不到院方的经济报酬，但成为伦理委员会的一员被认为是一种荣誉。委员会的成员包括医生、护士、伦理学家、律师、心理学家、社会工作者、神职人员等。医院内的伦理值班已成常规。

> **知识链接**
>
> **医学伦理委员会的伦理决策方法——四盒子理论**
>
> 在美国，"四盒子理论"是伦理委员会在做伦理咨询建议时常使用的方法，也是对医务人员的培训内容。四盒子理论是指一种决策程序，在这种决策程序中，伦理学问题被分解为以下4个角度，并逐一进行对照考察。
>
> 1. 相关背景 指影响伦理事件的社会因素。如有无家庭问题、资源分配问题、医护人员的问题、经济原因、宗教文化因素、法律因素，是否涉及临床科研或教学，是否存在医务人员或机构之间的利益冲突，对泄露秘密可否进行辩护等方面。
>
> 2. 患者要求 主要指患者的自主性方面是否受到尊重。如患者的治疗和护理意愿、是否已经被告知收益和风险、是否神志健全有法律能力、是否表达过遗嘱等意愿、是否有合适的代理人、是否愿意配合治疗等。
>
> 3. 生命质量 主要指不伤害和有利原则的执行情况。如治疗或不治疗患者恢复的前景，医务人员评价生命质量是否存在偏见，治疗成功后是否需要承受生理、精神或生活上的不适，患者状况是否差到维持生命没有意义的程度，是否有基本的理由放弃治疗或护理，提供舒适或减轻痛苦的护理计划是什么等。
>
> 4. 医学指征 是临床专家对患者疾病状况的评价。如医学问题（病史、诊断、预后）、疾病的程度（缓急、轻重、复发率）、治疗的目的及成功的可能性，一旦治疗失败，患者能得到的医疗护理上的最大益处等。

（二）国内伦理决策机构概况

国内对医院伦理委员会的认识和讨论始于20世纪80年代末。1989年，中华医学会医学伦理学伦理法规委员会委托天津市医德法规起草组起草了《医院伦理委员会组织规则（草案）》，京津沪地区率先成立了医院伦理委员会。1994年，中华医学会医学伦理学分会发出《关于建立"医院伦理委员会"倡议书》，此后我国的医院伦理委员会蓬勃发展起来。1995年，《医院伦理委员会组织规则（草案）》得到修订，改称《医院伦理委员会组织规程》。

我国医院伦理委员会从提出建设至今，其功能从起初主要为加强医德医风建设的伦理教育和咨询组织向临床决策难题及临床试验或研究伦理审查、监督、咨询和指导功能完善和发展，目前具有教育培训、审查及监督、政策研究和咨询服务四大功能。随着新兴医疗技术的不断发展以及相关法律法规的不断完善，政策要求全国各地、各级各类医疗及研究机构都应建立医院伦理委员会，以维护患者和受试者的安全及权益，为公众提供公正保证。

人员构成对医院伦理委员会能否较好运行有着至关重要的作用。我国医院伦理委员会实际上由医院主管医疗与科研的院领导、医学专家、律师、伦理学专家、社会工作者等组成，行政色彩较浓，并且护士的参与较少，这也是由我国文化背景的特点决定的。

三、护理伦理决策模式与程序

选择护理伦理的决策模式和确定程序，对于决策非常有利，可以将伦理问题的解决纳入一定的框架，可以使护理伦理决策有规可循，从容自如。

（一）护理伦理决策模式

许多学者提出过伦理决策模式，下面简单介绍几位学者的伦理决策模式，可以协助护士系统地评估所面对的伦理困境，并作出最佳的伦理决策。

1．席尔瓦伦理决策模式　是席尔瓦（Silva）在1990年提出的，他将解决伦理问题的过程分为五个步骤：①收集及评估资料；②确立问题；③考虑可能的行动；④选择及决定行动的方案；⑤检讨及评价所做的决定及采取的行动。

2．阿洛斯卡伦理决策模式　阿洛斯卡（Aroskar）认为解决伦理困境时，必须在有效的时间内及现有的价值系统下，了解事实的现状，对于面临的伦理问题，根据伦理的理论加以澄清来做决定。从三个要素上考虑：①基本资料，即收集相关资料以确定是否有伦理问题；②决策理论，即根据决策理论来分析伦理困境；③伦理理论，即根据伦理理论来选择所要采取的行动。

3．汤普生伦理决策模式　汤普生（Thompson）提出的伦理决策的步骤是：①评估伦理问题，并找出相关的人、涉及的健康问题及所需做的决定；②收集其他资料以澄清情况；③确认相关的伦理原则；④确认个人及专业的道德立场；⑤了解其他人的道德立场；⑥确认是否有价值的冲突；⑦了解谁最有能力做决定；⑧根据预期的结果来确认行动的范围；⑨决定行动方案并付诸实施；⑩评价决策及行动的结果。

4．柯廷伦理决策模式　柯廷（Curtin）对伦理困境的分析步骤包括：①收集背景资料；②确认属于伦理的问题；③评估与做伦理决策相关人员的权利、义务及责任；④考虑各种可能的行动方案及其后果；⑤应用伦理原则并考虑不同的价值观的影响；⑥根据以上分析，在配合社会的期望以及法律的要求下，采取最合适的行动。

5．德沃尔夫伦理决策模式　德沃尔夫（Dewolf）提出的临床伦理决策模式认为护士解决伦理争议问题应采取六个步骤：①感受到有伦理争议情况的存在；②选择较喜欢或合适的意见；③应用各种因素支持较合适（喜欢）的意见；④提出所选择的意见并与其他相关人员沟通；⑤实施所选择的意见；⑥评价决策过程和他们的行动。

6．海因斯伦理决策模式　海因斯（Hynes）修正的规范功利主义者的决策模式包括的步骤有：①感受到问题；②列出所有可行的方案；③做决策；④做伦理描述；⑤列出可能的结果；⑥分析每一个可能的结果；⑦审视个人的价值观；⑧比较结果与价值观；⑨在考虑所有重要的结果之后做正确的伦理决定。

（二）护理伦理决策程序

综合以上六种模式，结合我国医疗护理工作实际，在进行伦理决策时可根据以下程序进行（图 4-1）。

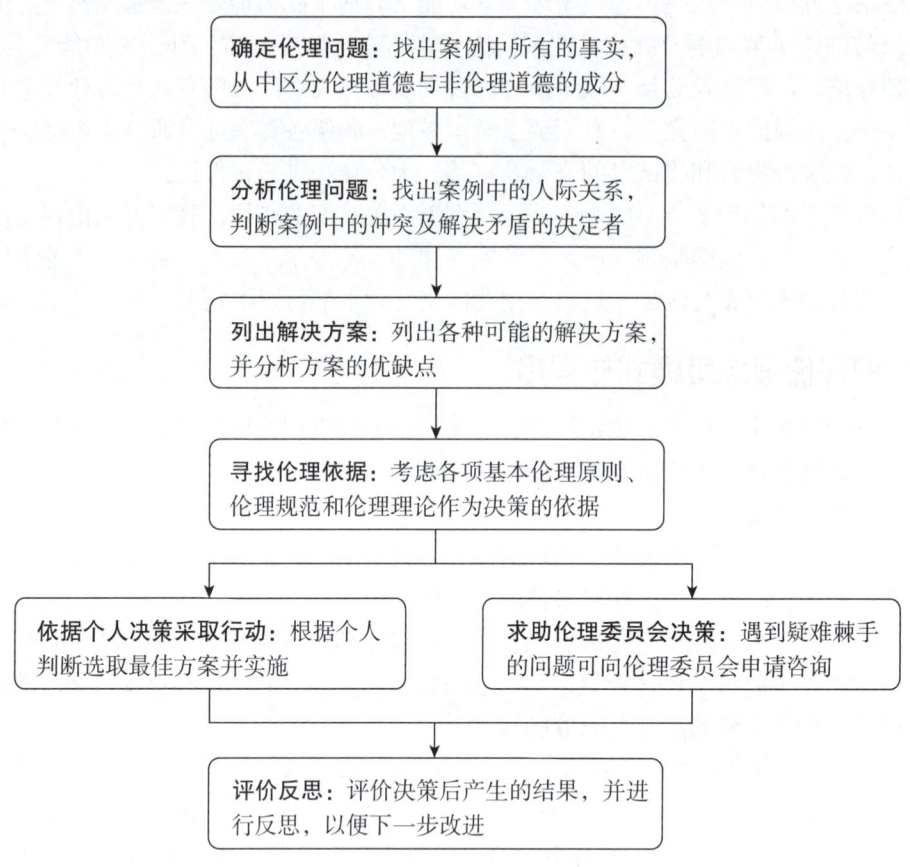

图 4-1 护理伦理决策程序

回顾并结合案例 4-1，对临床护理伦理决策程序分步骤具体介绍：

患者李某，因前期的基础病变，导致其在行结肠癌术后，出现多脏器功能衰竭，医护人员已进行多次抢救，患者处于昏迷状态，情况危急，家属要求停用一切治疗药物，并不希望再次施救。医护人员应该怎样做？

步骤 1：确定伦理问题——找出案例中所有的事实，从中区分伦理道德与非伦理道德的成分。

首先要找出案例中发生的所有事实，包括医学事实和伦理学事实，也就是了解"发生了什么"。

案例 4-1 中发生了哪些事实？如多脏器功能衰竭和患者出现危急情况进行抢救是医学事实。如果在知情同意情况下同意家属放弃治疗和抢救，患者会立刻失去生命；而如果不听从家属意见实施治疗和抢救，可以维持患者生命体征，但会违背患者家属的知情选择权。这一矛盾构成伦理问题。

步骤 2：分析伦理问题——找出案例中的人际关系，判断案例中的冲突及解决矛盾的决定者。

找出人际关系。临床中的人际关系包括医患关系、护患关系、护际关系、医护关系、护士与社会关系等。只有将所有与该事件相关的人际关系界定清楚，才有利于分析利益与冲突的主体和客体。

案例 4-1 中的人际关系有哪些？如医患关系、护患关系、医护关系，以及医护人员与患者家属的关系。

判断案例冲突或矛盾。在这之前，需排除对医疗护理等方面纯事实性材料的误解，如是否是医学、护理专用名词导致的误解，是否由于患者对医学常识的缺乏产生的误解等，而且这些误解可通过充分的交流解决。排除后，才能找出真正的伦理学冲突。例如，是患者的隐私保密与适时公开的冲突，还是遵循医嘱与护士行业自主权的冲突，抑或患者家属、单位或保险公司的知情权与医院保密义务的冲突？……一般情况下，冲突主要表现为医护人员的义务与患者利益之间的冲突。

案例 4-1 中主要的冲突是什么？医护人员若遵循不伤害和有利原则继续治疗和抢救患者，就会与患者合法代理人的意见相冲突，又违背尊重原则。

找出解决矛盾的决定者。在确定了存在的冲突及人际关系后，要进一步明确谁对冲突的产生负有直接责任，并能解决矛盾。在护患冲突时，如患者清醒并具备自主决定能力，那么患者就是解决问题的决定者，他的决定权就应得到充分的尊重。在中国的国情下，家属对于问题解决也具有重要的影响力，因此，即使患者具有绝对的自主能力，也应当在适当的范围内取得家属的支持和同意，或者患者与家属达成一致后，医护人员尊重他们一致的决定是较理想的。如患者没有行为能力，患者的个体自主权应当由合法、合理、合适的代理人来承担，此时要考虑代理人决定权的范围，是一个代理人还是几个代理人共同行使代理权。如老年昏迷患者的治疗与护理常常由几位子女共同协商决定，此时要考虑代理人的综合意见或达成一致后的意见。在特殊情况下，医护人员或医院伦理委员会也可能是矛盾解决的决定者，如对某些由好心人送到医院、无法联系家属的急重症昏迷的患者。此外，有时矛盾的解决是分层次的，在不同情况下矛盾决定者可以是不同的。

案例 4-1 中谁对于解决矛盾有决定作用？矛盾责任者的决策会带来什么后果？在本案例中，患者家属、医生都对矛盾的解决有决定作用，而双方意见可能存在分歧，需要进一步进行分析，使意见达成一致，否则不尊重家属意愿会产生伦理纠纷。

步骤 3：列出解决方案——列出各种可能的解决方案，并分析方案的优缺点。

对同一个伦理问题，常常有不同的解决方案，比较理性的方式是将所有可行的方案都考虑到，然后从中寻找最为合适的方案。首先考虑造成损失最小、所得利益最大的方案，并在可行性的基础上确定最优方案。

案例 4-1 的解决有哪些可行方案？各有哪些优缺点？如可以不听从患者家属的意见，坚持为患者治疗并实施抢救；也可听从患者家属意见停止治疗，任由病情发展，不予抢救等。逐一讨论优缺点，在可行的基础上讨论最佳方案。

步骤 4：寻找伦理依据——考虑各项基本伦理原则、伦理规范和伦理理论作为决策的依据。当确定最优方案后，需要重新考察解决方案是否符合各项伦理原则、伦理规范和伦理理论，是否实现了最基本的伦理理念，是否解决的是伦理基本冲突，也就是为所选择的方案寻找充分、可靠的伦理依据。

案例 4-1 中哪些伦理原则可以作为伦理决策的依据？如不听从患者家属的意见，坚持为患者治疗并实施抢救，遵循的是不伤害和有利原则，并且也是医生、护士救死扶伤的理念与职业道德的要求；如听从患者家属意见停止治疗，任由病情发展，不予抢救，遵循的是尊重原则，需要注意的是尊重家属意见可能会违反职业道德要求，必须在达成一致后签署知情同意，然后再实施，否则医生、护士会陷入不必要的医疗纠纷中。

步骤5-1：依据个人决策采取行动——根据个人决策选取最佳方案并实施。

在确定伦理决策后，应当按照所做的决策进行下一步的行动，及时解决面临的问题。时刻保持评判性思维分析能力，如遇特殊情况，及时调整策略。无论如何选择解决矛盾的方案，都需要与患者或家属达成一致，并签署知情同意后再实施。在国内的某些医院已经采取了律师见证制度，对医患沟通的过程和内容进行法律见证，实现依法治院。

案例4-1中，如果你是当班的医护人员，你会采取什么行为？你的行为会出现什么后果？有什么解决方案？如本案例医护人员可通过对患者状态的综合评估，在与患者家属充分协商的基础上，继续治疗抢救或放弃治疗抢救。

步骤5-2：求助伦理委员会决策——遇到疑难棘手的问题可向伦理委员会申请咨询。

在难以确定最优的解决方案，或者任一解决方案的制订都会造成一些伤害和损失时，应当主动寻求团体决策，向伦理委员会进行咨询，以便得到伦理决策方面的支持。

针对案例4-1的问题是否需要向伦理委员会申请咨询？如果在讨论中能够确定最优方案，讨论者基本达成一致，则无需向伦理委员会申请咨询；如不能达成一致意见，则有必要向医院伦理委员会进行咨询。

步骤6：评价反思——评价决策后产生的结果，并进行反思，以便下一步改进。

当采取行动之后，应当及时评价该决策产生的后果，积极总结经验和教训，如沟通技巧、处理方式等，以便今后改进。同时，对伦理咨询机构的设置等问题也可提出相应建议。

科研小提示

如何获取缺乏同意能力人群的知情同意是研究热点之一。经查阅文献，确定合法授权代表是研究思路之一。

四、护理伦理决策能力的培养

具备良好的护理伦理决策能力是成为一名合格护士的前提，护理伦理决策问卷从尊重他人、一视同仁，生命至上、权益为重，改善条件、提升质量，心系公众、积极合作，责有攸归、适当授权，发展自身、保持竞争，维护健康、保护患者，加强素养、推动专业，实现价值、制定政策九个方面评价护士的伦理决策能力。护理伦理决策能力受个人的价值观、专业的价值观、社会的价值观、伦理理论、组织的政策及法律的规定等影响，但可以通过有意识地加强自身素质培养，提升决策能力。

1. 把握基本的护理伦理知识——夯实基础 把握基本的护理伦理知识，具有基本的护理伦理意识，是进行护理伦理决策的前提。通过对护理伦理学的学习，护士应该能够在自己的护理行为中，区分出哪些是伦理问题；把握护理伦理学的基本理论和基本原则、规范与范畴；掌握改善护理人际关系伦理道德的有效途径；掌握自己专业的护理伦理价值观，并使自己的价值观与本专业的护理伦理价值观相符合；熟悉伦理决策的方法与技巧，学会进行伦理评价等。积极参与护理伦理道德相关培训学习，丰富理论知识储备，才能更好地指导护理伦理实践。

2. 提升护理专业知识技能——熟能生巧 护士具备良好的专业知识和技能，不仅是优质护理服务的前提，而且是能够做出正确的伦理决策的必备条件。护士的护理伦理决策与护理技术决策息息相关，护理技术行为是护患伦理关系建立的基础，正是这种护理行为将护士与患者及家属联系在一起。护士只有掌握扎实的护理专业知识，具有娴熟的护理专业技术和丰富的临床经验，才能增进护理服务的优质化，才能从多个护理方案中确定最佳、最符合伦理道德的护理决策。

3. 学习医疗护理相关法律、政策和规章制度——有法可依 依法治国、建设社会主义法治国家是党领导人民治理国家的基本方略。法治所体现的道德正逐渐为广大人民群众所接受，伦理道德又要有法律来保障监督。我国已经颁布《中华人民共和国基本医疗卫生与健康促进法》等法律、政策及规章制度，既可规范医护人员的从医行为，也为医护人员的医疗护理行为提供可靠的依据和法律保障。护士应当熟悉相关的法律法规及政策，尤其加强对《医疗机构管理条例》《护士条例》《医务人员医德规范及实施办法》等法律法规的学习。护士要对自己的护理伦理决策负责，了解相关法律法规及政策，不仅有助于作出正确的护理伦理决策，同时还可为所做的护理伦理决策筑起一道牢固的警戒线。

4. 了解患者及其家属的价值观——知己知彼 以患者为中心的优质护理理念深入人心。随着患者及家属维权意识和法律意识的增强，尊重患者自主权和知情同意权是建立良好护患关系和顺利完成护理工作的关键。护士在进行护理伦理决策时，要充分考虑患者及其家属的价值观。护士应掌握与患者及家属沟通交流的技巧，了解他们的价值观念，并协助他们在做决定时澄清某些价值观造成的影响或冲突。只有知己知彼，才能百战不殆，才能使最终的决策合乎护理伦理。

5. 学会求助医学（医院）伦理委员会等团体决策机构——群策群力 医学（医院）伦理委员会具有教育培训、制订规范、建议咨询、审查评价等功能。护士可将因医患价值观差异引发的医患矛盾及特殊的临床治疗措施和技术的应用决策等护理伦理决策个案提交伦理委员会，伦理委员会可以团体决策的方式，群策群力地解决伦理难题，帮助医务人员和患者作出更加合乎伦理的选择。另外，临床护理专家还应积极参与到医学伦理委员会中，有效提高自己的决策水平。

6. 努力提高伦理决策的思维分析能力和护理伦理素养——运筹帷幄 面对复杂的伦理问题及冲突，护士的应对不能仅凭直觉和经验，仅仅具备伦理理论知识也是不够的，必须要基于自身的伦理素养，经过系统的理性的思考。护理伦理素养是护士在临床实践中形成的、能够满足临床实践活动复杂道德需求的能力和品质，是护士个人综合能力提升和未来职业规划的基本要求。注重理论与实践相结合，牢记自己的职责，以患者为中心，力行慎独的精神，持之以恒，才能不断提升自身素养，才能由理性的思考而做出伦理上科学合理的判断和选择，为患者做最有益的决定。

第二节 护理伦理评价

护理伦理的基本原则和规范，要转化为护士良好的伦理意识、伦理行为和道德品质，主要是通过开展护理伦理评价及教育培养等活动来实现的。护理伦理评价就是评判护士行为和品质的"道德法庭"，有助于增强护士美与丑、善与恶、荣与辱的判断能力，同时也是护士依照伦理原则和规范提升自我伦理素养的有力手段和必然途径。

一、概述

（一）护理伦理评价的含义

评价（evaluation）是通过评价者对评价对象的各个方面，根据评价标准进行量化和非量化的测量过程。布鲁姆将评价作为人类思考和认知过程的等级结构模型中最基本的因素。他认为："评价就是对一定的想法、方法和材料等做出价值判断的过程"。

护理伦理评价（nursing ethical evaluation）是在护理实践活动中，人们依据一定的护理伦理原则和规范，对护理行为和活动及各类护理伦理现象的价值评判。这种评判包括对护理伦理行为的"认知评价""情感评价""意志评价"，它们分别是对护理职业行为的伦理价值认识、心理体验和意志反映。例如，"南丁格尔是一名护士"和"南丁格尔是一名为护理事业奋斗终生的创始人"这两句话，前者表明南丁格尔是个护士的事实，是事实判断，后者则表明南丁格尔高尚的护理品质，是判断者以自身的价值观念和伦理标准对评判对象的一种褒扬和肯定。

护理伦理评价是护理道德实践中的一个重要组成部分，包括两种类型：社会评价和自我评价。社会评价是患者、同行和社会其他成员对护士行为和活动的伦理判断。自我评价是护士自身对其护理行为和活动的伦理评价。护理工作的特殊性决定了护士的自我评价往往比社会评价更重要、更深刻、更有价值和意义。

（二）护理伦理评价的构成与特点

护理伦理评价的顺利开展需要基于评价主体和客体，依据评价标准，广泛搜集证据，以特定的方式做出评价结果，进而产生重要作用。

1. 主体具有社会性 护理伦理评价的主体就是评价者，范围十分广泛，包括社会成员和社会组织。社会中的任何人，既可以是医务人员，也可以是非医务人员；在非医务人员中，既可以是直接的服务对象，也可以是非直接的服务对象。此外，国家、政府、政党、企业、社团、学校及医院本身等，也可以成为评价的主体。

2. 客体具有确定性 护理伦理评价的客体就是护理伦理评价的对象，即对护理职业行为的相关判定，包括护理伦理行为和护士道德品质，具有特定性。

3. 结果具有判定性 护理伦理评价是对护理行为明确地判断出善与恶、美与丑、道德与不道德，进而扬善抑恶。

4. 作用具有非强制性 与法律对人的强制性约束力不同，护理伦理评价属于道德评价范畴，是通过社会舆论和内心信念的力量起作用，是非强制性的，但却是法律的必要补充，特别是护士内心的自我评价。

（三）护理伦理评价的作用

护理伦理评价在培养护士的良好品格、提高护理质量以及构建医院的医德医风等方面都起着十分重要的作用。

1. 对护士的护理行为与品质有评判作用 护理伦理评价是通过衡量行为善恶的标准，促使护士从价值判断的角度认识到护理行为或护士品质的善与恶。能保护患者的生命、促进患者的健康、实现患者最高价值的护理行为都是善行，反之，则为恶行。凡是符合护理伦理道德的行为，社会予以肯定，意味着被评价的护士是被接纳的，会感到愉悦，产生良好的自我评价；凡是不符合护理伦理道德的行为，则会受到社会的否定，就意味着失去生存的机会，自身会感到不安，会形成自我否定。护理伦理评价的他律和护士内在良心的自律产生共鸣，内外力量合二为一，共同创造出良好的社会风气。社会、个人等都可以通过伦理评价对护理行为和护士品质进行监督和裁决。

2. 对护理职业道德品质具有培养作用 护理伦理评价会启动被评价者的反省机制，促使其自觉地表现出职业行为，扬善抑恶，从善拒恶。护士通过护理伦理评价明确是非、善恶标准后，分析护理行为的目的和手段、动机与效果及其相互关系，从中深刻了解和判断自己护理行为的道德性，即进行有效的自我伦理评价。在护理实践中，楷模的激励、良心的谴责都触及人们的灵魂，从正面事例中受到激励，从反面事例中得到教育，做到从善避恶，能克服自身护理职业道德缺陷，促使护士自觉地、积极地依据一定的护理道德原则和规范，在实践中选择正确的行为，逐渐养成个人优良的护理职业道德品质。

3. 对护理职业行为起调节作用 护理伦理评价在护理职业行为中起着重要的杠杆和调节作用。要使护理职业道德原则和规范内化成护士的信念，一方面通过自我评价促使护士弃恶扬善，调节自己的言行；另一方面通过对他人的评价使高尚的行为受到赞赏，不良的行为遭到人们的唾弃，从而实现道德调节中的自律与他律。

4. 对护理科学发展起推动作用 随着医学的不断发展进步，出现了诸多社会医学问题，并由此产生一些医学伦理难题，如安乐死、器官移植、人类辅助生殖技术、人体实验、基因工程等。有效的护理伦理评价有助于护士从关注疾病和诊治技术，回归到关注人和健康，提升医学的人文温度，有助于护士在面临护理伦理困境时正确地作出伦理价值判断，解决其中的护理伦理矛盾，从而推动护理科学的不断发展。

二、护理伦理评价的标准、依据与方式

（一）护理伦理评价的标准

标准是衡量事物的尺度或准则。道德的标准是善与恶。护理伦理评价的标准是指衡量护士的护理伦理行为的善恶及社会效果优劣的尺度和准则。主要包括以下三个方面：

1. 疗效标准 即护理行为是否有利于患者疾病的缓解、痊愈、保障生命安全。护理学的任务是维护人的生命，增进人类健康，护理行为是否有利于患者疾病的缓解、痊愈、保障生命安全，是评价和衡量护士职业行为最根本的标准，是护理科学的根本目的之一。

2. 社会标准 即护理行为是否有利于人类生存环境的保护和改善。新的医学模式要求护士把健康与疾病放在一个更广阔的背景下进行研究，把患者看成完整的人，即生物的人和社会的人。医院不再是单纯的治病救人的场所，同时也担负着预防疾病、提高生命质量的重任。因此，为了人类的健康长寿，必须做好预防保健，改善人类的生存环境，促进一切有利于人类健康的自然和社会因素的统一。

3. 科学标准 即护理行为是否有利于促进护理科学的发展和社会的进步。随着高科技在护理实践中的应用，护理水平不断提高，护理功能不断扩大，护理研究不断发展，护理成效日益显著。但护理领域还存在许多空白，护理科学还有待于进一步发展，这就需要护士积极开展护理科学研究，摒弃那些陈旧的观念，促进护理科学的发展和社会进步。

上述三项标准的中心和实质是围绕广大患者健康的利益，三者是辩证统一的。这些标准在实际运用的过程中还会遇到一些矛盾，如新理论技术带来的新的社会医学伦理问题，以及社会利益、患者利益、医疗机构利益和护士个人利益之间的各种矛盾碰撞，这些都将影响伦理评价。

护理伦理评价标准是客观性与主观性的统一，是绝对性与相对性的统一，是伦理性与技术性的统一，是整体性与层次性的统一。护理伦理评价是一个十分复杂的道德认识和实践的过程，某些医院将感谢信和举报信的多少作为评价科室和个人职业道德好坏的标准，还有些医疗管理部门将患者满意率作为评价标准，这其中标准与实践的矛盾及标准的可信度都存在一定的问题。所以，护理伦理评价要从整体上把握，保证作出正确、全面、科学的评价。

随堂测 4-2

（二）护理伦理评价的依据

护理伦理评价的目标在于判明护理行为的善恶。明确了护理伦理评价标准，只解决了护理伦理评价的前提条件，必须进一步讨论伦理评价的依据。护士的行为总是在一定动机、目的支配下采取相应的手段，并由此产生一定的行为效果。护理行为动机与效果、目的与手段即可作为评价的依据。

1. 动机与效果相统一 动机是内在的主观因素，是行为的支配力量，效果是外在的客观因素，是行为的实际影响。在进行护理伦理评价时，必须弄清被评价者（行为者）"想做什么"，实际上"做了什么"，两者的关系究竟怎样，只有仔细推敲权衡，才能评价得准确。其中"想做什么"就是动机。在护理工作中，动机是指护士作为行为主体，去实施具体的护理行为时的主观意愿。"做了什么"就是效果，是指护士的行为所产生的客观后果。

在护理实践过程中，动机与效果都有着十分复杂的表现。动机源自于需要，而人的需要复杂多样，所以人的行为动机也不是单一的，善与非善动机交织在一起是常态，即往往是复合动

机起作用。同样，效果也具有复合性，既有善的效果，也有恶的效果；既有直接效果，也有间接效果；既有眼前效果，也有长远效果；既有局部效果，也有整体效果。在评价过程中，要分清主次、综合分析，明确最主要、起支配作用的动机或效果的性质，并注意考察各种动机或效果之间相互发展变化的关系。

在护理行为中，动机与效果都对行为本身起决定作用，两者之间辩证统一。由于受复杂因素的影响，动机与行为并不一定会一致，即良好的动机未必会有良好的效果。就某一特定护理行为而言，动机与效果的统一一般可能出现四种情况：一是善动机与善效果的统一；二是善动机与恶效果的统一；三是恶动机与恶效果的统一；四是恶动机与善效果的统一。在进行护理伦理评价时，应防止认识上的两个误区：一是把动机与效果割裂开来，只看一方面，重蹈"动机论"或"效果论"的覆辙；二是把两者的统一性视为线性方程，搞简单推理，则会造成简单化的机械论的失误。

动机论代表人物康德（Immanuel Kant，1724—1804 年）认为，人们行为的道德价值取决于行为动机，而与行为效果无关，主张以动机为依据评价人们行为的善恶。如对护士"好心办坏事"的行为绝对宽容，这种从动机论角度进行的伦理评价会使护士漠视自身行为的后果，削弱道德责任感，一旦出现伦理道德问题，护士往往会以自己"动机不坏"对这些问题进行辩解，逃脱责任。效果论代表人物杰里米·边沁（Jeremy Bentham，1748—1832 年）和约翰·密尔（John Stuart Mill，1806—1873 年）认为，道德行为的善恶价值最终取决于效果，而动机无关紧要，只有效果才是评价人们行为善恶价值的依据。抹杀了动机对行为的启动和指导作用，造成评价结论失真，往往会肯定某些居心不良反而"歪打正着"的伪善行为。鉴于此，在进行护理伦理评价时，要正确地把握和运用动机与效果的辩证统一论，充分重视实践的检验作用。

2. 目的与手段相统一 在进行护理伦理评价时，还必须要看被评价者追求的"目标是什么"，为实现这一目标，使用的"方法是什么"，以及这二者的具体关系如何。前者就是目的，是指护士主观设计和经过努力期望达到的护理伦理目标。后者是手段，是护士为实现伦理目的而选择和运用的具体措施、途径和方法的总称。无论目的还是手段都有正当与不正当之分。于是从目的和手段的范畴对护士行为进行伦理评价时，有四种情况，即目的正当手段也正当、目的不正当手段也不正当、目的不正当手段正当、目的正当手段不正当。目的决定论认为只要目的正当，不论采用何种手段都是正当的。手段决定论认为行为的性质是由手段决定的，手段正当行为就正当，手段不正当行为就不正当。目的决定论和手段决定论的弊端在于都过于绝对。

目的与手段也是辩证统一的关系：护士的任何一个护理行为都追求特定的目的，为此也必然选用相适应的手段；所选的手段不仅体现特定的目的，而且受制于这个目的。手段选用是否合适，不仅决定或影响目的能否实现、实现到何种程度，而且其本身就可以显示出相对独立的伦理价值。因此，为确保行为目的与手段达到善的统一，所选择的手段必须符合医学伦理目的。而要做到这一点，护士应遵循四条原则：

（1）一致性原则：即选用的护理手段要与行为的目的相一致。

（2）有效原则：即选用的护理手段应经过实践的检验，已经被证实护理行为的有效性。

（3）最佳原则：即选用的护理手段必须是最佳的。

（4）社会效益原则：即选用的护理手段必须考虑社会效果。

同动机论与效果论一样，在进行护理伦理评价时，避免将目的与手段割裂开来的"目的论"和"手段论"。在伦理学史上，目的论和手段论是两种截然相反的伦理评价依据观，从辩证唯物主义看，这两种理论都是错误的。要使护理伦理评价科学、合理，就需要看护理行为是否遵循了以上四条原则。

（三）护理伦理评价的方式

根据护理伦理评价的主体不同，护理伦理评价方式可分为社会评价和自我评价两种。社会评价主要是指社会舆论和传统习俗,是一种客观评价;自我评价主要指内心信念,是一种主观评价。在进行护理伦理评价时,必须把客观评价和主观评价有机地结合起来,从而使评价更加客观、公正,更好地发挥护理伦理评价的作用。

1. 社会舆论 社会舆论是公众对某种社会现象、事件和行为的看法和态度,反映了社会共同体多数人的态度,对评价对象能够形成较大的社会压力和制约效果。社会舆论是护理伦理评价的重要方式,在一定条件下,可成为一种强制性力量,传递一定的行为价值信息,促使行为当事人深刻反思行为的社会后果,迫使行为当事人接受来自社会的善恶裁决和准则性指导,对当事人以及其他社会成员起到一定的教育作用。

社会舆论有正式和非正式两种。一种是有组织的正式舆论,是政府部门和护理领域中的各具体部门,通过报纸、广播、电视、期刊等传统媒体,以及网络、微博、微信等新媒体,对护士职业道德行为进行有目的、有计划的定向引导,使之符合护理伦理原则和规范要求。这种形式的社会舆论覆盖面广、信息量大、权威性强、传播速度快。另一种是非正式的社会舆论,即通过口头形式传播的舆论,使人们自发形成对护士的职业行为及伦理现象作出的价值判断,所有护理伦理评价者都对护士的职业行为起舆论调节和导向作用。但面对这类舆论需要有识别的能力,正确对待。

2. 传统习俗 传统习俗是人们在长期的社会生活过程中逐渐形成和沿袭下来的习以为常的行为倾向、行为规范和道德风尚,又称传统习惯。传统习俗作为护理伦理评价的一种方式,受社会经济条件、历史变迁、文化生活状况、宗教特点、伦理观念及人们社会地位等因素的制约。在护理伦理评价中,传统习俗既是评价护理伦理行为最初、最起码的标准,也是护理伦理评价作出的价值判断和准则得以巩固和流传在外的形式。传统习俗并不都是积极的、健康的,在伦理评价中,必须依据伦理评价标准,有所扬弃,取其精华。

案例 4-2

一位护士的反思日记

近几天,我所在的治疗组里有两个年龄相仿的男青年重名,可一位是青霉素过敏试验阳性,另一位是阴性。我已经在这个治疗组负责这两个病房好几天了,时刻提醒自己一定要做好核对。可是今天,我的组里有另一位需要抢救的患者,我有点手忙脚乱,最主要由于我的粗心大意,将青霉素换给了试验阳性的那位患者。在药液刚刚滴入患者体内时,我突然醒悟,脑子里顿时一片空白,几秒钟后,我立即先给患者停止输液,并将治疗盘中的肾上腺素取出,给患者行肌内注射。我没有为我的行为做任何掩饰,而是如实地告诉护士长,并坦诚地和这位患者进行了沟通,竟然得到了患者的宽恕和理解,让我十分感动。在观察他并没有出现过敏反应后,我才离开。

护理工作人命关天,任何一个失误都会造成一个患者丧失性命,会让他整个家庭陷入痛苦。我很内疚,我会从差错中吸取教训,加强责任心,保证这样的错误绝不再犯。

请思考:
这位护士的反思与评价运用了何种方式?

---

3. 内心信念 内心信念是护士发自内心的对伦理义务的真诚信仰和强烈的责任感,是在对人生、对事业、对社会深刻认识基础上对自己行为进行善恶评价的精神力量,决定和制约着护士在护理实践中对自身行为在善与恶之间作出选择。

内心信念作为护士的重要精神支柱和道德观念，凝聚着深厚的情感，是护理伦理评价的一种重要方式。一个人一旦形成了坚定的内心信念，就会在内心信念的支配和驱使下对自己的伦理行为进行自我评价和审视。一个有坚定信念的护士，如果看到自己的行为符合伦理要求，便会因自己的伦理需求得到满足和实现而喜悦；若看到自己的行为不符合伦理要求，便会因自己的伦理需求未得到满足和实现而内疚，内心会受到自己的谴责。正如内因起决定性作用的道理，内心信念在改变一个人的护理行为时，一样起决定性作用。外部的社会舆论只有通过内心信念的内化才能发挥作用，对于没有道德信念、没有良知、没有荣辱感和责任感的人，社会舆论也是不起作用的。

总之，社会舆论、传统习俗、内心信念三种护理伦理评价方式各有其不同特点：社会舆论是现实的力量，具有广泛性；传统习俗是历史保留的印记，具有持久性；内心信念是自我内在的力量，具有深刻性。这三种方式互相渗透、互相补充。只有将三者有机结合起来，才能更好地发挥护理伦理评价的作用，更好地培养和形成护士优良的护理职业道德品质。

小 结

1. 护理伦理决策能力是护士应当具备的一项基本素质。本章介绍了护理伦理决策的概念，阐述了护理伦理决策的两种类型，分析了临床护理过程中面对的护理伦理决策困境，并对常见的护理伦理决策模式予以说明，按照护理伦理决策程序对开篇案例进行逐步分析，提出护理伦理决策能力的培养途径。

2. 护理伦理评价是护理伦理活动的基本组成部分，是护理伦理原则和规范转化为护士内在护理职业道德品质的关键环节。本章介绍了护理伦理评价的概念、类型、特点和作用，阐述了护理伦理评价的标准和依据，说明了护理伦理评价的方式。护士需要了解护理评价的作用，并学会运用评价标准和评价依据，分析职业行为的善恶，并能从他人的评价中吸取教训，不断提高。

思考题

1. 请按照护理伦理决策程序逐步分析以下案例，说明你的护理决策过程。

A. 一位晚期癌症患者，并不知道自己已身患癌症并濒临死亡，家属担心患者承受不住打击，决定不让患者知道实情。但患者非常焦虑，希望知道自己的病情，以便处理自己的一些事情，并且表示无论自己的病情如何，都能做好心理准备。此时作为护士，你应该怎样决策？

B. 某三甲医院血液科的医生为一名白血病患者做穿刺时，站在一旁的患者家属拿出了摄像机，准备将整个过程拍摄下来。当护士问其理由时，患者家属回答："怕万一患者有三长两短，录下这些留作证据。"作为护士，你应该怎样做出决策？

2. 经国家药品监督管理局批准，美国一医药公司在国内某些医院的老年病科进行临床药物试验，检验治疗骨质疏松的新药。试验方案是，分两组，一组试验组，另一组安慰剂组，入组标准为老年骨质疏松症患者，时间为1年。有些医院伦理委员会认为这会对安慰剂组患者造成伤害，拒绝批准；但有些伦理委员会认为可以批准。

情境模拟：如果你是伦理委员会的一员，你的态度是什么？可以尝试用"四盒子理论"进行分析。

3. 某外科病房，一夜之间，所有患者用的输液器全部由价格 1.2 元／个的更换成 11 元／个的，并告知家属11元的输液器更加精密、安全、有效。有些患者一天要更换几次输液器，提高了每天的费用。某患者从其他病房了解到两种输液器之间是可以选择的，找到责任护士要求更换回1.2元/个的输液器，遭到护士的拒绝，并被严肃地告知："我们病房现在只有这一种，没有便宜的，你没有选择。"这引起患者极大的不满。

请尝试从本病房护士角度对此案例中的护理行为作出护理伦理评价。

（孙宏玉　王盼盼）

第五章 护理人际关系的伦理道德

导学目标

通过本章内容的学习，学生应能够：

◆ **基本目标**
1. 识记护患关系的概念与特征。
2. 理解护患关系三种模式的特点及适用对象。
3. 陈述护患关系的现状与发展趋势。

◆ **发展目标**
1. 正确运用护患权利和义务指导临床护理工作。
2. 正确运用护理人际关系的道德规范指导人际交往。

现代护理学创始人南丁格尔说过："要使千差万别的人，都达到治疗和健康所需要的最佳身心状态，本身就是一项最精细的艺术"。现阶段，护理工作是社会性、科学性、专业性、人文性和伦理性相统一的整体护理服务过程，并形成了错综复杂的人际关系。因此，护理工作中能正确地把握护理人际关系的伦理道德，是护理人员更有效地满足患者的身心健康需要，与他人形成良好的沟通并减少不必要纠纷的重要前提。

第一节 护患关系概述

案例 5-1

患者赵女士因乳腺癌住进普外科，术后进行放疗，需要每周测一次血常规，护士小张进3号病房给患者赵女士抽血。护士小张："赵大娘，请抽血！"患者："住院时已经测过了，而且我太虚弱了，不抽了。"护士小张："血常规目的是检查您的骨髓造血功能，如造血功能太低了就不能继续放疗，您会很难受！"患者："造血功能降低了，就不能治了？"小张："如造血功能降低了，您先得用增强造血功能的药物，之后仍然可以放疗！您看，别的病友都抽了，每周测一次血常规是为了保护您的治疗安全。"患者："那好吧！"

案例 5-1（续）

请回答：
1. 护士小张和患者赵女士的关系属于哪种护理人际关系？
2. 案例中的护理人际关系属于什么样的关系模式？

人际关系是在社会实践活动中形成的人与人之间的交往心理关系，反映了交往双方对物质及精神需求满足的心理状态。护理人际关系是护理人员在护理实践活动中形成的具有职业特点的人际关系，包括护士与患者、护士与医生、护士之间、护士与其他医院工作人员的关系。如何科学而恰当地处理好这些护理人际关系，是护理伦理学研究的重要内容，而护患关系是护理人际关系中的核心研究内容。

一、护患关系的概念与特征

（一）护患关系的概念

护患关系（nurse-patient relationship）是作为护理服务的提供者与接受者之间的一种人际关系。护患关系有狭义和广义之分。狭义护患关系是指护士与患者之间的人际关系；广义护患关系是指护理实践过程中护理部主任、护士长、护士等护理人员一方与患者及其家属、监护人等患者一方所形成的错综复杂的人际关系，甚至包括相关媒体舆论。因此，良好的护患关系不仅能提高护理服务质量，还能提升医疗机构的声誉。

（二）护患关系的特征

护患关系是在护理实践活动中形成的具有职业特点的特殊人际关系，不但具有一般人际关系所具有的社会性、复杂性、多重性、多变性等特征，还具有一般人际关系所不具有的特殊特征，如专业性、工作性、伦理性特征。

1. 专业性 护理实践活动过程中，护士运用专业的护理理论、护理知识、护理技能为患者提供专业服务，这是护患关系区别于一般人际关系的重要特征，从而形成了护患之间在特定情境下的专业性人际关系。例如，护士按照专门护理程序，对患者进行全面的护理评估，配合医生制定科学合理的护理计划并实施来满足患者的健康需要，在此过程中，护患关系都以护理专业服务为中心。

2. 工作性 护患关系不是护士与患者之间简单的相遇关系，而是在护理实践活动中以患者为中心产生的相互影响、相互作用的职业行为，因此护患关系具有工作性特征。人与人之间根据个人背景、文化水平、性格特点、情感经历、价值判断等都会对相互之间的感觉和期望产生影响，但无论护患双方之间是否有人际关系基础，护士都有责任建立起良好的护患关系，平等对待每一位患者，尽职尽责，这是工作需要。

3. 伦理性 护患关系应建立在平等、协作、互相信任、互相尊重的基础上，但是在护患关系形成过程中会出现利益冲突、道德冲突、道德概念差异、义务冲突等伦理问题，因此护患关系具有伦理性特征。护患关系是建立在帮助与被帮助的前提下，这也是护患关系的实质，但是在建立护患关系时会碰到对错、好坏、该不该的伦理问题，这些伦理性问题始终存在于护患关系形成过程中。

二、护患关系的现状与发展趋势

(一)护患关系的现状

20世纪70年代以来,随着医学科学进步、社会发展以及生物-心理-社会医学模式的提出,护患关系发生了很大变化,呈现出以下几个方面的特点:

1. 护患关系经济化 随着卫生体制改革的不断深入,医院的管理思想发生了变革,医院在考虑社会效益的同时也越来越重视经济效益,护理服务出现了层次和档次上的差别,如 VIP 病房、特需病房等。商品经济的等价交换原则也渗透到护患关系中,护患关系逐渐成为有偿经济服务。

2. 护患关系法制化 随着我国法制建设的不断完善,患者的法律意识、维权意识不断增强。护理工作中涉及很多的法律问题,要解决这些问题,单靠职业道德的约束是不够的,相关部门已经制订了专项的卫生法规来规范护患双方各自的行为。如 2008 年 5 月 12 日国务院颁布并实施的《护士条例》,明确规定了护患双方的权利、义务,有效地规范和调节了护患双方各自的行为。

3. 护患关系多元化 随着生物-心理-社会医学模式和整体护理的实施,护士的工作内容不断扩展,护士不再是被动地执行医嘱,而是主动地为患者提供健康教育、心理护理等;同时随着人民生活水平的提高,人们更加关注健康水平和生活质量的提高,注重精神享受和营养保健,患者的维权意识增强,护患关系出现了不同的关系模式,如指导-合作型、共同参与型、绝对服从型、消极被动型等。

(二)护患关系的发展趋势

随着社会和民众对护士角色期望的提升,人际关系及交往能力不仅是和谐护患关系的重要方面,也是职业成功的重要特征。护患关系的发展包括以下几个趋势。

1. 护患关系情感化趋势 随着现代医学科学技术的进步、大量高新仪器设备在护理中的广泛应用,护患之间在思想、情感上的交流减少,护患关系在很大程度上被物化了。护士应加强职业道德修养,主动关心患者,加强与患者的沟通交流,满足患者心理、社会方面的需求,做到技术与情感的有机统一。

2. 护患关系平等化趋势 随着患者权利意识、参与意识的不断增强,护患关系的平等化趋势必将加强,指导-合作型和共同参与型护患关系模式将成为护患关系的主流。

3. 护患关系社会化趋势 随着"21世纪人人享有卫生保健"战略目标的提出以及人类疾病谱的转变,护士将不仅承担疾病的治疗护理服务,而且还需走出医院,走向家庭、社区去承担预防保健、健康促进、康复训练、心理咨询等服务。护士应当广泛学习和掌握医学及人文社会学科等知识,以更好地服务于社会。

三、护患关系的基本内容与模式

(一)护患关系的基本内容

护患关系的内容主要表现为技术和非技术关系两个方面。技术关系极为重要,离开技术关系,就不能出现护患关系的其他内容,它是维系护患关系的纽带。

1. 技术关系 技术关系是指护患双方实施护理职业活动中的行为关系,是以护士拥有相关专业知识与技术为前提的一种帮助与被帮助的关系。

2. 非技术关系 非技术关系是指护患双方除了护理技术关系以外的在社会、伦理、心理等方面的行为关系。包括道德、利益、价值、法律和文化关系等。

(1) 道德关系:道德关系是非技术关系中最重要的内容。护患双方由于所处的地位、利益、文化素质、道德修养等方面的不同,在护理活动及行为方式的理解和要求上存在一定差距，双方可能会由此产生各种矛盾。为了协调关系，护患双方必须按照一定的道德原则和规范约束自己的行为，应尊重对方人格和权利，建立一种和谐的道德关系。一般来讲，由于护患关系中护士处于主导地位、患者相对弱势被动，这就对护士提出了更高的道德修养要求，即在强调双方平等交往和互动的基础之上，护士应给予患者更多的人文关怀。

（2）利益关系：利益关系指在护理活动中护患双方发生的物质和精神利益的关系。通过自己的技术服务和劳动而得到工资、奖金等正当报酬是护士的物质利益，从中解除了患者的病痛，获得了心理上的满足和愉悦，这是护士的精神利益。患者的物质利益则表现在支付了医疗费用，而解除了病痛、身心康复和重返工作岗位是患者的精神利益。应强调的是，护士的物质利益是由国家和集体以工资、奖金形式提供的，决不能从患者身上另外索取。

（3）价值关系：价值关系是指以护理活动为中介的体现护患双方各自社会价值的关系。护士运用护理学的知识和技能为患者提供优质服务，使患者解除病痛、重获健康，实现了护士崇高的社会价值。同样，患者恢复了健康而重返工作岗位，又对他人及社会作出贡献，实现了个人的社会价值。护士与患者的价值互为基础、互相联系，这正是我国"人人为我，我为人人"的社会主义价值关系的高度体现。

（4）法律关系：法律关系是指护患双方在护理活动中各自的行动和权益都受到法律的约束和保护。护士与患者应在法律范围内行使各自的权利和义务，调整双方的关系。如果患者的权利受到护士侵犯，以致造成不应有的损失，患者有权诉诸法律；反之，如果患者有辱骂、殴打护士，破坏医院秩序等违法行为，同样要受到法律制裁。

（5）文化关系：文化关系是指在护理活动中，护患双方因文化背景的差异而形成的互动关系。因为有信仰、宗教、风俗、语言、生活习俗等方面的文化差异，这必然导致护患双方在许多问题上产生不同的看法，甚至是误解或矛盾。因此，护士应当注意了解患者的文化差异，尊重其宗教信仰、风俗习惯，明确并满足不同文化背景患者的需要，提供适合患者不同文化背景的护理。

（二）护患关系的基本模式

1956年，美国学者托马斯·萨斯（Thomas S. Szasz）和马克·荷伦德（Marc H. Hollender）发表了 *Basic Models of the Doctor-Patient Relationship* 一文，把医患关系归纳为三种类型。护患关系的基本模式在此基础之上建立。根据护患双方在护患关系中所发挥的作用、心理地位、主动性及感受性等因素的不同，护患关系分为：主动-被动型模式、指导-合作型模式、共同参与型模式。

1. 主动-被动型模式（active-passivity model） 这是传统生物医学模式影响下形成的最古老的护患关系模式。

（1）适用对象：适用于意识丧失、不能或没有能力表达自己主观意愿的患者，如婴幼儿、昏迷、休克、全身麻醉未清醒、痴呆以及某些精神病患者等。

（2）特点：护士常以"保护者"的形象出现，处于专业知识的优势地位和治疗护理的主动地位，完全不用征求患者同意，而患者则处于被动接受的地位，一切听从护士的处置和安排。这种模式的缺陷在于护患之间缺乏沟通，影响护理质量的提高，甚至可能出现差错、事故，并产生护患矛盾。

（3）伦理规范：在护理活动中，护士要有良好的职业道德和高度的责任心，严格遵守医院规章制度、诊疗护理规范、常规，及时、安全地为患者提供护理。同时护士应严密观察患者病情变化和药物不良反应，做到及时发现、及时处理。

2. 指导-合作型模式（guidance-cooperation model） 这是现代护患关系的基础模式。

（1）适用对象：适用于急诊患者或手术后处于恢复期的患者。

（2）特点：护患双方都具有主动性，护士常以"指导者"的形象出现，根据患者病情决

随堂测 5-1

定护理方案和措施，对患者进行健康教育和指导；患者主动向护士提供疾病方面的信息，提出对治疗和护理的意见，但患者的主动性是以执行护士的意志为基础的。

（3）伦理规范：患者病情重、病情变化快时，护士应严密观察患者病情变化，及时、准确地为患者提供护理，以解除患者痛苦。而患者意识清醒，对疾病治疗和护理了解较少时，护士应及时向患者提供疾病信息，维护患者的知情同意权和自主选择权。

3. 共同参与型模式（mutual participation model） 这是现代护患关系的发展模式。

（1）适用对象：适用于具有一定文化知识的慢性病患者和心理疾病患者。

（2）特点：护患双方具有平等的权利，共同选择护理方案和目标。护士常以"同盟者"的形象出现，护士为患者提供合理的建议和方案，患者主动配合治疗和护理，积极参与护理活动，双方共同承担风险，共享护理成果。

（3）伦理规范：由于这类患者对疾病的治疗和护理比较了解，具有一定的自我护理能力，护士应充分尊重患者，鼓励患者独立完成某些自理活动，如检测血糖、洗头、服药等，以恢复患者在长期治疗过程中丧失的信心与自理能力。而当患者由于缺乏疾病专业知识，其行为可能对其生命或健康构成危害或威胁时，护士要及时地进行指导，必要时行使特殊干涉权。

科研小提示

查阅文献可知，患者决策辅助系统非常重要，如 web-based PtDAs。

上述护患关系模式在临床护理实践中并不是固定不变的，护士应根据患者的具体情况、疾病的不同阶段，选择合适的模式，以达到满足患者需要、提高护理服务质量的目的。

第二节　护患双方的权利与义务

案例 5-2

患者王某，10天前因左心衰竭进行抢救，医师向患者及其家属建议做人工二尖瓣置换术，患者家属主张患者早接着此治疗，但患者本人在犹豫中。第二天患者与护士对话。护士："您好，王先生，您的病情现在稳定下来了，您觉得好些了吗？"患者："医生建议做人工二尖瓣置换术，这手术有没有危险啊？成功率多大呢？手术后情况会比现在好吗？"护士："您这次大病现在总算稳定了，而且现在是做此项手术的最好时机。当然，做心脏手术危险性还是有的，我也非常理解您的担心。但这手术我们医院已经做了很多次，成功率在98%以上。我现在给您详细介绍此手术，术后情况……"

请回答：
1. 从患者角度看存在哪些伦理问题？
2. 从护士角度看存在哪些伦理问题？

护患双方的权利与义务是护患关系中的关键问题，也是建立和谐护患关系的重要保障。在护理活动中，医护人员与患者作为两个不同的社会角色都享有各自的权利并承担应尽的义务，而其最终目标是一致的。

一、患者的权利和义务

（一）患者的权利

1. 患者权利的概念 患者权利（patient's rights）是指患者在医疗卫生服务中应该享受的基本权利和必须保障的利益（详见第三章第二节）。患者权利之所以日益受到关注，有一定的社会和医疗卫生背景：①人的权利意识、民主意识的增强，使患者在诊疗过程中的地位得以确立；②对人的本质有了进一步认识，人不仅具有生物属性，更具有社会属性，每个人都希望得到社会的理解和尊重，尤其在患病期间表现得十分突出；③随着医学科学的进步及医药卫生知识的普及，医患间医学知识的差距逐渐缩小；④人们对现代医学投入热切希望的同时，已意识到医源性疾病所致的严重危害；⑤随着社会的发展、文化物质水平的提高，人们更重视自身的健康，选择能提供优质服务的医院和可被信任的医务人员已成为现实，对医疗保健服务提出了更高的要求；⑥人们对世界性的医患关系冷漠化、商品化感到焦虑，医患关系的物化趋势造成相互间信任和密切的关系发生变化；⑦当前医疗保健体制改革中出现的护患之间各种利益的冲突，让人们感到不安并为之深思。

2. 患者权利的内容 患者权利一方面涉及法律所赋予的内容，另外一方面则依靠道德的力量所肯定。根据我国国情，患者应享有如下权利：

（1）基本医疗权：基本医疗权是一项基本人权。它是指社会成员要求国家和政府给予基本医疗保障与医疗救济的权利。对基本医疗权的承认已经成为文明国家的共识，即使是战俘、罪犯、精神病患者、智力低下患者也不例外。

1）基本医疗权实现的保证：有赖于一个国家在医疗卫生方面的宏观保证。这包括制订、落实符合国情的、公正的医疗卫生制度，保障卫生资源的合理分配，发展并完善广覆盖、多层次的医疗救济制度。在具体的医疗机构日常工作中，基本医疗权的微观保证也有所反映，比如"对急危患者，医师应当采取紧急措施进行诊治；不得拒绝急救处置"（《中华人民共和国执业医师法》第二十四条），"医疗机构对危重病人应当立即抢救。对限于设备或者技术条件不能诊治的病人，应当及时转诊"（《医疗机构管理条例》第三十条）。

2）对基本医疗权的误解：①承认基本医疗权意味着国家负担社会成员的全部医疗服务；②承认基本医疗权意味着可以无偿地要求医疗机构满足社会成员的医疗需求。

（2）疾病认知权：疾病认知权是指患者从医疗机构和医务人员处获得所患疾病的性质、严重程度、治疗安排、病情预后情况等信息的权利。在告知患者病情时应当做到全面、通俗、精确、真实；护理人员要和医师口径一致；语言温和，态度诚恳，患者该知道的要讲清楚，使患者放心，暂时还不能让患者知道的，要慎言守密，不可随心所欲地乱讲，要视是否符合患者的根本利益、是否对患者及其家属负责和依患者个体差异而定，如对比较敏感的患者避免使用"癌""肿瘤""转移"等刺激性语言，而用"东西""包"等词语。

向临终患者或晚期肿瘤患者告知病情时，中西方文化存在着区别。在一些西方国家，医生都会当面把真实病情第一时间告诉患者本人。在中国，家人出于对危重患者心理上的保护，经常隐瞒真实的病情，有些患者就是去世了或许也不知道自己得的是什么病。正确的做法是应当如实告知患者所患疾病的名称、现状、程度、趋势和可能发生的危害健康的后果等诊断结论；但是出于防止病情急剧恶化、避免对患者可能或必然造成不利后果的善意考虑，也可对患者本人延迟告知。

（3）知情同意权：知情同意权是指患者在医疗卫生服务中，享有知晓病情、诊断、治疗护理方案、预后和诊疗费用等情况，并自主选择诊疗方案的权利。与疾病认知权的区别在于，知情同意权更加强调的是患者同意或拒绝的选择权利。知情同意权包括知情权和同意权。知情权是指医护人员向患者提供疾病诊断、治疗方案、预后、诊疗费用等方面信息的权利；同意权是指在充分知情的基础上,患者对检查、治疗、护理作出自愿、自主的决定。包括信息的告知、信息的理解、同意的能力和自由的同意(详见第三章第一节)。根据现代法理精神,护士为患者实施治疗,尤其是侵袭性治疗,其行为由形式的不合法转化为实质上的合法要同时具备以下三个要件,即国家法律的许可和保障、具有治疗目的、患方的承诺。

知情同意权实施中存在4个误区:①患者知情同意权的"家属化":知情同意权是患者本人的权利,必须首先征得患者同意。《医疗机构管理条例》第三十二条规定:"医务人员在诊疗活动中应当向患者说明病情和医疗措施。需要实施手术、特殊检查、特殊治疗的,医务人员应当及时向患者具体说明医疗风险、替代医疗方案等情况,并取得其明确同意;不能或者不宜向患者说明的,应当向患者的近亲属说明,并取得其明确同意。因抢救生命垂危的患者等紧急情况,不能取得患者或者其近亲属意见的,经医疗机构负责人或者授权的负责人批准,可以立即实施相应的医疗措施"。②"患者签署知情同意书是医院推脱责任的防范之举":医疗机构和医务人员得到患方的签字,只能说明患方同意实施医疗行为,并不能免去医疗机构和医务人员一旦违反医疗原则所应承担的责任,也就是说,患方的签字并不意味着要承担所有不利的后果。③"知情同意仅是一个签字的形式":知情同意是具体的同意,知情同意重要的是告知患者应该知道和决定的内容。④"患者知情同意权的贯彻应该帮助患者解除医疗风险":贯彻知情同意权的目的并不是消除医疗风险,而是使医患双方特别是患者方面对将要采取的治疗及其风险有充分的了解,并在此基础上做出尽可能合理的选择。

(4)隐私保密权:隐私保密的权利是指患者要求医方不得侵犯自身隐私的权利。对护士的要求:患者有权利要求护士对其既往史、婚育史、生理缺陷等进行保密。如果护士对患者的隐私进行披露、宣扬、威胁或者将隐私用于治疗、科研范围外的不正当目的,则侵犯了患者的隐私权。对艾滋病、遗传病、肿瘤、性病、精神障碍等患者要特别注意保护隐私。但是,在下列情况下护士可向获得授权的人提供患者的个人资料:①患者签署的知情同意书;②患者患有会威胁他人和社会健康的传染性疾病;③患者的资料仅用于教学和科研,但不会公开患者的姓名;④法律诉讼需要患者资料时。

(5)监督医疗权:患者有权对医院规章制度的执行情况、医护人员的职业道德、收费标准、医疗护理行为、后勤等方面进行监督,对各种妨碍患者权利实现以及对患者带来危害的医疗护理行为有权提出批评与指责,并有权要求医护人员改正。护士要自觉地接受患者的监督,对患者的合理意见和建议要及时地采纳并给予反馈,切忌对患者的监督进行刁难,更不可对患者进行打击报复。

(6)医疗诉讼权:患者及家属可向卫生行政部门或法院对医护人员违反部门规章制度、诊疗规范、护理常规等构成医疗事故,造成患者死亡、组织器官损伤,导致功能障碍或使患者病情加重等提出诉讼,追究医疗卫生机构和医护人员的法律责任并获取赔偿。

(7)免除社会责任的权利:疾病使患者正常的生理、心理和社会功能受到不同程度的影响,使之承担正常社会责任和义务的能力减弱,因此,患者有权根据疾病的性质、严重程度要求暂时、长期或永久免除部分或全部的社会责任和义务,并享有休息和享受有关社会福利的权利。

(8)被照顾权和被探视权:由于疾病的影响,患者的生活自理能力下降,需要家属和护士给予不同程度的照顾,以满足患者生理、心理和社会方面的需要,患者在治疗护理过程中享有被护士、家属、亲戚朋友等照顾的权利,称被照顾权。患者在住院期间,有被家属、亲戚朋友、同事等探视的权利,称被探视权。探视对患者来说是一种重要的心理安慰,也能有效地满足患者爱与归属的需要,因此,医院在保证正常的诊疗护理秩序的基础上,要创造条件,方便患者家属、亲戚朋友、同事等探视患者。

（二）患者的义务

1. 患者义务的概念 患者义务（patient's obligation）是指在医疗卫生活动中，患者应履行的责任。权利和义务是相对的，患者在享受上述权利之余，也应承担其应尽的义务，对他人和社会负责。

2. 患者义务的内容

（1）积极配合医疗和护理的义务：患者患病是没有责任的，但患病后却有责任接受治疗和护理。为了取得理想的治疗效果，患者及家属应密切配合医护人员的检查、治疗和护理计划，做到：①诚实表达求医的目的，尽可能详细、真实地提供病史，告知医护人员治疗前后的情况；②患者在同意某种治疗方案后，必须严格遵循医嘱；③传染病患者或疑似传染病患者应当遵守有关住院制度和隔离制度，自觉接受隔离，以免造成传染源扩散，危害他人和社会的健康。

（2）尊重医护人员的义务：包括尊重医护人员的人格、劳动以及专业权利。医护人员担负着防病治病、救死扶伤的重大责任，他们为患者疾病的诊治和康复不断地学习、不辞辛劳，长期超负荷地工作，承受着巨大的心理压力。因此，患者应尊重医护人员的人格尊严和劳动。《中华人民共和国护士管理办法》第四条规定：护士的执业权利受法律保护，护士的劳动受全社会的尊重。医护人员专业权利是医疗护理工作得以顺利进行的必要条件，患者应该认真听取医护人员所作出的负责任的职业判断、建议、决策，在医护人员的悉心指导下，慎重地进行理性选择。

（3）保持和恢复健康的义务：在医疗活动中，很多个人卫生及保健活动需要患者的积极参与，才能使其维持在最佳的健康状况。患者应当参与医疗护理的互动过程，学习和提高自我医护照顾的能力。选择合理的生活方式，养成良好的生活习惯，为保持和恢复健康负责。

（4）维护医院秩序和遵守医院规章制度的义务：医院是一个救死扶伤、实行人道主义的公共场所，是因病因伤而设的。医院的秩序具有特殊的要求。①保持安静：这是对患者的最基本要求。在医院不能大声喧哗，说话、走路要轻，各种物品要轻拿轻放，不能发出高调刺耳的噪声。②保持清洁：患者和家属应自觉爱护医院内公共卫生设施，保持院内整洁，以防院内感染。③不干扰医护人员的正常医疗活动。④不损坏医院财产。患者入院后，护士应通过多种形式将医院的规章制度（如出入院制度、探视制度、陪护制度、病房管理制度、作息制度、转诊制度等）向患者及家属介绍或公示，患者和家属在知晓的基础上积极主动地遵守。

（5）缴纳医疗费用的义务：医疗费用直接关系到医疗卫生机构的正常运转，医疗卫生事业不是纯粹的福利事业，医院不是专门的慈善机构，医疗护理服务必然是有偿的。它不同于一般的商品买卖，它不以治疗是否有效和成功作为收取费用的依据，只要医护人员没有违反诊疗护理规范、常规，无论效果是否明显，患者都有责任按时按数缴纳医疗费用。当前大部分医院实行的是先交费、后治疗，但如果是急诊、危重患者，医护人员要本着人道主义的精神，对患者先救治、后收费。

（6）支持医学教育和科研的义务：医学教育（包括理论和实践教学）和研究支撑了医学科学的发展和进步，其中实践教学和临床研究的开展都需要患者的理解、参与和配合。为了维护和促进人类健康，患者有义务在自己不受伤害或收益与伤害（风险）成比例的情况下，经自愿知情同意，配合医护人员开展教学、科研、公益等活动（例如配合临床教师为医学生示教、参加人体实验、义务献血、死后捐献遗体和器官等）。当然这只是患者的道德义务，并没有法律的约束力，医护人员事先应取得患者的同意，不能采取强迫的方式，在此过程中涉及患者隐私，应加以保护。

二、护士的权利和义务

(一) 护士的权利

1. 护士权利的概念 护士权利 (nursing's right) 是指护士在护理工作过程中应该享有的权利和应获得的利益。

2. 护士权利的内容 护士在执业活动中既享有法律所赋予的各种权利,也享有执业范围内的道德权利。这里着重介绍道德权利。

(1) 自主护理的权利:这是临床护士的一项基本权利,是指在注册的执业范围内,护士有权根据治疗、护理的需要,询问患者的病史,进行体格检查,制订与实施护理措施,报告与隔离传染病患者等。护士在行使自主权利时,可以考虑患者、家属及其他医护人员的意见和建议,但护士仍有最终决定权。

(2) 特殊干涉的权利:是指在特定情况下限制患者自主权以维护患者、他人或社会的根本利益。为了避免与患者自主权利相违背,护士应十分审慎地行使特殊干涉权。只有当患者自主原则与生命价值原则、有利原则、无害原则、社会公益原则发生冲突时才考虑使用。特殊干涉权可用于如下情况:

1) 当患者拒绝治疗时:如果拒绝治疗会给患者或他人带来严重后果,护士应进行劝导,必要时可强迫患者进行治疗,如精神障碍患者、自杀未遂者、有机磷农药中毒拒绝洗胃者等。对上述患者进行强迫治疗前,护士应耐心劝说,陈述拒绝治疗的危害,必要时可在取得患者家属、单位领导同意后进行预定的治疗,但不允许在不做任何解释的情况下采取强迫治疗。

2) 必须实行行为控制时:意识不清或丧失自制力的患者(如传染病患者、发作期的精神障碍患者)对他人和社会有可能造成严重后果时,为保护患者和他人,医护人员有权采取合理、有效、暂时的措施来隔离患者或控制患者的行为。

3) 适当隐瞒病情有利于治疗时:患者有疾病认知权,但某些情况下,如果患者知情后会影响治疗过程或效果,甚至有可能给患者带来不良后果时(如患者得知恶性肿瘤后拒绝治疗或选择自杀等),护士不得不对患者隐瞒病情真相,并将实际情况告诉患者家属。

4) 保密会给患者或他人带来危害时:患者有要求医方不得侵犯自身隐私的权利,但当保密会对患者或他人产生危害时,护士可行使特殊干涉权。如急性传染病患者、有自杀想法的患者需要护士为其保密时,护士可根据具体情况,通知有关部门和个人。

(3) 人格尊严和人身安全不受侵犯的权利:护士在依法执业过程中,人格尊严和人身安全受到法律保护,任何单位和个人不得侵犯。对于扰乱医疗秩序,阻碍护士依法开展执业活动,侮辱、威胁、殴打护士或有其他侵犯护士合法权益的行为,依照《中华人民共和国治安管理处罚条例》的规定由公安机关给予处罚;构成犯罪的,依法追究其刑事责任。

(二) 护士的义务

1. 护士义务的概念 护士义务 (nursing's obligation) 是指在护理工作中,护士对患者、社会应尽的责任。护士应把对患者、社会应尽的义务和责任转化为自身的信念和道德观念,在工作中自觉地加以履行。

2. 护士义务的内容 护士具有法律义务和道德义务,下面着重介绍的是护士的道德义务。

(1) 遵守医疗卫生法律、法规和诊疗护理规范的义务:护士在执业活动中,应当严格遵守医疗卫生法律、法规、部门规章和诊疗护理规范的规定(如疾病护理常规、消毒隔离制度、"三查七对"制度等),这既是护士从事护理工作的根本原则,即合法性原则,也是从根本上避免护理差错事故发生,为患者、社会及医疗卫生机构履行的最基本义务之一。

(2) 正确执行医嘱的义务:在护理工作中,护士应按规定核对医嘱,当医嘱准确无误时,应及时正确地执行。当护士发现医嘱违反法律、法规、部门规章、诊疗技术规范或与患者病情不符时，护士应及时向开具医嘱的医生提出质疑。如果明知医嘱有误不提出或由于疏忽大意未发现而执行酿成严重后果的，护士将与医生共同承担法律责任。

（3）如实记录和妥善保管病历的义务：病历是记录患者的病史资料，进行医学观察、研究或提供医学证明的重要证据，也是医疗纠纷时认定责任最直接、最有利的佐证。医护人员应按卫生行政部门规定的要求书写并妥善保管病历资料。由于抢救危重患者未能及时书写病历的，应在抢救结束后6小时内据实补记，并加以注明。护士应及时、客观、真实、完整地书写护理病历，如体温单、护理记录单等，并对病历实施科学管理，防止缺失或丢失。

（4）及时救治患者的义务：护士在工作中，一旦发现患者病情危急，应立即通知医生进行抢救。在紧急情况下抢救垂危者生命时，护士应先行实施必要的紧急救护措施，如止血、给氧、吸痰、建立静脉通道、进行胸外心脏按压和人工呼吸等，待医生到达后，护士应立即汇报抢救情况并积极配合医生进行抢救。

（5）向患者解释和说明的义务：为了很好地维护患者的疾病认知权和知情同意权，护士应将患者的病情、诊疗护理措施、医疗费用和预后等情况如实告诉患者，并及时回答患者的疑问和咨询。如因诊断结果不良如恶性肿瘤、精神性疾病等，需对患者实行保护性医疗时，护士应将有关情况告知患者家属。

（6）尊重和保护患者隐私的义务："隐私"被定义为"不愿告人的或不愿公开的个人的事"。可在中国大大小小的医院里，这些"个人的事"很可能成为"公开的秘密"。例如，公开病情（患者的床头卡上记录姓名、年龄、疾病名称等）；被迫接受异性医生的检查；被迫接受医学观摩，患者敢怒却不敢言。因此在护理活动中，护士有责任对患者隐私加以保密，并且未经患者同意，护士不得复印或转发患者病历，不得将患者个人信息泄露给与治疗护理无关的其他人员。目前，在优质护理的开展中，已要求床头卡中不写患者的单位、职业、病情，将此写在病历中；医学观摩必须经过患者的同意；在私密检查中，同性护患最好是一护一患，异性护患最好有第三方护理人员在场；对患者的隐私问题立法保护，如果护士泄露或者公开谈论、渲染患者的隐私，则侵犯了患者的权利，患者可根据情节严重程度追究护士的法律责任。

（7）参与突发公共卫生事件救护的义务：当发生严重威胁公共生命安全的自然灾害、公共卫生事件时，护士应当服从县级以上人民政府卫生主管部门或所在医疗卫生机构的安排，立即奔赴现场或临床一线，全力参与伤员的救治，决不能推诿、逃避或耽误患者的抢救工作。如护士不服从安排参加医疗救护，县级以上卫生行政部门可根据情节严重程度，给予警告、暂停执业活动或吊销护士执业证书。

三、护患权利与义务的关系

（一）患者权利与护士权利的关系

由于护士的权利是为了保证护士的基本义务——增进健康、预防疾病、减轻痛苦而存在的，所以护士权利与患者权利在本质上应该是一致的。

但护士的权利与患者权利也可能存在不一致的情况，如患者有一定的选择医护人员的权利，但医护人员却不应该对患者挑挑拣拣。虽然看起来这是二者的权利不对等，但这是由护士的职业所决定的，而不代表人格上的不对等。

护士的权利和患者的权利之间可能发生冲突。如患者的自主权和护士的特殊干涉权的冲突，其本质是由护士的义务决定的，即因为职业的性质，有些权利表现为义务。如患者自杀，护士干涉；艾滋病阳性结果原则上通知受检者本人及与其关系密切的其他人，患者要求保密的权利与医护人员因对他人、社会的义务而承担上报的义务之间发生冲突。

> **知识链接**
>
> **推动我国"执业护士法"立法**
>
> 《护士条例》2008年制定后，在2020年进行了首次修改。但是目前与《护士条例》相关的配套立法只有《护士职业注册管理办法》和《护士执业资格考试办法》，关于护士的职业伦理、教育培训、护士配备水平、护士执业风险等相关的配套"执业护士法"尚未制定。
>
> 新型冠状病毒肺炎疫情发生后，广大护士作为一线医务人员，为中国打赢疫情防控阻击战、保障人民生命健康做出突出贡献。习近平总书记明确指出，护理工作是卫生健康事业的重要组成部分，政府应当加强护士队伍建设，完善奖励激励机制。国家卫生健康委员会制定了专门政策，明确指出应当增加护士队伍数量、加强护士培养培训、拓宽护士职业路径、加强护士待遇保障、保障护士执业安全、切实为护士减负、加强护士人文关怀、提高护理服务质量和精准对接护理需求。新型冠状病毒肺炎疫情让国家充分认识到护士的价值，通过立法保护护士将逐渐成为社会共识，这是推进"执业护士法"立法的良机。

（二）患者权利与护士义务的关系

一般来说，患者权利和护士的义务是一致的。例如患者有隐私权，护士则有为患者保守秘密的义务等。但是患者权利也经常同护士对患者的义务发生矛盾（如患者有权拒绝治疗护理，但当这一行为属于判断选择失误而其后果会伤害患者自身时，便与护士保护患者健康的义务发生矛盾）；或患者的权利与护士对他人和社会尽义务有矛盾时（如艾滋病患者要求护士予以保密、拒绝隔离将危害社会利益时）。解决这一矛盾，除了从道德评价的理论上判断是非外，还应从现实角度就患者的权利与护士的特殊干涉权问题进行具体分析，从护理伦理学的四大基本原则进行分析。从发展趋势上看，患者的自主性将越来越起主要作用，其中的关键是判断患者的自主性是否完全，是否存在对他人、社会构成伤害等制约自主性的因素。

（三）患者义务与护士权利的关系

患者义务与护士权利之间的逻辑关系并不密切，也不一致。即护士的权利不以患者是否履行自己的义务为前提，如患者不同意护理实习生为其进行导尿操作，未尽支持医学教育的义务，但护士执业的权利、特殊干涉的权利、受尊重的权利、保护患者的权利也并不因此而改变。

（四）患者义务与护士义务的关系

多数情况下，二者的目的是一致的。在治疗护理过程中，患者并不是完全被动的，除了医护人员的努力外，如果没有患者的积极配合，有的治疗是难以成功的。功能的恢复、疾病的预防等更需要患者的努力和配合。

可以肯定的是，护士的义务不应该以患者是否履行自己的义务为前提，如护士不能因患者未缴费而拒绝抢救，否则将触犯法律。但是，护患关系是双向的，由于目前的市场经济和医院发展等情况造成患者若不尽义务，必然影响医院和护士尽义务，否则就是对医院和护士利益的侵犯，也是一种不平等。现实中患者无力支付高昂费用，医护人员有些为难，这已不单纯是权利义务问题，而是与卫生体制、保险等社会问题都相关联的伦理学难题。因此，还是要具体问题具体分析。

总而言之，护患权利义务是统一的，良好的医疗效果需要护患双方共同努力。作为护理工作者，更应当强调患者的权利和护理人员的义务。

第三节 护理人际关系的道德规范

案例 5-3

护士准备为患儿静脉输液,患儿看到护士端过来的治疗盘就开始哭闹,护士耐心地跟患儿交流。患儿指着治疗盘中加药后的小药瓶,嚷着要玩,家属立即拿给患儿,护士说:"这个小药瓶是不可以玩的。"家属说:"没事。"患儿安静地玩起了小药瓶,护士趁机为患儿进行静脉穿刺。当护士正在固定针头时,忽听患儿大哭,原来手指被小药瓶划破了。家属情急之下说:"没见过你这么不负责任的护士!"护士立即通知了医生,并解释说:"当时已经告知您不可以玩的。"可是家属却说:"那你为何不收走呢?我们不懂你还不懂吗?"医生过来处理患儿伤口,家属才平静下来。

请回答:
1. 该案例产生了哪些伦理问题?
2. 如何运用护理伦理规范处理好护患关系?

临床护理活动是以患者为中心的群体活动,在这个群体中,护士除了需要正确处理与患者的关系外,还需要与其他医护人员建立良好的沟通和人际关系,共同承担起对患者的医疗护理责任。

一、护患之间基本的道德要求

在健康服务过程中,护患关系是护理工作中人际关系的关键,因此护士需要遵循护理伦理道德的规范要求,以满足护理工作的角色要求,维护患者的身心健康。

(一)护士要尊重和维护患者的权利和利益

护患权利与义务是护患关系中的关键问题。做到真正尊重和维护患者的权益,护理工作人员必须自觉地以患者的权利为自己的义务,创造一切有利条件使患者享有权益。有利原则包括"不伤害"的反面义务(不应该做的事情)和"确有助益"的正面义务(应该做的事)。护患关系不是顾客与售货员那样的陌生人关系(这种关系中双方主要是反面义务),而由于护患之间在掌握医学护理知识上的不平等,使患者处于脆弱和依赖的地位,因此在处理护患关系时,护士仅仅做到"不伤害"是不够的,护士有许多正面义务,即应该帮助患者治疗或治愈疾病、恢复健康、减轻或解除疼痛,对患者要有同情心与爱心(详见第三章第二节)。

(二)护士要具备基于自律的专业伦理意识和基于责任的法律意识

护士在向患者提供关怀照顾时,要求有稳定的职业心态及基本的、发自内心的关心和爱护患者的能力;同时,护士在从事护理活动时,应准确了解自己职责的法律范围,敢于承担责任。

(三)护患之间加强沟通、互信

在护患沟通过程中,护理人员的言谈举止、表情姿势等不仅仅是信息的传递,而且展现了护士对患者的态度、责任心等,是护士整体精神面貌的反映,因此,在临床护理工作中,护士应该注意自己的一言一行,做到真诚与负责、平等与合作,以使护患双方互相信任,建立和谐的护患关系。

二、护际关系的道德规范

护际关系是指同一科室或不同科室护士之间、护士与上级护理管理者之间、护士与护生之间的关系。良好的护际关系有助于满足患者的需要，促进护士专业成长，从而提高护理工作效率。

（一）护际关系的模式

1. 优势互补型 这是最常见、最典型的类型。每个人都有自己的优势和不足，因此护士应当明确定位自身在护理团队中的角色，各司其职，扬长补短，在动态中维系融洽、和谐的合作共事的关系。

2. 指导学习型 这是基于护理管理和专业建设的需求而形成的关系。护理队伍是由不同职称、年龄的人员构成，包括实习护士、护士、护师、主管护师、副主任护师和主任护师。因此，除了合作的同事关系之外，还存在指导与被指导、带教与学习的师徒关系。

> **知识链接**
>
> **儒家忠恕之道对现代护理实践的影响**
>
> "忠恕之道"作为儒家仁学思想的核心与灵魂，对我国传统医学产生了极其深远的影响。"忠"包含三层含义：一是尽心尽力、无所保留；二是赤诚、竭诚、无私、正直；三是指古代皇权社会事君、爱国、报天下的态度、观念、行为。"恕"是指体谅理解他人的境遇与心情，原谅、宽恕别人的失误或过错。忠之为德，展示的是人诚实、敦厚的德性状态，也是人与人相处交往的基本伦理规范。将"忠德"应用于护理实践，就是要求护士真诚无私地对待每一位患者，尊重患者的生命价值，尽心尽力做好每一项工作，恪尽职守，积极承担并完成应尽的责任和义务。"恕"的仁道价值在于出于仁爱的动机，以谦逊的态度、宽容的方式和同理之心与身边的人相处相待，达到"立人达人"的境界。作为护士，如果能推己及人、易地以观、换位思考，站在患者的立场，痛患者之所痛，从局外到局内，其责任感就会油然而生。
>
> 虽然对护理伦理的规范研究已日益成熟，但是儒家忠恕而仁的道德价值标准和理性追求在现代护理实践过程中依然存在，并且引领以仁爱之心去帮助、关爱患者，同时也成就医护人员自身美好的道德人生。

3. 合作竞争型 良性竞争有利于促进护理事业的发展。在合作共事的前提下，围绕护理工作方法和质量、服务意识和态度，以及科研教学成果等方面开展比、学、赶、帮、超，这是公平竞争的体现，属于健康和正常的护际关系。

（二）建立良好护际关系的道德规范

1. 患者至上，荣辱与共 在护理工作中，护士间的相互联系和交往是以患者为中心的，即患者利益第一原则。在处理个人关系时，护士应始终将患者利益放在首位，切忌因为个人利益而影响患者的治疗与护理。同时护士要正确对待荣誉、困难与责任，做到同甘共苦、荣辱与共。

2. 尊重对方，维护同行 尊重他人，不仅表现出护士个人的思想品质修养和素质，也同样是处理护际关系的一条重要伦理原则。由于护士专业能力和临床经验的不同，每个人的服务质量也存在一定的差异，护士应维护同行在患者及家属心目中的形象，切忌在患者或家属面前议论他人的不足或护理缺陷。

3. 分工负责，团结协作　为了体现不同资历护士的价值，临床护理工作要有明确的分工，各自承担不同的任务与责任，如年资高的护士除了参与临床护理工作外，还要承担科室的管理、教学和科研工作等。护理工作任务的完成，不仅依赖于护士个人的专业素质与能力，还需护士的团结协作、互相配合，如当其他护士任务繁重、执行困难时，虽然不属于自己的职责范围，也应主动提供帮助，形成一种和谐融洽的工作氛围，使整个护理群体更具凝聚力和向心力。

4. 相互学习，共同提高　不同年龄、资历、职称和专长的护士各具优势，应当相互学习，取长补短，真诚相待，避免相妒。资历浅的护士应尊重资历深的护士，怀有主动学习的精神；资历深的护士要耐心地传、帮、带，爱护资历浅的护士，尊重对方的人格，自主判断，以达到共同提高的目的。

三、医护关系的道德规范

医护关系是护士为了患者的健康，与医生共同建立起来的工作性人际关系。作为临床医疗工作的两支主力军，良好的医护关系是提高医疗护理质量、促进医学事业发展的重要保证。

（一）医护关系模式

随着现代医学模式的转变，以及护理工作在临床医疗工作中的地位和作用的提高，医护关系模式已逐渐形成新型的"并列-互补"型。"并列"指在治疗疾病过程中，医疗和护理无主次、从属之分，是两个并列的因素，共同构成医疗护理体系；"互补"指医护之间不断进行信息交流，相互依存，相互促进，优势互补，不足互帮，以确保医疗护理质量。

随堂测 5-2

（二）建立良好医护关系的道德规范

1. 彼此平等，相互尊重　医护虽然分工不同，但两者的目标是一致的、地位是平等的，双方应相互尊重。护士要尊重医生，主动协助医生，及时向医生汇报患者病情的变化，维护医生的威信；医生应重视护士提供的患者病情信息，理解护士的辛勤劳动和无私奉献，尊重护士的人格和尊严。

2. 团结协作，密切配合　医生的诊疗过程和护士的护理过程既有区别又有联系，既有分工更有合作。医生主要负责患者疾病的诊断、治疗方案的确定、治疗效果的评价，并以医嘱形式表达出来；护士主要负责及时准确地执行医嘱，动态观察患者的病情变化、药物的治疗效果和不良反应，为患者实施整体护理等。护士执行医嘱只是医护结合的一种形式，并不说明护士从属于医生。医护双方虽然各自的任务和职责不同，但有着共同的服务对象和目标，因此医护应团结协作、紧密配合，最大限度地提高治疗效果。

3. 相互制约，彼此监督　为了维护患者的利益，防止医疗差错、事故的发生，医护双方必须相互制约和监督。医生如果发现护士违反了诊疗护理常规，应及时加以制止；护士如果发现医嘱有误，应主动向医生核实、提出质疑。医护双方在工作中应虚心接受别人的帮助和监督，对彼此出现的医疗差错、事故要及时反馈并协助弥补，不能遮遮掩掩，更不能互相责难或拆台，这是不负责任的态度，也是不道德的。

4. 加强沟通，协调一致　在制订诊疗护理方案时，医护之间要互通信息，使医生的诊疗方案与护士的护理计划协调一致。当医疗护理工作出现矛盾和争议时，医护双方应本着患者至上的原则进行沟通和协调，共同出色地完成医疗护理工作。

科研小提示

查阅文献可知，医护沟通模式有标准化沟通模式，如 SBAR 沟通模式。

四、护士与其他医务人员关系的道德规范

医院是一个有机整体,必须是全院各个部门相互配合才能为患者提供优质服务。因此,在临床护理工作中,护士还要与其他医务人员保持良好的沟通和协作关系。

(一)护士与医技人员关系的道德规范

1. 互相尊重,以诚相待 由于护士与医技人员(包括药剂人员、检验人员、影像人员等)的工作内容、性质和环境不同,对同一问题的看法和处理方式难免存在分歧。护技之间应相互尊重、通力合作、互相体谅、以诚相待,本着以患者利益为重的原则,不相互指责、少埋怨,首先从自己工作中找漏洞,及时通报情况、分析原因,找出协调解决问题的方法。

2. 团结互助,合作共事

(1)护士与药剂人员:护士应有计划地做好药品的统计和领取工作,以减少药剂人员不必要的劳动;药剂人员应及时地核对和发放护士申领的药品。

(2)护士与检验人员:护士应了解疾病的诊断与标本采集的要求,准确地采集标本并及时送检;检验人员对收集到的标本按要求进行检查并及时将检验结果传送到临床科室。

(3)护士与影像人员:护士应严格按照影像学的检查要求对患者进行准备,并提前与影像科室进行预约;影像人员应及时对患者进行检查,并将检查结果及时传送到临床科室。

(二)护士与行政、工勤人员关系的道德规范

1. 护士与行政人员关系的道德规范——自觉尊重,理解支持 护士要尊重行政管理人员,既要如实反映临床第一线的需要,要求行政管理人员解决实际问题,又要树立全局观念,理解行政人员的艰辛,支持他们的合理决策。各级行政人员都要树立为临床医护工作服务的思想,要支持、帮助护理人员做好工作,要维护护理人员的正当权利和合法利益,在人力资源配备、专业培训、设备更新等方面为第一线着想。

2. 护士与工勤人员关系的道德规范——尊重理解,珍爱劳动 工勤工作(如负责物资、仪器设备、生活设施的提供和维修,环境清洁卫生)是医院工作的重要组成部分,也是护理工作正常进行不可缺少的环节,是提高护理质量的保证。护士要充分认识工勤工作的重要地位,尊重工勤人员,珍爱他们的劳动成果。工勤人员则要树立为临床第一线服务的思想,共同为提高医护质量而努力。

五、护士与社会公共关系的道德规范

护理事业是一项平凡而崇高的事业。护理工作既要面向患者,又要面向社会各种类型及各种健康状况的人群,因此,护士应当处理好与社会公共大众的关系,遵守如下道德规范。

(一)面向社会,公益服务

在完成人人享有卫生保健的战略目标过程中,护理人员应当向个人、家庭及社区提供健康服务。同时,对于国家遭受的重大灾害,如水灾、火灾、疫情流行、地震灾害等紧急情况,护士应有高度的社会责任感,发扬救死扶伤的人道主义精神,满腔热情地为社会公益事业贡献自己的力量。

(二)坚持原则,秉公办事

护士在面向社会健康服务时要坚持原则,以维护社会整体利益为出发点,以认真、严谨的科学态度,恪守操作规程,遵守各项规章制度。如疫苗接种要及时、不遗漏,技术操作要符合规程,对危急患者及时做好转诊工作,处理暴发疫情要及时、果断,卫生保健宣传要科学且生动活泼、注意实效,参与卫生监督要秉公执法、遵守纪律。

第五章 护理人际关系的伦理道德

知识链接

护士——抗疫的中流砥柱

新冠疫情发生后，逆行而上奔赴湖北支援的医疗队员总数多达 4.26 万人。其中护士 2.86 万名，占比 68%。抗疫一线的护士队伍中"80 后"与"90 后"占比更是高达 90%。这些年轻护士不畏艰险、冲锋在前、舍生忘死，彰显了青春的蓬勃力量，可谓当代青年的典范与楷模。

2020 年 5 月 12 日国际护士节到来之际，习近平总书记指出：新冠肺炎疫情发生后，广大护士义无反顾、逆行出征、白衣执甲、不负重托，英勇无畏冲向国内国外疫情防控斗争第一线，用实际行动践行了敬佑生命、救死扶伤、甘于奉献、大爱无疆的崇高精神。

2020 年 10 月 1 日，在"联合国大会纪念北京世界妇女大会 25 周年高级别会议"上，习近平总书记专门讲述了一名中国护士的故事："有一位来自广东省的小护士还不满 20 岁。记者问她，'你还是一个孩子，还需要别人帮助'。她回答说，'穿上防护服，我就不是孩子了'。这段对话，感动了整个中国！正是成千上万这样的中国护士，以勇气和辛劳诠释了医者仁心，用担当和奉献换来了山河无恙。"

护士，即护佑生命的卫士。他们用自己的生命落实着"生命至上"的理念，用自己无畏的行动促进"健康中国"的建设和"人类命运共同体"的构建。

小 结

1. 护患关系是护理人际关系中最重要的关系，内容表现为技术性与非技术性关系，护患关系模式包括主动-被动型、指导-合作型和共同参与型。

2. 护患权利与义务是护患关系中的关键问题。作为护士，更应当强调患者的权利和护士的义务。患者权利有：基本医疗权、疾病认知权、知情同意权、隐私保密权、监督医疗权、医疗诉讼权、免除社会责任权以及被照顾和被探视权。护士义务有：遵守医疗卫生法律法规和诊疗护理规范的义务、正确执行医嘱的义务、如实记录和妥善保管病历的义务、及时救治患者的义务、向患者解释和说明的义务、尊重和保护患者隐私的义务和参与突发公共卫生事件救护的义务。

3. 护理实践中，护士要遵守与患者、护士、医务人员和社会公众之间的道德规范，为患者提供优质服务，从而提高医疗护理质量。

思考题

1. 护患关系模式的特点及适用对象是什么？
2. 作为护理人员怎样才能更好地维系好护患关系的纽带？
3. 患者的权利与护士义务出现矛盾（如患者有权拒绝治疗护理，但这一行为属于患者判断选择失误）时，如何处理？
4. 患者男，70 岁，因不明原因发热 1 个月待查。护士在给患者肌内注射时发现其臀部有一个 2 cm×3 cm 焦痂，经过仔细询问得知患者在晨练后有躺在公园石凳上休息的习惯。护士将这一情况及时告知主管医生，医生根据这个情况确定患者恙虫病的诊断，对症下药，不久患者康复出院。

(1) 该案例对临床护理工作的启示是什么？
(2) 如何运用护理伦理规范处理好医护关系？

（贺利平　金润浩）

第六章 护理实践伦理

导学目标

通过本章内容的学习，学生应能够：

◆ **基本目标**
1. 阐述基础护理、心理护理的特点及道德要求。
2. 叙述突发公共卫生事件应急处理的伦理责任和道德要求。
3. 解释基础护理、心理护理的特点及其与护理伦理道德要求的关系。
4. 知晓健康教育与社区卫生服务的护理伦理规范。
5. 运用临床护理伦理要求对护理行为进行伦理分析。
6. 结合公共卫生服务的伦理原则和道德要求处置突发公共卫生事件。

◆ **发展目标**
1. 面对基础护理工作中患者的要求与伦理的道德要求冲突时正确处理。
2. 工作中利用护理伦理知识与患者进行更好的沟通，增进护患关系。

第一节 基础护理与心理护理伦理

案例 6-1

患者张某，因臀部压疮入院，患者的压疮不仅无法分期，而且还伴有刺鼻的味道。患者住院后护士小李主动要求护理该患者，小李与医生密切配合，严格执行各项操作规程，还利用业余时间到图书馆查阅相关病例资料，进行学习，通过有效的治疗和护理，患者的病情很快就得到了控制。患者的脸上有了笑容，开朗了许多，也特别信任和依赖护士小李，经常跟小李聊天，讲自己年轻时的故事。这次的住院经历让患者特别难忘，出院时恋恋不舍。患者出院时告诉护士小李，以后一定乐观地面对生活，不辜负医护人员的精心照顾。

请回答：
1. 分析此案例中涉及基础护理的哪些道德要求。
2. 案例中小李符合什么伦理规范？

一、基础护理伦理

在护理工作中，基础护理既是各科护理的基础，同时也是护士与患者沟通的最佳桥梁。基础护理是临床护理日常工作中最根本的内容，基础护理工作质量是衡量护理人员护理技术的标准之一，而护理人员的护理道德和思想境界是决定基础护理工作质量的关键。因此，要重视护理人员基础护理伦理道德修养的培养与塑造。

（一）基础护理的特点

基础护理是各专科护理的基础，是运用护理学的基本知识和基本技能，满足患者的基本需要。基础护理以患者为中心，针对患者生理、心理、社会、精神及文化等各层面的健康问题，采取科学、有效的护理对策，解决患者的健康问题，满足患者的需要，使其尽可能恢复到健康的最佳状态。基础护理在临床护理当中非常重要。基础护理的基本任务就是培养护生良好的职业道德和职业情感，掌握基本理论、基础知识和基本技能，履行护理人员"促进健康、预防疾病、恢复健康和减轻痛苦"的重要职责。基础护理的内涵及在护理工作中的地位，决定了其特点为：

1．连续性 护理对象是身心失衡、部分能力丧失的患者，需要护士满足他们生活上的需要。护理人员的护理工作通过各班的有效交接，做到24小时连续不间断，使护理工作处于一个相对连续的、完整的循环中。通过护理人员对患者连续的观察和了解，掌握患者病情及心理的动态变化，随时采取有针对性的护理措施，及时向医生提供医疗信息，为医生调整治疗方案提供依据，确保患者的生命安全。

2．服务性 帮助和照顾患者或服务对象，永远是护理工作的核心内容。护理人员对患者一视同仁，不论患者的社会地位、职业、文化、经济条件等如何，对所有患者的正当愿望和合理要求都应予以尊重，在力所能及的条件下尽量给予满足。

3．经常性 基础护理是临床护理日常工作中最根本的内容，是对所有患者进行的具有共性的生活护理和技术护理服务，具有经常性。因此，基础护理操作常用常规或制度的形式固定下来，按流程周而复始循环运转。如床单位的整理，晨晚间护理，体温、脉搏、呼吸、血压的测定，患者血、尿、便标本的采取，物品的消毒、保养，医嘱的执行，传染病患者的消毒隔离制度等。

4．协调性 基础护理在为患者提供医疗、休养环境的同时，也为基本的诊断、医疗工作提供了必要的物质条件和技术协助。基础护理只有取得医生、患者、各班护士、其他辅助人员的支持和密切合作，才能得到良好的实施。因此，护理人员必须负起协调的责任，以提高护理工作效率，保证护理工作的质量。

5．科学性 基础护理工作要求护士具备生理、病理、生化及心理学等基础理论知识，护理措施才能达到预期的护理效果。由于不同的致病因素和疾病本身的特点，使患者身体各器官的功能活动、生化代谢、形态结构等方面发生病理生理的变化，只有熟悉和了解这些变化导致的生理需要和心理需求，护理人员才能采取相应的护理措施满足患者生理上和心理上的需要，才能保证基础护理工作的效果。

（二）基础护理的道德要求

1．忠于职守，勇于奉献 这是从事基础护理的基本道德要求。基础护理具有服务性的特点，工作平凡而繁重，加上社会某些因素的影响，医护经常被区别对待，护理人员自觉不被尊重，护士离职率不断升高，致使部分护理人员不能安心于本职工作，影响基础护理工作的质量。因此护理人员必须提高对护理工作的认识，尤其是基础护理工作，勇于在平凡而繁琐的工作中奉献自己，完成"增进健康、预防疾病、恢复健康、减轻痛苦"的神圣使命。

2．严肃认真，严防事故 维持生命、恢复健康是患者的最高利益。基础护理要把保护患

随堂测 6-1

者的生命安全放在第一位,要求具有严格的工作作风、严密的工作方法、严肃认真的科学态度,重视细节;严格按要求巡视病房,观察患者,认真细致地观察患者病情变化,及时发现异常,严格地执行各项规章制度和操作规程。遵循护理学科特点,善于思考,操作规范、行为谨慎,认真、审慎地对待每项工作,时刻把患者的安危放在心上。

3. **严守纪律,坚守岗位**　护理工作始终以患者利益为第一位,以满足患者的需要为首要任务,不能拈轻怕重、随意调班;遇到危、急、重患者,必须积极主动全员参与。在班期间,要严守纪律,提前到岗,做好准备工作,按时交接班;不闲聊、不做私事,工作全神贯注;要勤奋踏实、尽职尽责地做好基础护理工作。

4. **勤奋学习,精通业务**　随着医学与科技的发展,护理学的功能和范围不断扩大,护理技术不断更新。护士需提高思想认识,明确基础护理工作在优质护理服务中的核心位置;强化基础,优化知识结构,不断学习新知识、新技术,促进知识和技术的更新,使基础护理工作更加科学化,不断提高服务水平和护理质量。

5. **团结协作,彼此监督**　基础护理工作具有协调性和严谨性的特点,决定了护士的工作与医院各部门都有着或多或少的联系。只有与其他医护人员团结一致,才能发挥整体配合的作用。护士与护士应团结友爱、互相尊重,对其他科室同事要平等、友善。医护人员在彼此协作过程中应互相监督、密切配合,经常开展批评与自我批评,对于别人的批评与建议,应抱着虚心的态度认真对待,形成融洽的、协作的、更有利于患者康复的环境,提高护理工作质量。

二、心理护理伦理

> **案例 6-2**
>
> 　　一位中年女性因胃癌住进医院,护士对其关照无微不至,深得该患者的信任和依赖。通过聊天得知该患者与丈夫离异,儿子今年就要参加高考,她怕影响儿子高考一直隐瞒病情,作为单亲妈妈,她承担着家庭的重任和疾病的痛苦。做手术的日子就要到了,儿子无心学习,经常跑到医院看她,为此,她非常担心儿子的学习成绩。她特地嘱咐护士不要对她儿子讲病情,只说是胃炎。护士们决定替她向儿子隐瞒病情,让他好好学习并承诺会替他照看母亲。后来,她的儿子顺利参加了高考并取得了不错的成绩。
>
> **请回答:**
> 1. 此案例中护士的行为是否符合护理伦理的道德要求?
> 2. 如果符合,请具体阐述符合哪些护理道德要求。

随着医学模式的转变,护理工作的内涵也在不断地拓宽和充实,护士通过言语、表情、态度、姿势和行为去影响或改变患者不正常的心理状态和行为,使患者紧张的心理状态得到松弛,有利于疾病转归和康复。

（一）心理护理的特点

心理护理（psychological nursing）是指在护理实践中,护士以心理学知识和理论为指导,以良好的人际关系为基础,按一定的程序,运用各种心理学方法和技术消除或缓解患者不良心理状态和行为,促进疾病转归和康复的方法和手段。

人在患病后,由于社会角色的转变及陌生的环境,会产生特殊的心理需求。患者住院期间对于各种治疗既寄予希望又充满担忧;在病友群体里,渴望能与病友沟通,相处融洽,也能得到家人、朋友的关爱与照顾;患者往往因丧失部分能力,更增加了对自尊的需要和渴望被人尊重，希望住院后能得到更好的治疗，但也会担心耽误工作和学习。实施心理护理即为患者建立良好的护患关系，满足患者合理的需要，消除患者的不良情绪，提高患者的适应能力，为患者创造有利于治疗和康复的最佳身心状态。其具有如下特点：

1．科学性　在心理护理实践中，护理人员要具备科学的心理学知识和技能，如果缺乏系统的心理学知识和一定的心理干预技能，则不能正确地识别患者的心理问题，仅通过良好的服务态度和简单的安抚、慰藉是达不到心理护理的目标的，也不是心理护理。

2．严格性　心理护理要求护理人员不仅具有较扎实的护理学基本理论和心理学知识，还需要伦理学、教育学、社会学、行为科学等人文科学和社会科学知识，更需要护理人员在实践中不断探索、总结如何应用这些理论。在心理护理的过程中，要对患者的心理状态进行严格的心理评估，而不是臆断和猜测。

3．程序性　心理护理需要按护理程序有步骤、有计划地实施，即按照护理评估、护理诊断、护理计划、护理措施的实施、护理评价五个步骤开展。实施过程中需融入心理技术和方法，以患者为中心，还包括患者家属、病友、医生、护士对其心理状态的影响的护理，心理护理应贯穿患者护理的全过程。

（二）心理护理的道德要求

随着医学模式的转变，心理护理日益成为重要的不可忽视的问题。要做好心理护理，不仅要加强护士自身素质的培养和锻炼，还必须遵循以下道德要求。

1．强烈的事业心　事业心是道德水准的体现。护理事业为人的健康服务，致力于预防疾病、促进健康、恢复健康、减轻痛苦，从事这个专业的护士应该热爱这个职业，具有高尚的道德情操。护士应该忠诚于自己的事业，刻苦钻研护理科学，丰富心理学知识，这是做好心理护理不可缺少的重要条件之一。缺乏事业心就是缺乏根本的护理道德，将会严重影响护理的质量。

随堂测 6-2

2．高度的责任心　责任心是指个人对自己和他人、对家庭和集体、对国家和社会所负责任的认识、情感和信念，以及与之相应的遵守规范、承担责任和履行义务的自觉态度。责任心是道德信念的体现。高度的责任心是做好心理护理的关键。护士工作看上去容易，真正做好却不是易事。在岗履责，应全身心地投入工作中，方能做好方方面面的事务。不仅要讲究工作效率，更要讲究工作质量，注重工作效果。护士的责任心不仅仅体现在遵循与坚持护理常规、各种操作规程、医院的规章制度等方面，而且还应该体现在护士准确、全面地了解每一位患者的心理特点上，根据具体情况满足患者的心理需求，充分认识心理护理在治疗中的地位，帮助患者战胜疾病。

3．富有同情心　同情心是道德情感的体现。护士应以真诚的同情心对待每一位患者。在各项临床护理中都应想到患者的需求，如希望少受痛苦、不发生感染和差错等，因此，在护理实践中，护士对患者要有同情心，关心、体贴、爱护他们，说话温和，表情亲切，让患者体会到护士无微不至的体贴和关心，消除他们的各种恐惧感。尊重患者的人格，对任何患者一视同仁，为患者保密并尊重他们的隐私权，这是护士应有的道德情操。

4．良好的就医环境　患者住院不但会因疾病引起躯体不适，同时也会因环境改变引起适应不良而导致心理障碍。如果能为患者创造一个整齐、清洁、安静、舒适、安全的就医环境，将对患者的心理调节有重要的意义，有利于精神和身体的康复，增强治疗效果。而不良的环境因素会使患者没有安全感，适应困难，出现消极情绪，不利于患者的合作和疾病的康复。因此，护士应努力创造一个有利于患者康复的良好的自然和心理环境。

> **科研小提示**
>
> 工作中手机拍的影像会带来伦理风险，要兼顾人工智能应用和个人隐私保护。

第二节 公共卫生服务的护理伦理

案例 6-3

某市疾控中心有这样一支团队,他们长期工作在基层,奔波在偏远山区,不畏山高路远,为的就是把预防接种带给每一个孩子,这个团队有一个可爱的名字——小花团队。小花团队是一支专业技术队,"让每一名受种者都能享受到安全优质的预防接种服务"是小花团队创立的初衷,也是团队的目标。为了这个目标,小花团队将接种点开办到了偏僻的山村里,把预防接种服务到了群众的家门口,让村民们免除了带孩子接种疫苗时来回奔波的烦恼。

请回答:
1. 小花团队扎根基层工作精神体现了哪些护理伦理道德?
2. 护士在公共卫生事件中应该遵循的伦理规范是什么?

随着现代医学护理模式的转变和护理学事业的发展,护理实践逐步延伸到家庭和社区,这就要求护理人员不仅要对患者及其疾病负责,而且必须向个人、家庭和社会提供全方位的健康服务。探讨公共卫生服务、健康教育、社区卫生服务、突发公共卫生事件的应急等护理伦理问题,对于护士做好公共卫生服务、预防和社区卫生保健以及突发公共卫生事件的应急处理等工作有着极其重要的现实意义。

一、公共卫生的护理伦理

(一)公共卫生的含义与特点

1. 公共卫生的含义 早在1923年,美国耶鲁大学公共卫生学院的温思络(Charles E. Winslow)教授就提出,公共卫生是一门通过有组织的社会活动来改善环境、预防疾病、延长生命及促进身心健康,并发挥个人更大潜能的科学和艺术。这一概念于1952年被世界卫生组织采纳,一直沿用至今。美国医学研究所(Institute of Medicine)在1988年的一份有关新时期公共卫生问题的专题报告中将公共卫生定义为"我们作为一个社会为保障人人健康的各种条件所采取的集体行动",并进一步阐明了公共卫生的三大功能和十大任务。2003年,我国时任副总理兼卫生部部长吴仪在全国卫生工作会议上对公共卫生做了一个明确的定义:"组织社会共同努力,改善环境卫生条件,预防控制传染病和其他疾病的流行,培养良好的卫生习惯和文明生活方式,提供医疗服务,达到预防疾病、促进人民健康的目的"。2010年,中国公共卫生专家曾光和黄建始教授的团队在系统研究了之前已有的公共卫生定义的基础上结合中国国情提出了新的公共卫生的定义:"公共卫生是以保障和促进公众健康为宗旨的公共事业。通过国家和社会共同努力,预防和控制疾病与伤残,改善与健康相关的自然和社会环境,提供预防保健与必要的医疗服务,培养公众健康素养,创建人人享有健康的社会"。因此,公共卫生建设需要政府、社会、团体和民众的广泛参与,共同努力。政府主要通过制定相关法律、法规和政策,促进公共卫生事业的发展。

公共卫生一般是通过制度、政策的制定和实施,通过健康教育、改善环境等社会性的措施,达到控制传染病、慢性病和其他疾病在人群中传播、流行的目的,促进人们整体的健康水平、身体素质提高。其具体内容包括对重大疾病尤其是目前高发性传染病的预防、监控和医治；对食品、药品、公共环境卫生的监督管制，以及相关的卫生宣传、健康教育、免疫接种等。

公共卫生与普通意义上的医疗服务不同，其目的不是治疗疾病，而是防止、控制疾病在人群中的蔓延、传播。它开展的区域不在医疗卫生机构，而在社区、社会层面上；它针对的对象不是个体的患者，而是一个社区、地区乃至整个社会的人群；它的措施手段不是医疗性的，而是社会性的；它的实施主体不仅仅是医务人员，还包括社会工作者、政府机构人员等各领域的人员。

2. 公共卫生的特点　公共卫生的特点体现在六个方面：①公共卫生是关系到一个国家或一个地区人民群众健康的公共事业。②公共卫生服务成本低、效果好，但它的社会效益回报周期相对较长。③目标：公共卫生的最终目标是从整体上促进人们健康水平的提高，着眼点是人群，服务、研究都以人群、社区为对象。④作用：公共卫生要体现在公共政策上，通过政府的调控和干预发挥关键性作用。⑤实质：公共卫生在很大程度上是一个社会问题而非技术问题，具体实施中将涉及社会的各个层面，需要加强部门间的协作和社区参与。⑥参与主体：公共卫生工作人员需要多学科人员共同参与。

（二）公共卫生服务的伦理规范

公共卫生伦理是以公共卫生领域中的道德问题、道德现象为研究对象的，有其特殊的伦理规范。归纳起来，其伦理规范主要包括以下几个方面的内容：公共卫生应当从原则上强调疾病的根本原因和健康要求，通过预防减少对健康的不良后果；公共卫生应以一种尊重社会关系中个人权利的方式来促进社会社区人群的健康；公共卫生政策、优选方案的提出和评价，应当通过一系列的步骤措施来确保社会社区成员都有参与的机会；公共卫生应当提倡和努力赋予每一个社会成员基本的健康资源和必要的健康条件；公共卫生机构应当为社会社区提供其所拥有的信息，并基于这些信息在公众赋予的资源和授权的范围内及时采取行动；公共卫生方案和政策应当把各种取向整合起来，预先考虑到和尊重社会中价值观、信仰和文化的多元性；公共卫生的方案和政策应当以最能促进自然和社会环境改善的方式来实施；公共卫生机构应当保护个人或者社区的信息，除非能证明不公开会给公众或者社会带来重大伤害，否则就不应该公开；公共卫生机构和其他从业人员应当联合起来，为建立公众的信任和体制的有效运转而共同努力。

二、公共卫生服务的伦理原则

公共卫生伦理学是探讨与促进群体健康、预防疾病和伤害行动相关的规范，主要关注群体层次的伦理学问题，特别强调政府、公共卫生机构及其成员、医疗机构及其成员、公民的义务和责任的问题。它一方面用于指导培养公共卫生机构和人员的专业精神，以维护公众的信任；另一方面，阐明指导公共卫生政策与措施的伦理价值，以促进人群健康和社会公正。因此，公共卫生措施难以获得群体每个成员的知情同意并签署知情同意书，通常通过群体的代表参与决策或在情况紧急时通过相关渠道被告知有关措施。而对相关公共卫生措施的伦理评价，第一要求是该措施能否保护群体的健康和安全。当然在追求此目标时也应尽可能地使群体代表参与决策，保护个人或者社区的信息。

1. 效用原则　效用原则是公共卫生伦理学的主要原则。效用原则对于公共卫生伦理学来说相当于临床和生物医学研究伦理学中的"有益"原则。"有益"原则在传统上是用于要求所采取的行动要有利于患者或者研究参与者个人，而效用原则寻求的是所有社会成员或者处于风险之中人群的促进健康、预防疾病和伤害效用的净受益。美国学者 Last 也表达了同样的观点，他认为公共卫生行动是为了获得群体健康利益最大化，因此效用原则是公共卫生伦理学的主要原则。如何确定诸如"健康""受益""风险""负担"等标准，则需要结合科学、医学、公共卫生、经济学等方面知识来确定。而政府据此将各项标准制度化是做出合理而有效评估的保证。在各种公共卫生行动选项中做出抉择时，优先要考虑这些选项中哪一个对公共卫生的效用最大。

2. 效率与公平兼顾的原则 公平和效率始终是一对相辅相成的矛盾。公平是社会平衡的重要目标，效率是事业发展的重要目标。公平作为一种价值目标反映了社会的利益取向，是卫生事业发展的目标和基本方向。效率决定了卫生事业发展和进步的程度与速率。没有公平的效率会丧失方向，也不能持续发展，而没有效率的公平则预示着实际上的不公平。因此，医疗卫生应坚持公平与效率相互兼顾和统一，政府主导与发挥市场机制调节作用相结合。强化政府在基本医疗卫生制度中的主体责任，加强政府在制度、规划、筹资、服务、监管等方面的职责，维护公共医疗卫生的公益性，促进公平公正。同时，注重发挥市场机制的调节作用，动员社会力量积极参与，促进有序竞争机制的良性运行，加强绩效考核，提高医疗卫生运行效率、服务水平和质量，满足人民群众多层次、多样化的医疗卫生需求。公共卫生服务首先强调的是公正、公平而非效率，即使在其他领域也应当是强调以公正、公平优先的原则。

3. 社会效益优先的原则 我国卫生事业是一项享有一定福利性的社会公益事业，卫生改革的目的是使卫生事业更好地为人民身心健康和社会经济建设与发展服务。当前医疗卫生发展首要考虑的是人民群众的健康利益，一切方便于人民群众的医疗行为，一切有利于人民群众的健康保障，这是社会主义医德的根本要求。同时应该看到在我国实行社会主义市场经济条件下，开展医疗卫生保障服务是整个社会劳动的一部分，具有一定的经营性质，因此医疗卫生部门也应追求适当的经济效益，享受医疗卫生服务，需要承担相应的医疗费用。坚持经济效益与社会效益的统一，在最大限度提高社会效益的基础上努力提高经济效益，才能既有利于卫生健康事业的长远发展，又有利于实现和满足人人享有健康的根本要求。

4. 全社会共同负责的原则 人人享有卫生保健，是全社会每个成员应该享有的最基本权利之一，是国家、集体和个人都应共同承担的社会责任。应该建立政府责任为主导、集体责任为主体、个人责任为基础的健康多级责任原则。保障公民的健康是全社会的责任，政府有责任和义务为全民，尤其是贫困人群提供最基本的医疗卫生服务。每个公民也应该体现个人在健康方面所应承担的部分责任，包括个人缴纳一部分医疗保险费用，并对自己的生活方式、生活行为、生活目的、生活质量等方面承担相应责任。通过各方面的共同努力，逐步建立起一个相对完善、科学合理的全社会健康卫生保障体系。

实施基本公共卫生服务项目和重大公共卫生服务项目，促进基本公共卫生服务逐步均等化，是增进人民健康、实现卫生公平的重大举措，是深化医药卫生体制改革近期五项重点工作之一。正确把握基本公共卫生服务项目和重大公共卫生服务项目的基本内涵，实施基本公共卫生服务项目是保障人民群众健康的必然要求，实施重大公共卫生服务项目是促进公共卫生逐步均等化的必然要求。健康不仅是一种权利，更是一种责任。医护工作者采取认真负责的态度，对社会承担道德责任，树立为人民身心健康服务的公益思想，推进和提高人民健康水平。

随堂测 6-3

> **知识链接**
>
> **"健康中国2030"规划纲要**
>
> 中共中央政治局2016年8月26日召开会议，审议通过《"健康中国2030"规划纲要》。会议指出，新中国成立特别是改革开放以来，我国健康领域改革发展成就显著，人民健康水平不断提高。同时，我国也面临着工业化、城镇化、人口老龄化以及疾病谱、生态环境、生活方式不断变化等带来的新挑战，需要统筹解决关系人民健康的重大和长远问题。《"健康中国2030"规划纲要》由中共中央、国务院于2016年10月25日印发并实施。

三、健康教育与健康促进的护理伦理

案例 6-4

患者李某因乳腺肿物待查入院，入院后一直情绪低落，整天躺在床上，也不与其他病友交流。护士小张在发现患者的不良情绪后，主动给她看一些乳腺肿物的宣教资料，经过小张的宣传教育，李某对乳腺肿物有了正确的认识，并积极配合医生的治疗，手术顺利完成，逐步恢复并出院，出院后经常参加康复活动，用自己的经历鼓励他人。

请回答：
1. 张护士的言行体现了哪项护理伦理道德？
2. 护士在健康教育中应该遵循的伦理规范是什么？

健康教育是提高人群对健康的认识，使广大群众懂得一些基础的卫生保健知识，养成科学、文明、健康的生活习惯。由于社会由不同结构的成员组成，所以开展健康教育必须按照各类人群不同的学习需求和学习起点，设计不同的教育方式和内容。通过学习来获取快乐，也是促使人们愿意进行学习的目的。

（一）健康教育的定义

健康教育（health education）是指有计划、有组织、有系统的教育活动，促使人们自愿采取有利于健康的行为，消除或降低危险因素，降低发病率、伤残率和死亡率，提高生活质量。健康教育不同于其他教育，其实质是一个干预过程，其核心是改变教育对象的不良生活方式和生活行为。健康教育应该提供改变行为所必需的知识、技能与服务。健康教育的主要任务是建立或促进个人和社会对预防疾病和促进健康的自我责任感，促进个体和社会作出科学合理的决策，选择有利于健康的行为，有效地促进全社会都来关心健康和疾病预防问题。简而言之，健康教育的目的就是帮助人们理智地建立和选择健康的生活方式。

健康促进是运用行政或组织手段，广泛协调社会各相关部门以及社区、家庭和个人，使其履行各自对健康的责任，共同维护和促进健康的一种社会行为和社会战略。健康教育是健康促进的组成要素之一。政策、法规、组织以及其他环境的支持都是健康促进的组成部分，但它需要与健康教育相结合，没有健康教育，健康促进将成为徒有虚名的概念。另一方面，如果健康教育得不到环境（包括政治、社会、经济、自然环境）的有效支持，健康教育尽管能成功地帮助个体为改变某些行为作出努力，但明显是软弱无力的。

（二）健康教育的特点

健康教育是一个系统、完整的教学活动，它具有三个方面的特点。

1. 教育对象的广泛性 健康的实现是一个需要人人参与、人人付诸行动的过程，因此健康教育具有广泛性。必须进行全民教育，动员广大人民群众一起参与，生活中的每一个个体都是健康教育的对象，不论他现在处在患病还是健康状态，都要坚持人人健康、人人参与的原则。对于有不良生活嗜好的人，通过健康教育来改变其不良的行为方式和生活习惯；对于已经养成良好习惯的人，通过健康教育继续保持，促进全民健康水平的提高。

2. 教育目标的明确性 健康教育的目标具有明确性，个人健康并不只是一己私事，个人健康事关公众的健康。在很多情况下健康相关行为是个人根据自己的价值判断所做的价值选择，而这种选择可能会对他人和社会产生一定的影响，比如吸烟行为。健康教育一方面可以促使教育对象养成良好的行为方式和生活习惯，增进健康，更重要的是促进和培养个体和社会预防疾病、维护健康的责任感和使命感。

3．教育内容的科学性与针对性　健康教育是通过有计划、有组织、有系统的教育过程，向人们传授相关的健康知识，改变不良的生活方式和行为习惯，预防疾病，促进健康。因此，健康教育的内容必须具有科学性和准确性，切忌自以为是，传授和接受错误的知识和信息。健康教育的内容应当具有针对性，必须选择与教育对象需求相符合的教学内容，以调动教育对象学习的主动性和积极性。健康教育是以健康为中心，贯穿人的一生。针对不同年龄段的人群，健康教育的内容、形式应有所侧重和区别。学校校医以合理营养、良好卫生习惯、戒烟、性知识、体格锻炼、意外伤害、口腔卫生等为主；工厂保健站医生以戒烟、酗酒危害、药物滥用、性行为、职业安全、常见病与职业病等为重点；农村医生以戒烟、酗酒、合理营养、卫生道德与卫生习惯、破除迷信、农药与意外伤害、传染病与地方病、口腔卫生、婚前和产前检查等为重点，以达到有的放矢地开展健康教育的目的。

（三）健康教育的护理伦理规范

1．坚持人人参与，自觉履行健康责任　近几十年来人类社会的疾病谱和死亡谱发生了明显的改变，导致人类死亡的主要疾病已经由传染性疾病转变为非传染性疾病，这些非传染性疾病严重威胁着人们的健康和生命。影响健康的主要因素是行为、生活方式、环境、生物因素和卫生服务水平。健康不再是个体的行为，而是全社会的公共事务，个人的健康与家庭成员以及整个社会密切相关。

护士必须树立起"大卫生观"，坚决贯彻以"预防为主"的方针，把增进人类健康作为自己的道德责任和价值目标。要正确认识健康是每个人的基本权利、平等权利、普遍权利，要以全体社会成员的健康作为己任，自觉履行自己的健康道德义务。通过自己的工作，争取多方面的支持和协作，动员大家都来关心健康、维护健康、促进健康，推进人类健康水平提高。在平时的一言一行中注意宣传正确的健康生活知识，倡导健康行为，使人们树立健康与道德的观念。

2．坚持科学态度，不断丰富知识内涵　健康教育的核心是传授人们健康知识，树立健康意识，养成良好的健康行为和生活方式，保护和促进个体和群体的健康。健康教育是一项长期、持续的工作，健康教育的内容必须科学严谨、实事求是。为了更好地开展健康教育，护士必须加强学习和继续教育，以维持、促进和拓展自己的专业能力。在健康教育中，要以新观点、新理论和新知识解释客观现象，不能不加甄别地把一些伪科学性的材料向大众肆意宣传。坚决抵制为追求一己私利而故意夸大某些药物、疗法、仪器的疗效，以免使健康教育走样变形。

3．坚持以人为本，尊重全体服务对象　健康是每个公民的基本人权、普遍权利和广泛的权利。在1978年的世界卫生组织《阿拉木图宣言》中明确提出了"2000年人人享有卫生保健"的口号，随后我国政府于1986年对这一目标也作出了庄严承诺。为推进健康中国建设，提高人民健康水平，由中共中央、国务院于2016年10月25日印发并实施《"健康中国2030"规划纲要》，到2020年，建立覆盖城乡居民的中国特色基本医疗卫生制度，健康素养水平持续提高，健康服务体系完善高效，人人享有基本医疗卫生服务和基本体育健身服务，基本形成内涵丰富、结构合理的健康产业体系。从国际社会和我国政府层面都对健康权利给予了积极肯定和保护。护士要树立以人为本的健康服务理念，尊重全体服务对象。健康教育的对象涉及各行各业的个人和群体，人们生活方式和行为习惯的养成受其生活环境、生活观念、生活质量等多种因素的影响。在指导人们建立正确的健康观念，养成良好的卫生习惯时，要尊重服务对象的选择，考虑传统、习俗、社会、心理、宗教和文化等多种因素的影响，避免简单、粗暴的干预。改变人们不良生活的行为方式，不能一蹴而就，更不可能取得立竿见影的效果，要通过长期耐心、细致、反复的教育活动才能达到预期效果。

4. 坚持以基层和农村为重点，大力普及健康知识 我国长期以来坚持要把医疗卫生工作的重点放在农村和基层，健康教育也应如此。我国许多地区，特别是广大农村，健康状况不容乐观，其中一个重要原因是人们缺乏健康常识。大力宣传和普及健康常识，使人们主动自觉地改掉一些不卫生、不文明、不健康的陋习，逐渐养成文明卫生的生活方式和行为习惯，责任重大，意义深远。广大护士要积极深入基层和农村，向基层民众和农民普及卫生保健知识，让民众真正懂得自我保护健康，这是广大护士的职责之所在。

> **知识链接**
>
> **健康教育的益处**
>
> 健康教育是所有卫生问题、预防方法和控制措施中最为重要的，健康教育是一项投入少、产出高、效益大的保健措施，通过健康教育帮助个人和群体改变卫生观念，自觉地采纳有利于健康的行为，能够有效地预防疾病和促进健康。心血管疾病、癌症、慢性呼吸道疾病和糖尿病对大多数低收入和中等收入国家死亡率影响最大。这四种疾病都由相同的危险因素造成，即使用烟草、不健康饮食、缺少体力劳动和过量饮酒，通过健康教育，可使这些疾病在很大程度上得到预防。

四、社区卫生服务的护理伦理

社区是人们学习、工作、生活、休闲娱乐的基本场所，社区卫生服务是促进和维护人类健康的基本保障。社区护理是社区卫生服务的重要内容之一，有其特殊的伦理道德要求。

（一）社区卫生服务概述

社区卫生服务（community health service）是一项综合性的社区范围内的卫生服务，是指社区内的卫生机构及相关部门根据社区内存在的主要卫生问题，合理使用社区的资源和适宜技术，主动为社区居民提供的基本卫生服务。社区卫生服务主要面向城乡基层，提供基本卫生服务，其中包括初级卫生保健，其目的是使社区居民防治疾病，增进健康，提高生命质量。社区卫生服务工作应本着以社区为基础，以居民为对象，以家庭为单位，以需求为导向，以妇女、儿童、老人、残障人员为重点，开展预防、保健、医疗、康复、健康教育、计划生育技术指导"六位一体"的基本卫生服务。

社区卫生服务主要对象包括健康人群、亚健康人群、高危人群、重点保健人群、患者群体和残障人群。首先是做好卫生健康防控知识宣讲等一系列健康教育活动，提高人们的健康意识；其次是做好疾病的防治工作，深入、持久、广泛地开展爱国卫生运动，做到人人讲卫生、人人爱卫生，切实改善城乡卫生环境；再就是做好妇幼卫生保健工作，普及孕期、围生期的健康知识，定期为妇女查体并指导预防疾病的措施和保健工作；最后是做好治病防残工作，对于急危重症患者要做好初步抢救并及时将患者转入上级医院，防止发生并发症、后遗症和终身残疾的情况。对病情好转出院回家疗养者，要提供恢复性治疗和身心护理服务，促进健康恢复。

（二）社区卫生服务的特点

1. 普及性 社区卫生服务是维护居民健康的第一道防火墙。社区卫生服务的对象不是某个体，而是社区内的全部人群，社区内的每一户、每个人都是服务的对象。社区卫生服务是把辖区内的全体居民作为服务对象，以全体居民充分参与、支持与合作为基础，具有广泛的群众性和普及性。

2. 全程性 生产力的发展、生活水平的提高和医学科学的进步使人的寿命普遍延长，人由出生到死亡的全过程都需要得到保健护理。人类的卫生保健工作随着生命的延续而对每个人提供终身服务，这种服务是长期的、持久的、相对固定的一种责任，贯穿于每个人生命的全过程，有别于医院内的就诊检查、住院和阶段性治疗。因此，社区卫生服务具有全程性的特点。

3. 综合性 社区卫生服务工作的重点是预防疾病，通过开展预防接种、爱国卫生运动、妇幼保健、组织体育锻炼、健康知识宣传和图片展览等健康教育活动，提高民众的自我保健意识，增强体质。社区卫生服务是一项综合性的服务，它的服务范围包括个人、家庭和社区。服务对象包括社区内的所有居民，不分性别、年龄和民族，无论是否患病，既包括患者，也包括亚健康和健康人群。服务内容包括健康促进、疾病预防、临床治疗和康复护理等，并涉及生理、心理和社会化各个方面。因此社区卫生服务具有综合性的特点。

4. 连续性 社区卫生服务始于生命的准备阶段，直至生命结束的全过程，覆盖生命的各个周期以及疾病发生、发展的全过程，不分时间、地点和对象。社区卫生服务不会因某一健康问题的解决而结束，而是根据生命各周期及疾病各阶段的特点及需求，提供针对性的服务，故具有连续性。

5. 可操作性 首先，社区医护人员既是卫生保健服务的提供者，同时也是服务对象的朋友和咨询者，是社区成员之一，社区民众乐于接受。此外，社区卫生服务从时间、地点和价格等方面保证社区居民不仅利用方便而且能承担得起。社区卫生服务的实践表明，门诊患者和住院的慢性病患者中多数可以在社区得到医治和护理，实现患者的合理分流转诊，可以为患者节省大量的医疗费用，是一项使社区民众就医便捷的良好的保障机制。

6. 合作性 社区卫生服务机构需要与各级医疗保健部门及该社区所在的政府部门，乃至社区内个人、家庭、团体进行密切合作，提供各种健康服务，如患者的访视、出诊、转诊、健康教育、健康咨询及社区内环境的综合治理等，否则难以为社区居民提供必要的基本卫生服务。因此社区卫生服务具有合作性的特点。

随堂测 6-4

（三）社区卫生服务的伦理规范

1. 服务周到，平等待人 在社区开展各项卫生服务工作，每天都要面对广大居民，而居民的文化、道德水平以及对卫生服务工作的认识等都有很大差异。作为从事卫生服务工作的护士，应有较高的道德修养水平，面对不同服务对象，无论地位高低、权力大小、关系亲疏、容貌美丑或不同的信仰、民族等，都应一视同仁、平等对待。无论对方态度举止如何，都应礼貌相待，做好宣传和解释工作。对任何服务对象的合理要求和愿望都应当予以尊重，在医护条件许可和力所能及的范围内都应给予满足，如果不能满足，要进行耐心细致的解释和说明。

2. 钻研业务，提升水平 社区卫生服务是综合性服务，护士的服务对象是社区内的全体居民，既包括健康人、亚健康人，也包括患者，并且社区人群的健康需求各不相同，患者的病种和病情也千差万别，护士所面临的保健服务不像在医院工作那样分科很细，必须掌握全科性的保健知识，既要有社区卫生服务的专业知识，也要有社会科学知识和交叉学科知识。既要掌握社区卫生服务基本理论，也要掌握基本技能，才能做好工作。因此，从事社区卫生服务的护士应拓宽知识面，刻苦钻研业务，丰富专业知识，提高护理技能。

3. 任劳任怨，甘于奉献 社区卫生服务以预防为主，预防工作的效益具有延期性，不像在医院里治疗和手术后能起到立竿见影的效果，所从事的医疗护理工作不容易被理解和支持，甚至有时会遇到冷言冷语、冷面孔、不配合甚至抵触的情况。因此，社区护士应具备任劳任怨、甘于奉献的服务品德，不图虚名，不求私利，认真踏实的做好每一项工作。护士要学会用最通俗易懂的语言去解释深奥晦涩的医学专业知识，要学会与服务对象平等沟通，做到诚心、关心、爱心、耐心，成为社区居民信得过的"知心人"。

4. 严格要求，认真负责 社区卫生服务护理工作中，护士要加强自律，慎独修养，以科学严谨的态度对待任何事情。严格执行各项规章制度，是确保工作效果、杜绝差错事故的关键环节。例如各种治疗措施要严格执行操作规程和遵守无菌操作技术，对危重患者及时做好转诊工作，暴发疫情的处理要及时、果断，进入居家服务的医疗用品要清洁、消毒和单人单用，避免造成感染和医源性交叉感染，卫生服务宣教要注重实效，形式新颖，喜闻乐见，便于接受。参与卫生监督、卫生执法任务的护士要秉公执法，坚持原则，不徇私情。

五、突发公共卫生事件的护理伦理

突发事件具有变化迅速、涉及面大、危害严重的特点。突发公共卫生事件直接影响公众整体的生活质量和健康水平，关系着政治生活、经济发展以及社会稳定，因其引起社会危害是非常巨大的，经常会造成巨大的财产损失和人员伤亡，扰乱正常的生活秩序，甚至造成恐慌。国内外突发公共卫生事件时有发生，如2003年我国发生的传染性非典型肺炎（SARS）、2014年非洲地区暴发的埃博拉疫情以及2020年全球暴发的新型冠状病毒肺炎……在突发公共卫生事件时，医护人员在第一时间奔赴现场实施防疫和救治工作，被称为"逆行者"，因此，探讨突发公共卫生事件应急护理的伦理问题，对于护士做好特殊事件和情况下的应急护理工作有着重要的现实指导意义。

（一）突发公共卫生事件的概念及特点

1. 突发公共卫生事件（emergent public health events） 是指已经发生或者可能发生的、对公众健康造成或者可能造成重大损失的传染病疫情和不明原因的群体性疫病，涉及人数众多的重大食物中毒和职业中毒事件，以及其他危害公共健康的突发公共事件。从广义说，突发公共卫生事件的范畴主要是指重大急性传染病暴发流行，群体不明原因疾病、新发传染病，预防接种群体性反应和群体药物反应，重大食物中毒，重大环境污染，急性职业中毒、放射污染和辐照事故，生物、化学、核辐射恐怖袭击，重大动物疫情，以及由于自然灾害、事故灾难或社会治安等突发事件引发的严重影响公众健康的卫生事件。突发事件可区分为特别重大（Ⅰ级）、重大（Ⅱ级）、较大（Ⅲ级）和一般（Ⅳ级）四级，依次以红色、橙色、黄色、蓝色进行预警标识。

2. 突发公共卫生事件的特点

（1）突发性：突发公共卫生事件的发生比较突然，没有特定的发生方式，突如其来，带有很大的偶然性，不易预测，使人们难以及时预防；由于人们的知觉盲区和突发公共卫生事件的客观因素难以控制，因此，其何时、何地、以何种方式暴发常常难以准确把握。

（2）多发性：突发公共卫生事件种类多，发生原因多种多样，如洪涝、海啸、地震等灾害，疫情、食物中毒、病虫害等公共卫生事件，矿难和重大交通事故等灾难，恐怖袭击均可导致突发公共卫生事件。

（3）严重性：突发公共卫生事件一旦发生，可对公众健康和生命安全、社会经济发展、生态环境等造成不同程度的危害，事态越严重，危害就越严重。

（4）广泛性：突发公共卫生事件所危及的对象既不是特定的人，也不是特定的社会群体，所有事件发生时，在事件影响范围内的人或其他动物种群都有可能受到伤害。尤其是当前正处在全球化的时代，某一种疾病可以通过现代交通工具跨国流动，而一旦造成传播，就会成为全球性的传播。另外，传染病一旦具备了三个基本流通环节，即传染源、传播途径以及易感人群，它就可能在毫无国界情况下广泛传播。

（5）连锁反应性：突发公共卫生事件常会产生心理危机，引起恐慌情绪和混乱局面，并产生"涟漪现象"。

（6）综合性和系统性：许多突发公共卫生事件不仅仅是一个公共卫生问题，还是一个社会问题，涉及范围广，影响范围大。突发公共卫生事件的处置涉及多系统、多部门，政策性很强，事件发生后的应急处理需要在各级政府的统一领导和指挥下，公安、交通、环保等多个部门与卫生部门密切配合，采取有效措施共同应对。

（7）国际化：伴随着全球化进程的加快，国际化人员、物品交往越来越密切，突发公共卫生事件的发生具有国际化趋势。经济全球化，人员、物资大流通的同时，也带来了疫情传播的全球化。因此，在应对和处置突发公共卫生事件时，相关国家和国际社会必须团结协作，统一行动，否则难以达到预期效果。

（二）突发公共卫生事件的应急护理特点

突发公共卫生事件应急护理具有以下几个特点：

1. 社会性 突发公共卫生事件发生后，往往会造成人们的心理恐慌。如果处置不当，使突发公共卫生事件的发展方向不确定，除损失扩大外，有可能范围扩大，甚至转为社会问题，对人们的日常生活、工作秩序和社会稳定带来深刻的负面影响。如2003年"非典"危机就是一场突如其来的公共卫生事件，不但严重威胁民众的生命健康，而且引起人们的心理恐慌，对当时国内的经济、政治和外交等都带来了影响。面对这样的情况，护士应当沉着冷静，运用自己所掌握的专业知识，向人们解释说明公共卫生事件的性质和特征，积极宣传防治知识和应对措施，努力消除人们的心理恐慌，维护生活秩序和社会稳定。

2. 群体性 突发公共卫生事件中受灾遇难的人数往往比较多，涉及面广，呈现出群体性。如2003年SARS疫情经历了从有限范围的区域性危机、全国性危机直到全球性危机。护士在完成日常护理工作的同时，需要配合其他医务人员对感染者或伤残人员群体进行心理治疗和精神抚慰。

3. 风险性 突发公共卫生事件的护理具有高风险性。突发公共卫生事件发生后，医护人员往往是最先进入事件现场的施援人员之一。由于突发公共卫生事件往往突如其来，具有不可预测性，因此无论是中毒、疫情、安全事故还是群体性不明原因疾病，直接现场接触都是一项危险性的工作任务。

4. 紧迫性 人们也许能对突发公共卫生事件的发生作出肯定判断，但是对事件发生的时间、地点、暴发程度等都难以准确把握。公共卫生事件突发时，人们往往毫无防备，伤病员发生的时间集中，数量大，而且病情、伤情和疫情普遍严重。救治工作是否及时、准确，不仅直接影响到患者的安危和高危人群的健康，而且也关系到社会的安全与稳定。在突发公共卫生事件的应急护理中，护士必须快速决策、紧急施救、及时现场控制并进行有效预测。如2008年汶川地震发生后，全国各地近400支专业救援队、45万医护人员第一时间赶赴现场进行救援，速度之快令人钦佩；2020年除夕夜，新冠肺炎疫情肆虐之际，700余名医护人员迅速集结，星夜启程驰援武汉，抵达武汉后立即投入新型冠状病毒肺炎的患者救治工作。

5. 协作性 突发公共卫生事件的处理是一项复杂的工作，需要在政府的领导下，多部门、多专业相互支持和协作。在突发公共卫生事件的应急护理中，护士不仅面临现场抢救和现场控制的紧急任务，还有大量的工作需要诸多部门协调配合，如转运救治、善后处理、情况汇总等。护士必须组织协调好突发公共卫生事件中的护理工作，既从宏观上安排好整个事件中的护理工作与各部门及其他专业人员协调合作，最大限度地控制危机，减少损失，消除影响；又要从微观上认真负责地处理好每个患者，保持护理工作良好的连续性和协同性。

6. 责任性 在突发公共卫生事件中，受害人员的医疗救护、现场控制等一系列措施，是突发公共卫生事件应急处理的重点。按照完善的应急处理工作程序和规范迅速、有效地处理公共卫生突发事件，同时采取有效控制措施，对现场进行应急控制和消除致病、中毒、污染等因素，最大限度地减少危害，消除影响，对保护公众健康和安全都起着重要的作用。由于突发公共卫生事件周边环境恶劣，护理条件异常艰苦和复杂，护理工作任务艰巨，责任重大。护士不仅要协助医生抢救危重患者，做好伤、病、疫情观察，配合各种手术，同时还要做好基础护理和专科护理。

（三）突发公共卫生事件应急的护理伦理要求

突发公共事件是公共卫生、急救医学和急救护理学的特殊领域，在突发公共生事的应急中，护士应遵循以下几个方面的伦理要求。

1. 救死扶伤，甘于奉献 在突发公共卫生事件应急护理中，护士往往身处危险和艰苦的工作和生活环境，有时甚至威胁到自身的生命安全。这就要求护士应具有高度的责任心和自我牺牲精神，始终把患者和广大人民群众的生命安危和健康利益放在首位。在抢救现场，每个护士要勇于克服困难，充分发挥自己的专业技能和聪明才智，最大限度地挽救和护理患者。一旦出现伤情、疫情，就必须将生死置之度外，奋不顾身地紧急救护，在疫情暴发时，也不能有丝毫的犹豫和退缩。在任何情况下，都要敢于奉献，敢于承担责任，具有自我牺牲的献身精神。任何背离医护人员的崇高职责，贪生怕死，害怕自己受到感染或危险，而遗弃伤病员或人为延误救治的行为都是极不道德的，都应当受到法律的惩罚和道德的谴责。

2. 大局为重，先公后私 社会主义的集体原则认为集体利益与个人利益是辩证统一的关系，并且集体利益高于个人利益，必要时个人应为集体利益作出不同程度的牺牲。在突发公共卫生事件中，个人为了维护社会大众的最大利益，可能需要放弃或者牺牲自己的一部分利益，最大程度地防止突发事件的扩大。在处理突发事件时，个人有义务和责任自觉地接受和配合有关部门采取必要的紧急措施。在突发公共卫生事件中，为维护多数人的生命健康和公共安全，可能会触及患者的个人利益，护士应进行劝导，稳定患者的情绪。在突发公共卫生事件的护理中，个人的基本权利应该得到尊重和保护。如对受感染者、疑似感染者、密切接触者，采取隔离、观察、治疗护理等措施时，应提供足够的生活便利，采取有利于其及早治愈和恢复、促进身体健康的得力方案。对于这些人，护士不应有歧视、拒绝护理和帮助的行为。

3. 沉着应对、科学处置 面对突发性公共卫生事件，医护人员要沉着应对，科学处置。在突发公共卫生事件发生时，一般会在短时间内出现大批的患者，在忙乱的工作中不仅要求护士技术精湛，而且要临危不乱、头脑机警、动作敏捷，及时处理各突发事件。各级护士要有高度的责任心和科学的态度，整个救治和护理过程的每一个环节都不能有任何的松懈、怠慢和不负责的现象发生，尽最大努力将患者可能发生的情况在最初阶段予以处理和科学预测。在保障患者利益的同时，护士也要做好自我防护，避免因本职工作而导致身心健康问题或者其他方面的损失。这也是对全社会的保护，因为医护人员是突发公共卫生事件应急处理的主力军，应对过程中承担着极大的风险。如果医护人员的身心健康因职务行为而受损，全社会将失去有效的防护机制。

4. 密切配合，团结协作 突发公共卫生事件的应对处理是一项复杂的社会工程，需要各部门的相互支持、协调和共同处理。在突发公共卫生事件的应急护理中，护士应与各部门及其他专业人员密切合作、团结一心，共同应对。既要做好群防群治工作，协助做好疫情信息的收集、报告以及人员的分散隔离、公共卫生预防措施的落实工作，还要利用一切手段向人们宣传科学、有效的传染病防治的科学知识和措施。在任何环节，如果出现任何松懈、怠慢、相互推诿、敷衍搪塞等不负责任、不道德的行为，都可能导致危害事件的蔓延和扩展，造成非常严重的后果。要本着对患者负责、对公众负责、对社会负责的态度，团结协作，密切配合，处理好突发公共卫生事件。

公共卫生是关系到一国或一个地区人民大众健康的公共事业，在公共卫生服务实践中，必须坚持"预防为主"的卫生工作方针，预防疾病比治疗疾病对促进人类健康具有更深远的意义。预防保健工作在现代社会中的重要性不断提高，也是疾病防控的必然趋势和客观需求，要求医护人员必须提高对预防保健道德的认识并加以自觉遵守。社区卫生服务是城市、农村公共卫生和基本医疗服务体系的基础，也是促进社会公平、维护社会稳定、构建社会和谐的重要内容。在处理突发公共卫生事件时要求护士必须具备大局意识和法制观念、较强的应急处理能力、沟通组织协调能力、有效的防护能力和心理护理能力，同时要求护士必须遵循相应的伦理原则。

> **知识链接**
>
> **世界卫生组织的诞生**
>
> 世界卫生组织的前身可以追溯到1907年成立于巴黎的国际公共卫生局和1920年成立于日内瓦的国际联盟卫生组织。战后，经联合国经济及社会理事会决定，64个国家的代表于1946年7月在纽约举行了一次国际卫生会议，签署了《世界卫生组织组织法》。1948年4月7日，该法得到26个联合国会员国批准后生效，世界卫生组织宣告成立。每年的4月7日也就成为全球性的"世界卫生日"。同年6月24日，世界卫生组织在日内瓦召开的第一届世界卫生大会上正式成立，总部设在瑞士日内瓦。

第三节 特殊患者护理伦理

在临床护理工作中，无论是面对特殊专科的儿童、老年人、精神障碍者或传染病患者，还是面对手术患者、妇产科患者、肿瘤患者，都要明确各类患者的特点，遵循护理伦理规范，遇到伦理困境时有章可循。

> **案例 6-5**
>
> 病房同时来了3位急诊患者，医生说都需要做手术，护士按接诊程序给患者都做了术前准备。但与手术室联系后被告知，目前手术患者多，只有2位患者可以入手术室手术，有1位患者需要等待。那么剩下的这位患者怎么办？该如何向患者说明？
>
> 请回答：
> 1. 此案例中护士的行为遇到了什么伦理问题？
> 2. 请帮护士提出解决的办法，以减少对患者造成的心理伤害。

一、手术患者护理伦理

（一）普通外科手术患者的护理伦理

手术是医疗工作中许多疾病高效、速效、特效的治疗手段，具有疗效快、损伤性与危险性大的特点，因此需要医护技等医院工作人员多方协作才能完成。手术不仅能损伤或改变患者的生理结构，还会对患者的心理、社会等方面造成影响。

1. 普通外科手术的护理特点

（1）严格性：因手术治疗具有损伤性、危险性的特点，一旦出现失误则不可逆，所以普通手术护理具有严格性的特点。如手术室严格的查对、交接制度和分工职责，严谨的消毒隔离管理、无菌技术操作规范，严格的术前准备、术后观察护理制度等，以确保手术的成功和患者

的安全。

(2) 协作性：手术的顺利进行需要护理人员与麻醉师、医生以及其他科室工作人员密切配合、彼此协作，缺一不可。团队协作体现在整个手术过程中，是手术质量和效率的重要保证，护理人员不仅在手术过程中与多方协作，承担着重要角色，而且在保障手术室正常运转中也发挥着承上启下和协调的重要作用。尤其手术前、手术中和手术后三个阶段，虽然每个阶段护理人员任务分工不同，但在不同阶段的交接过程中，护理人员都应主动地介绍患者的情况，以便做好工作衔接。

(3) 时间性：手术室是一个集诊断、治疗、抢救于一体的场所，手术室医护人员必须具有强烈的时间观念，特别是对急诊、危重患者实施的抢救性手术，争分夺秒的时间观念是决定手术成功与否和保障手术治疗效果的先决条件。

2. 普通外科手术的护理伦理要求 手术室护士是拥有专业知识的独立实践者，被赋予了多元化的角色，不但是患者的护理者，而且还是手术医生和麻醉医生的密切合作者。手术室护理的配合是保证手术顺利进行的重要环节。手术室护士不仅要有科学的管理能力、娴熟的技术、严谨的作风、默契的配合等能力，同时还要遵循一定的职业准则，明确"应当"与"不应当"的客观要求，更需要有一颗对患者安全手术高度的责任心，稍有一点疏忽，都将给患者留下难以弥合的隐患，因此要求手术室护士要有较高的伦理道德。

(1) 密切配合，加强监督：任何一台手术都离不开医护人员的密切配合与团结协作，一切从患者的利益出发，相互监督，保证手术的安全顺利进行。护士应严格遵守无菌原则，并监督其他医务人员遵照执行；巡回护士要认真核对患者的手术名称、手术部位，并询问术前准备情况，以确保手术的正确；洗手护士与巡回护士共同清点核对手术器械、敷料等物品，防止遗留在患者体内。如有任何疑问，都应重新核查，确认无误后方可进行下一个操作。

(2) 关心患者，体贴入微：手术是高风险的治疗方式，疾病及手术的不确定性使患者产生紧张、恐惧等情绪。护士应理解患者的心情，热情接待患者进入手术室，语言温和，动作体贴，耐心指导患者配合手术；保持手术室环境的整洁、舒适，可酌情播放轻音乐以舒缓患者的紧张情绪。在手术整个过程中为患者营造安全、值得信赖、温暖的氛围。此外，还要理解患者家属的焦急心情，及时通报手术进展，耐心解释；若术中出现了新情况，需要采取新的手术方式或检查，护士应协助医生落实患者或家属的知情同意。

(3) 操作熟练，敬业慎独：手术室工作的每一个环节都与患者的生命息息相关，而且大部分工作都需要护士独立完成，任何疏忽和处理不当，都将贻误工作，甚至给患者带来痛苦。因此，护士要全神贯注、认真熟练地进行各种操作。如手术中传递器械眼明手快、准确无误；手术结束时认真清点核对物品器械，以防针、剪、纱布等遗留在患者体内；手术标本及时送检；接送患者，认真核对等。

(二) 整形手术患者的护理伦理

1. 整形手术的含义及护理特点

(1) 整形外科的含义：整形外科是用外科手术方法或组织移植的手段，对人体组织、器官的缺损、畸形进行修复和再造，以及对正常人形体的再塑造，达到形态的改善、美化及功能重建。经过治疗后，使因疾病、创伤或先天畸形造成组织、器官缺损或畸形的患者达到"伤者不残、残者不废"，使健康人更英俊、更美丽。常见的美容整形手术包括毛发移植、上下眼睑整形、面部除皱、鼻部整形、乳房整形、腹壁整形、外阴生殖器整形等。

(2) 整形手术的护理特点

1) 心理护理要求高：爱美是人的天性，整形外科的患者以青年人、儿童居多，因容貌、功能等方面存在一定缺陷而有不同程度的心理问题。表现为孤僻、苦闷、烦恼、自卑、敏感等，有的甚至缺乏继续生活的勇气。如先天性畸形或缺陷的患者，往往有自卑和孤独心理，尤以面部畸形的患者更为严重。患者的心态复杂，并且都有一个共同愿望，即渴望通过手术来改变现状，所以对整形手术会有较高的期望值，但同时又会担心手术后的效果达不到预期的完美值，从而产生担忧焦虑的情绪，患者在术前意识到了这种紧张的情绪，就会产生害怕和担心甚至惶恐不安的心理。但是，整形作为外科手术的一种，同样具有手术风险，如出血、切口感染、切口裂开等。忽视手术风险会使患者不能正确地评价手术，手术后一旦出现并发症，患者的心理压力会增大或不能承受。同时患者还会因对医院陌生环境害怕、对手术过程不了解、手术效果未确定等，存在术前焦虑、畏惧和矛盾心理，术中出现紧张、怕痛情绪，术后对手术效果的担心等心理问题。护理人员要耐心、细致地针对不同患者及其特殊的心理问题，做好心理护理，使患者配合医护人员接受治疗。

2) 学科基础知识要求广：整形外科涉及全身多个部位器官，医者必须熟悉每个部位器官所特有的解剖生理特点。美容外科与其他临床学科密切关联，术者必须掌握颌面外科、眼科、耳鼻喉科、骨科、泌尿科、肿瘤科、妇产科、儿科等多个专科的有关理论与技能，并需要较好的基础理论，如病理学、生物化学、药理学、组织学与胚胎学、解剖学等知识。例如，针对接受隆乳美容整形手术的患者，医护人员要掌握胸部解剖知识和胸外科手术技巧以及整形科特有的专科技能，其手术方案和效果因人而异。一个体型瘦小，胸部皮肤、皮下组织浅薄，肋骨突显的患者就不能进行过度夸张的隆乳，如果使用过大的假体，不但破坏整体的和谐统一美，而且术后并发症多、风险大，护理人员应运用相关的专业知识指导患者，使患者对手术有了充分了解后方可接受手术，避免不必要的损失和伤害。

3) 生活护理任务重：进行再造整形手术的患者，术前和术后多有不同程度的功能障碍，有的患者生活不能自理，需要护理人员帮助喂饭、服药、穿衣服、洗头以及照顾二便等，护理人员的生活护理任务重。

4) 审美意识强：爱美之心，人皆有之。随着社会经济文化水平的日益提高，越来越多的人倾向于接受整形手术，整形美容日益变成一种时尚。整形外科手术是一种追求美的医学，需要遵循美学的观点和规律。由于有些患者对整形手术认识不足，审美观点不稳定或盲目追求明星效果，草率接受手术会带来身体和精神上的巨大痛苦和无法弥补的损失。所以，正确认识、了解整形美容手术是非常必要的。在护理过程中需要护理人员理解和支持患者对美的追求，护理人员也要用审美的心态来护理患者。护理人员需要掌握美学知识，向患者做好美学与整形手术内容相关的知识宣教，使患者得到正确指导并了解审美知识，知晓手术具有风险性。再小的手术都会有创伤，对待整形手术，一定要有健康良好的心态，不能痴迷其中，避免盲目追求手术治疗而带来躯体、精神和经济上的损失。

2. 整形手术的护理伦理要求

(1) 尊重患者，做好心理护理：整形外科的部分患者存在器官或组织缺损与畸形，除功能受到影响或限制外，还常伴有形态的异常，使其在生理、心理上都存在一些问题，有较高的心理需求，变得很敏感，因此，护理人员的言行举止也要谨慎，尊重患者的人格，避免有任何讥笑或歧视他们缺陷的言行。护理人员要站在理解、尊重、同情患者的角度去为患者服务。根据患者的不同情况，有目的、有计划地向患者了解情况，掌握心理状态，解决心理问题，消除他们心理压抑、情绪低落等心理痛苦，帮助他们树立信心，建立和谐的护患关系和保证手术的顺利进行。整形美容手术患者术后会经历一系列情绪反应过程，患者在早期会有不安或伴有焦虑、疑虑和抑郁等。对于那些对整形手术抱有过高期望的患者，护理人员可以与医生配合，通过心理指导来帮助其寻找自我体像和真实的自我形象之间的平衡。

(2) 灵活细心，做好手术护理

1) 针对患者情况灵活应对：每一位患者的组织缺损或畸形的大小、形态、部位与严重程度各不相同，情况各有差别，因而手术方法常有不同。护理人员应掌握治疗、护理原则，针对患者的具体情况选择对患者最为有利、最为适宜的护理方案，给予专业细致的护理。如对皮瓣移植伤口的护理操作要求稳、准、轻，保持皮瓣的正确位置，避免受到牵拉，影响皮瓣血运；细心观察皮瓣的颜色、温度、充盈时间以保证手术效果；对手术后需要特殊体位固定的患者，既要协助其保持体位、给予妥帖的固定，又要使患者舒适，更要关注患者的疼痛治疗，及时减轻患者的痛苦。

2）关注心理变化，及时沟通：对于整形患者手术前后的心理护理也很重要，患者和家属对于手术效果都需要有较长的认知和适应阶段。针对不同的心理活动耐心细致地做解释工作，以真诚的态度与患者进行沟通，安慰、鼓励患者，建立良好的护患关系，耐心倾听患者对意外、损伤、手术等经历的感受，使其充分表达内心的情感。护理人员应及时进行手术前后的治疗、检查、康复等有关知识的宣教，对患者提出的疑问应给予耐心、细致的解答。解除心理障碍，使患者以最佳心理状态接受手术。

(3) 不辞辛苦，做好生活护理：整形外科病种复杂，要求精细，涉及各专科的护理内容，护理工作繁重。如手术前皮肤准备，受皮区一般都有陈旧性瘢痕，表面凹凸不平甚至存在隐窝、窦道，其中存在的污垢和毛发很难去除，为给无菌手术创造条件，有时皮肤准备工作要用很长的时间逐步完成。需要护士合理安排时间，保证各项工作的质量。对生活不能自理的患者更需要护理人员不辞辛苦地悉心照料，预防并发症的发生。由于整形手术患者手术部位的不同及组织结构的损伤和改变，会对患者的饮食、排泄、生活自理等方面造成不同程度的影响，需要护理人员自始至终根据每个患者的情况采取有针对性的生活护理，促进患者康复。

(4) 勤于钻研，重视自身素质的提高：整形外科是一门修复重建的学科，在提高伤残患者的生存质量、恢复与塑造人体美方面肩负重任。其涉及多个专科的有关理论与技能，要做好护理工作，加之整形技术在不断地发展，护理人员必须勤于钻研，不断补充和更新知识、拓宽知识范围，提高自身医学、美学、心理学等知识水平。还要在熟练掌握基础护理操作基础上，不断钻研新的操作方法，使护理技术精益求精，在为患者进行护理操作过程中做到技术过硬，最大限度地减轻患者的痛苦，不断提升护理质量。

> **知识链接**
>
> **过度整形美容的伦理考量**
>
> 随着现代医疗科技的迅猛发展，整形美容变得越来越普遍。但是却有不少求美者在对外在美的片面、过度的追求中付出了惨痛的代价，甚至使其自身陷入盲目的、无止境的整形美容困境。一方面，社会上的一些整形美容机构和医师在巨大利益的驱动下，在整形美容过程中违背医学伦理，跨越道德底线，擅自进行违规操作。另一方面，求美者自身所具有的扭曲的审美观、价值观直接导致了过度整形美容的普遍发生。过度整形美容既损害了求美者的生命健康权益，又动摇了人的主体性地位，破坏了医疗环境的正常秩序，并且对社会整体的和谐发展造成了严重的不良影响。因此，为了促进整形美容行业良性发展，引导求美者理性对待整形美容，有必要对过度整形美容进行考量和分析，并借助伦理路径对过度整形美容进行有效预防。

二、妇产科患者护理伦理

案例 6-6

某孕妇,妊娠28周,已育2胎,希望生个男孩。本次怀孕后非法进行彩超胎儿性别鉴定,鉴定结果还是女孩。该孕妇来到某医院欲进行引产,经熟人介绍认识了陈医生与李护士。李护士审查其引产证明,认为其不符合人工终止妊娠规定,拒绝为其行引产手术,并对该孕妇进行了生命教育。

请回答:
1. 此案例中李护士的行为是否符合护理伦理要求?
2. 此案例中李护士拒绝为孕妇引产的依据是什么?

(一)妇产科患者的特点

1. 服务对象特殊性 妇产科护理的对象年龄和角色跨度较大,既要面向妇女、孕妇,又要兼顾对胎儿、新生儿的影响。药物的使用不但要考虑对母亲的治疗作用和副作用,还要考虑对胎儿和婴儿的影响。既涉及两代人的健康,关系到千家万户的幸福;又影响优生优育、人口素质目标的实现、民族的繁衍。

2. 心理特点复杂性 妇产科患者因为内分泌变化的影响或受传统的道德观念影响,其心理更为敏感、更为复杂,加之手术、疾病、妊娠等影响,常出现一些特殊的心理变化,如羞怯、压抑、恐惧等。这些心理变化常导致患者拒绝妇科检查或不愿坦言实情,给诊疗和护理工作带来困难。

3. 服务需求广泛性 妇产科服务的女性不仅包括患病的女性,还包括健康的女性。她们既要了解自身生理性和病理性的知识,还涉及婚姻、生育、家庭等问题的咨询,甚至需要医务人员帮助她们进行权益维护、计划生育、人流堕胎等。如医务人员不能满足其需求,则可能会影响其家庭幸福,甚至发生严重的意外,危及产妇和婴儿的生命。

(二)妇产科护理的伦理要求

1. 忠诚履责,冷静果断 妇产科护士要有维护女性及其后代身心健康的责任感。产科护理急诊病例多,时间无规律性,工作任务重。患者病情变化急剧,稍有疏忽、拖延及处理不当都可能给母婴、家庭及社会带来不良的影响。例如异位妊娠极有可能出现输卵管破裂大出血,导致孕妇死亡;即使是正常产妇,若在产前或任何产程出现异常情况未及时处理,也可能威胁母婴的生命健康。患有妇科疾病的患者,尤其是未婚未育的患者,如果治疗护理操作可能影响到患者的性器官或者性功能,则应慎重抉择,协助医生做好解释工作,尊重患者的自主选择权。妇产科患者病情可能瞬息万变,妇产科护士应时刻牢记自己肩负的责任,既能系统掌握本专业理论和技能,仔细观察及时发现病情变化,冷静果断地配合抢救;又能以高度的敬业精神对待每一位患者,将专科护理落到实处。

2. 保护隐私,尊重患者 妇产科护士在工作中可涉及患者的诸多隐私,如患者的妊娠及流产次数、婚姻状况、性病史及隐私部位检查等。保护患者的隐私是医务人员的美德,更是妇产科护士必须遵守的道德规范。除了对患者的信息保密外,在做护理操作前,要特别注意关好门窗、拉上床帘或摆好屏风,请无关人员暂时回避以保护患者隐私;进行床旁教学前,应取得患者的知情同意方可进行。男性护士为患者检查、治疗及护理时,应按要求有女护士或家属在场,以避免不必要的误会。有的产妇在生产过程中因为疼痛而喊叫,或不配合助产士或医生分娩,这时护士应尊重患者的人格,耐心解释指导,通过语言及非语言沟通方式表达同情、关心和鼓励，给予有针对性的产科技术支持及温暖的陪伴，尤其是丈夫、家人或者有经验人员的陪伴，给予产妇心理及体力上的支持，帮助产妇顺利完成分娩。

3. 关心患者，乐于奉献 妇产科患者因涉及生殖系统隐私部位，其心理状况较为复杂，可能出现羞涩、压抑、恐惧、自卑等心理。护士应充分理解关心患者，做好疾病相关健康教育，鼓励患者积极配合治疗。妇产科护士观察病情的项目较其他科室重复次数多，护理任务繁重。如既要不断监测孕妇的胎心、胎动、羊水、宫缩、产程的进展，又要观察新生儿的情况，产妇的恶露、出血、子宫恢复情况；既要观察阴道出血及排出物，又要观察呼吸、血压等生命体征。妇产科护理工作因产妇分娩时间不定，护理人员常常不能按时就餐和休息，还经常接触羊水、粪便、污血、恶露等，因此，要求护士必须具有不怕脏和累、乐于奉献的精神。

> **科研小提示**
>
> 由于妇科疾病的私密性和传统观念的影响，妇产科护理应将缓解患者心理顾虑作为重点。

三、儿科患者护理伦理

> **案例 6-7**
>
> 护士小张在护理一名白血病患儿时，发现该患儿比之前"沉默"了许多，而且容易无缘无故发脾气，不配合护理。于是小张通过温柔的陪伴，与患儿玩游戏、给患者讲故事等来转移患儿的注意力，患儿逐步配合护理工作。
>
> 请回答：
> 1. 此案例中护士的行为是否符合护理道德要求？
> 2. 护士护理儿科患者的伦理要求有哪些？

（一）儿科患者的特点

1. 起病急，变化快 当前我国儿科病房收治患者的年龄一般在0~14岁，这一时期的儿童和青少年处于不断生长发育过程中，免疫系统发育不成熟，防御能力差，易发生感染。当儿童患感染性疾病时常常起病急、来势凶，容易并发败血症；新生儿在患严重感染时往往缺乏典型的临床表现，难以及时发现，例如各种反应低下，包括体温不升、嗜睡、拒食、表情呆滞等。

2. 病情表达不明确，合作性差 儿科又称"哑科"，一方面年幼儿童的语言表达能力有限，无法准确表达有关的症状以及病情发展的过程，尤其是婴幼儿常以哭闹的形式表达不适。另一方面儿童的心理发育不成熟，患病及就医过程可能会引发儿童的各种心理反应，如有的儿童会因为治疗过程痛苦而哭泣，甚至抵触各种治疗护理措施。有的儿童由于担心打针吃药，可能故意隐瞒病情；也可因希望通过患病获利，从而夸大甚至假报病情。住院儿童会因为离开了熟悉的家庭及学校环境而产生分离性焦虑。加上儿童的活泼好动，在治疗护理过程中，儿童的合作性差。

3. 自我保护能力弱 儿童的识别危险情境能力差，加上好奇心强、好动多动等原因，可能会在诊疗护理过程中受到意外伤害，例如坠床、锐器伤、误食消毒液等。婴幼儿即使遇到危险也不能主动避险，缺乏自我保护能力。

第六章 护理实践伦理

（二）儿科患者护理的伦理要求

1. 严密观察，审慎护理 儿童各器官及免疫系统功能尚在发育过程中，机体抵抗力较差，易发生感染性疾病，起病急、变化快，并且儿童不善于主动准确叙述病情变化，这些特点决定了儿科护理工作的紧迫性。因此，护士应严密观察病情，发现啼哭、精神不振等细微变化，慎思明辨，准确判断，及时向医生汇报，积极配合救治。同时，由于儿科患者年龄小、自我保护能力差、安全意识不强，易发生意外伤害，护士应加强巡视，及时发现可能存在的安全隐患，创造安全、舒适的病房环境，促进患儿的康复。

2. 精准施护，慎独自律 儿童的解剖生理与成人有较大的差别，而且儿童在治疗过程中配合程度差、易哭闹，导致儿科护理操作专科性强、难度大。护士一旦操作失败，可能引起患儿家属的误解和不满。因此，儿科护士在实践中要勤学苦练，掌握扎实的理论和专科护理技能，力求做到技术熟练精准。儿童免疫力低，易被感染，因此护士在操作过程中要严格无菌操作，并按要求做好隔离消毒。尤其是新生儿病房、儿科监护室不允许亲人陪伴，治疗护理要求高，儿科护士更应严格遵守操作规程，慎独自律、高标准地完成各项操作。

3. 体贴关爱，自律育人 儿童在成长阶段特别需要得到关爱和照顾，患病儿童对爱的需求更为强烈。因此，护士应从语言和非语言行为（表情、目光和体态等）中仔细体会和理解儿童的心理，敏锐地捕捉儿童的心理变化，并采取针对性的护理措施。例如，以温和亲切的语言、和蔼的态度，轻拍、抚摸及搂抱、陪伴等形式表达对患病儿童的关爱，有利于缓解患儿的焦虑，从而使其产生安全感；在病情和环境允许的情况下，准许亲人陪护有利于缓解儿童的分离焦虑；还可以利用游戏的方法，转移患儿注意力，帮助患儿宣泄情感，舒缓疾病和住院带来的痛苦和心理压力。儿童通过模仿来学习，在病房中，护士的行动和言语常常成为患病儿童的观察重点和学习的榜样。因此，护士在工作中要自觉注意自身的行为表现，要尽可能耐心，多鼓励、多表扬，注意保护儿童的自尊心，自律育人，助力患儿的健康成长。

4. 理解家属，耐心解惑 儿童是家庭的重点关注对象，一名儿童患病牵动全家人的心，儿童的就诊行为实际上是一种家长行为。儿童患病后家长往往表现出紧张、焦虑的情绪反应，如有的家长会过分关注并监督护士的操作；对护士抽血或输液等操作时不能一针见血的容忍度低；有的家长会反复追问患儿用药的副作用，盲目担心药物副作用而擅自停药，导致疾病反复等。护士应理解家属焦虑不安的心情，及时主动地与家属沟通，根据患儿的病情做好健康教育，指导家属落实疾病的预防保健措施。

> **科研小提示**
> 如何劝导年幼的儿童主动接受诊疗护理措施值得儿科护士进行研究。

> **知识链接**
>
> **儿科护理的特殊伦理问题**
>
> 儿科护理工作中落实知情同意原则的难题有二：一是如何处理好知情同意与家长参与临床决策的关系，二是患儿是否有权知晓病情并对治疗护理方案发表意见。随着社会的进步和相关法律法规的不断完善，人们的法律意识和维权意识逐渐提高，普遍认为落实知情同意是患者自主权的反映。因此，在临床实践中，应尽可能多地邀请患儿家长参与临床决策过程，但医务人员也必须对患儿家庭是否具有正确的决策能力作出判断，用通俗易懂的语言做好备选方案的解释与说明，详尽列出各种诊疗护理措施的利弊，帮助

患儿家庭做出最恰当的、可接受的医疗护理方案和执行策略。

在法律上，16周岁以下的未成年人可以进行与他的年龄智力相适应的民事活动，这也意味着限制行为能力人对危险性较小的一般医疗行为可以成为知情同意权的主体；对于危险性较大的医疗情形，仍需由监护人作出决定，但也需征得儿童本人的同意。因此，护士应该给予患儿足够的尊重，在征得家属同意的情况下，将患儿纳入确定治疗护理方案的团队中，调动患儿对抗疾病的积极性，促进康复。

四、老年患者护理伦理

案例 6-8

护士在接待一位新入院的老年糖尿病患者时，发现老人身体有异味。护士捕捉到了这个细小的危险信号，仔细检查，发现老人左脚第4、5趾间皮肤已溃烂、渗液、发黑，而患者却全然不知。护士立即通知医生进行治疗，并采取相应的足部护理措施，使患者的病情得到了很好的控制。

请回答：
1. 此案例中护士的行为是否符合护理道德要求？
2. 护士护理老年患者的伦理要求有哪些？

（一）老年患者的特点

1．慢性病多发 老年人由于器官、组织、细胞生理性的自然衰老，生理功能和心理功能逐渐减退，躯体的适应性和免疫力日趋降低，患高血压、冠心病、糖尿病等慢性疾病较多，患脑出血、肺心病、心肌梗死和脑动脉血栓、恶性肿瘤等危重疾病也较为常见。而且多数老年人同时患有多种疾病，恢复缓慢，易留下后遗症。因此，患者要求多、提问多、顾虑多，某些感官退化，行走不便，生活自理能力差。

2．多器官功能减退 老年人听力下降，记忆力差，患病后主诉不确切，回答病史含糊。老年患者体温调节中枢功能降低，疼痛阈值增高，患病时体温增高不明显，对疼痛反应不敏感，症状和体征不明显，容易造成误诊、漏诊或延误诊治。老年人随着年龄的增加，其免疫、消化和肾功能下降，患病后易导致院内感染、便秘和药物蓄积，加之部分老年人骨质疏松、行动迟缓、自理能力差、心理偏激、固执等，致使老年患者的护理难度大。

3．心理护理要求高 老年患者来院就诊或住院治疗，经常出现精神过度紧张、忧郁、焦虑等心理变化，加之身体虚弱、感官退化，心理上常处于痛苦不堪的状态。在治疗、护理过程中，患者经常向护理人员探问自己的病因、病情、治疗情况等；有的老年人悲观失望，对自己的疾病治疗失去信心，表现出沉默不语或拒绝治疗等，以上都给心理护理提出了更高的要求。

（二）老年患者护理的伦理要求

1．尊重老人，服务周到 老年患者对社会做出了很大贡献，阅历深、资格老，知识和生活经验丰富，工作有成就，在社会、家庭中有地位、有名望，因而自尊心强。他们突出的要求是被重视、受尊重，得到良好的护理。护士对待老年人应该尊重和理解，不论他们的职位高低都应一视同仁。称呼要得体，言行要礼貌，举止要文雅，对他们表现出极大的同情心和耐心，倾听他们的叙述，不厌其烦地回答询问，反复认真地解释说明。由于老年患者年老体弱，力不从心，缺乏自理能力，对诊断、治疗疑虑较多，对预后更是忧心忡忡，因此，护理人员要热情关心、积极帮助老年患者，细心周到地做好生活护理。如对于缺乏自理能力的老年患者，护理人员要经常帮助他们洗脸、梳头、剪指甲等；对于牙齿脱落、消化功能减弱的老年患者，护理人员要给予其富有营养、易消化的饮食；对于行动不便而又缺乏陪伴者的老年患者，护理人员应搀扶或给轮椅助其检查和进行室外活动；对于孤独的老年患者，护理人员对他们要多接近、多询问、多安慰、多鼓励。总之在老年人住院期间，护理人员要想患者所想，尽可能给予方便和帮助，为老年患者提供一个良好、舒适的就诊和休养环境。

2. 关怀理解，有效沟通 老年人因衰老常会出现感知觉减退、记忆力下降、解决问题的能力下降、情绪不稳定，常感到孤独、寂寞、焦虑等；患病后对病情估计较为悲观，表现为精神过度紧张、瞻前顾后、焦虑、恐惧、沉默不语或拒绝治疗等。老年人以上心理特点给心理护理提出了更高的要求。在日常护理过程中，护士应认真仔细地观察老年人的情绪和行为变化，耐心倾听老年人的诉求；发现心理问题后，应积极寻找对策，给予支持和疏导。对老年人提出的有关疾病和治疗护理的疑问应耐心答疑，充分解释。鼓励家属及其他社会关系参与到护理工作中，使老年患者感受到家庭、社会的支持与温暖。护士应熟悉老年人的特点，在沟通过程中耐心、细致，语速合适，语音清晰，语调适中，注意运用非语言沟通技巧，例如抚触、微笑等。在特别需要老年人理解的问题上重点强调，以保证沟通效果。

3. 细致观察，审慎护理 老年患者组织器官衰老，功能退化，感觉迟钝，症状、体征常不明显，如果不认真观察可能会延误病情。老年患者的另一个特点是多种疾病并存，可能会导致症状和体征叠加，使病情变化不易于预料。护士要以高度的责任感审慎地护理老年患者，细致观察病情，不放过任何一个疑点或微细征兆；认真做好床旁交班，仔细记录病情变化，及时与医生沟通，将有利于老年人的康复。

> **知识链接**
>
> **尊重老年人知情同意权与保护性医疗的伦理难题**
>
> 尊重患者知情权与保护性医疗的冲突是伦理学的研究焦点，在护理老年患者的工作中该矛盾也极为突出。我国民众较少公开谈论死亡，当老年人患病预后差时，部分家属会选择回避与老年人谈论疾病实情，要求实施保护性医疗，由家属代为选择治疗和护理方案，期望尽可能减少不良预后信息对老年人心理带来的负面影响。这种做法搁置了患者的知情同意权，但不知晓真实病情是否真正对老年人有利亦值得商榷。如何在避免对患者产生不利后果，实施保护性医疗的同时，又尊重患者本人的知情同意权，需要审慎对待，全面考虑。此外，患有某些疾病如阿尔茨海默病的老年人认知功能下降甚至意识障碍，没有能力决定和处理相关事务，因此，所有的医疗决策均由家属代理完成。但是，家属的决策是否符合老年患者的意愿、能否保障老年患者的利益，需要医护人员肩负起监督的责任，必要时应加以干预。

五、精神障碍患者的护理伦理

（一）精神障碍患者的特点

精神障碍是指各种内外致病因素作用于人体，导致患者的精神活动紊乱，缺乏自知力和自制力，思维、情绪情感、语言和行为超出社会的一般道德和法律要求，生活难以自理，有时可能出现自伤、毁物伤人，甚至殴打医务人员，引起社会一般人群的不理解和歧视的一种疾病状态。

1. 患者发病时危及个人、社会安全 精神障碍有不同的类型，精神症状的表现也是复杂多样的。如有的患者可表现为精神运动性兴奋，或精神运动性抑制；有的患者思维内容妄想偏执，但意识清晰，有生活自理能力；严重者表现为冲动伤人、自杀等特殊行为，危及个人和社会治安，给家庭和社会造成严重的后果。

2. 患者一般无自知力，不承认自己有病 由于患者否认有病，拒绝治疗，对护理不合作，因此护理工作有一定的难度。如针对患者的生活护理，要善于观察病情变化；要早期发现药物副作用与并发症；保证患者的安全，预防意外事故；还要掌握交往技巧，引导患者说出自己的内心体验，以便开展护理。

3. 患者疾病缓解期常有自卑心理 有的患者一旦病情缓解，自知、自制力恢复，了解自己所患疾病的性质，常会陷入难以排除的绝望中，加之社会上少数人对精神障碍患者的歧视、偏见，使精神障碍患者承受较大的心理压力。

（二）精神障碍患者护理的伦理要求

随着社会的进步和医学的发展，人们对精神障碍的认识越来越清晰。精神障碍患者不仅需要得到良好的医疗服务，更需要人格上的尊重，这给精神障碍患者的护理提出了更高的道德要求。

1. 尊重人格，维护权利 尊重精神障碍患者的人格与权利是护理人员应首先遵守的伦理道德规范。精神障碍患者怪异的思维、无礼的言语和粗鲁的行为，是精神疾病所致的病态表现。无论患者表现如何，护士都应为每位患者提供尽可能好的治疗护理措施，保障其生命健康权。护士约束精神障碍患者，必须是出于控制疾病的需要、保护有自伤倾向的患者、防止暴力倾向严重的患者伤人。治疗护理措施也应体现出尊重患者的生命权和健康权，如果发现治疗护理措施在治疗疾病的同时出现较严重的副作用，应立即停止。

2. 审慎护理，保证安全 精神障碍患者的自我保护意识差、反应迟钝、主诉不准确，因而保证患者的安全成为精神科护理的重点。护士应严格执行精神障碍患者管理的规程，严守岗位职责；严格查对，确保执行医嘱不出错；在约束过程中，应采取加保护垫、加强巡视、定时放松等保护措施，以防患者的约束局部擦伤甚至骨折。精神科护士进行口服给药护理时，应送药到口，确认已服下后方可离开。认真仔细地观察病情，审慎思辨，及时发现病情变化，尽早干预。多数精神药物治疗指数高，用药安全，但锂盐的治疗指数低，安全性小，需要密切监测血药浓度，观察中毒的征兆。精神科病房除布置温馨外，还应特别注意环境安全，任何可能造成伤害的物品如刀、剪、针头、绳、线、带及玻璃制品均不可遗留在病房。护士还应注意自身安全，及时发现患者隐匿的暴力倾向；对于兴奋躁动、冲动的患者，护士要沉着机智，冷静果断地处理复杂环境下发生的意外。

3. 恪守慎独，正直无私 多数精神科患者无法保护自己，因此护士恪守慎独尤为重要。严格按照规程操作，不能有丝毫马虎或者蓄意偷懒，更不能利用患者价值观念倒错而获得物质上的利益。对待钟情妄想的患者态度要自然、稳重、亲疏适度，与患者沟通时保持社交距离和正直无私的态度。

4. 尊重隐私，保守秘密 精神科护士在护理过程中会了解到患者的个人隐私，如家庭背景、个人生活经历以及患病后的病态行为等，不能将有关信息泄露给无关人士。特别是病态表现的暴露可能使病后痊愈的患者产生严重的心理伤害，例如患躁狂症的女性患者在发病期间可能有不正常的性行为，如果护士将此泄露，患者恢复意识后得知此事，可能羞愧难当，甚至可能会有轻生的严重后果。

六、传染病患者护理伦理

> **案例 6-9**
>
> 　　患者李某，男，45岁，因持续低热、头痛近1个月到某医院住院。住院期间，责任护士询问病史时，患者让其妻子暂时离开，待其妻子离开后，患者告诉责任护士，他曾经被检测出 HIV 阳性，不希望责任护士将其疾病告知其妻子。
> 　　请回答：
> 　　1. 如果你是这位责任护士，最佳做法是什么？
> 　　2. 在传染病护理中应该遵循怎样的伦理规范？

（一）传染病患者的特点

　　传染病是指由病原性细菌、病毒、立克次体和原虫等引起的，能在人与人、动物与动物或人与动物之间传播的一类疾病。传染病可通过多种介质和途径进行传播，危害广大人民群众的健康。

　　1. 患者具有传染性　每一个传染病患者自身都是传染源，其分泌物、使用过的物品均带有病原体，其他人员一旦与之接触就有被传染的危险。

　　2. 患者的疾病具有规律性　传染病的发生、发展和恢复具有一定的规律性。一般将传染病的发生分为潜伏期、前驱期、发病期、极期、恢复期等阶段。各阶段的临床表现具有不同的特点，护理人员掌握各期特点，有助于症状的识别和采取有效的护理措施。

　　3. 患者常有各种心理负担　由于具有传染性，治疗过程中要采取隔离措施，社会人群一般都会采用回避的措施，有的甚至害怕与传染病患者接触，造成传染病患者较大的心理压力，害怕疾病威胁自己的婚姻、家庭、亲人等，还会因隔离产生孤独、空虚等消极情绪。这些不良心理有可能进一步加重病情。

（二）传染病患者护理的伦理要求

　　1. 消除忧虑，加强心理护理　护士应理解患者的心理，不对患病的原因进行道德判断，一视同仁，维护患者的人格尊严。针对患者的心理问题进行护理，帮助患者解除不良情绪，使其很好地配合治疗及护理，尽早恢复健康。护士要向患者讲解传染病的有关知识，说明隔离的道理，使之认识到隔离是防止传染病传播的重要措施。指出隔离是暂时的，患者应主动配合医务人员。同时护士应给予隔离的人群更多同情和关心，提供全面周到的服务，鼓励患者通过电话、网络等方式获得更多的社会支持。

　　2. 保护隐私，依法上报　护士应该保护患者的隐私，尤其是不应将患者的疾病诊断及患病原因传播给无关人士。但对于危害公众健康的传染病，护士应遵守相关的规章制度。如2006年颁布实施的《艾滋病防治条例》规定，"对确诊的艾滋病病毒感染者和艾滋病患者，医疗卫生机构的工作人员应当将其感染或者发病的事实告知本人；本人为无行为能力人或者限制行为能力人的，应当告知其监护人。艾滋病患者应将感染或者发病的事实及时告知与其有性关系者"。护士应严格执行疫情报告制度，一旦确诊患者是传染病患者和疑似患者，必须在规定的时限内向卫生防疫机构报告。特别是发现甲类传染病和乙类传染病中的艾滋病、肺炭疽病、新型冠状病毒肺炎（COVID-19）等患者，应以最快的通讯方式向发病地区的卫生防疫机构报告，同时填报疫情报告卡。任何人不得隐瞒、漏报、谎报，否则将负法律和道德责任。

　　3. 预防为主，服务社会　由于传染病具有传染性、流行性的特点，对社会危害较大，因此国家对传染病的防控要求高。护士应利用各种途径加强宣传和教育，提高全民的预防保健意识，防止传染病的发生和传播。

4. 勇于奉献，注重防护　传染科护士每天都要接触传染源，在工作中可能接触到具有传染性的分泌物、呕吐物和排泄物。尽管有防护措施，受感染的机会仍较其他科室医务人员多。传染科护士应严格执行消毒隔离制度，牢固树立无菌观念，切断各种传播途径，防止患者间交叉感染。护士的生命和患者的生命同样珍贵、神圣，因此护士也要做好自我防护和职业风险防范，切不可因为防护措施繁琐而省略。一旦发生职业暴露，要及时处理，将危害降到最低。

七、肿瘤患者护理伦理

案例 6-10

患者，男性，75岁，肝癌晚期，处于极度痛苦之中，自认为是肝硬化，寄希望于治疗。病情进展和疼痛发作时，多次要求医护人员给予明确说法和治疗措施，但是家属请求保密。

请回答：
医护人员应如何抉择？

（一）肿瘤患者的特点

在临床护理工作中，肿瘤科作为较为特殊的科室，各种肿瘤临床表现的复杂性、治疗效果的不理想性、治疗毒副作用的严重性、患者心理反应的强烈性等，决定了肿瘤科护理人员要有较其他病种护理人员更高的护理道德。

1. 护理需求多　随着现代医学科学技术的发展及护理模式的转变，肿瘤患者不仅需要手术治疗、放疗、化疗、生物免疫治疗等各种治疗护理，还需要心理护理、康复护理、社区护理及临终关怀，尤其到了疾病晚期，治疗效果不明显更加大护理的难度。肿瘤科护士不仅需具备扎实的医学、护理学专科理论基础和熟练的操作技能，还需要与护理肿瘤患者相关的社会学、心理学、伦理学、法律等多学科的知识。因肿瘤可能累及全身各系统及器官组织，可发生在生命的各个阶段。因此，肿瘤科护士须为患者提供全面护理，促进患者康复，提高患者生活质量。

2. 心理护理要求高　随着现代诊疗技术的进步，癌症患者的5年生存率得到明显提高，但癌症威胁人类生命的本质依然没有改变，许多患者在患病后不可避免地会经历心理上的震惊、焦虑、绝望、恐惧和抑郁等强烈的情绪反应，给护理工作提出了更多挑战。通过心理护理，减轻患者痛苦，促进康复，提高其生活质量，要求护士应具备更高的心理护理水平。

（二）肿瘤患者护理的伦理要求

1. 具有娴熟的技术及广阔的知识面　肿瘤患者往往属疾病晚期，血管条件差，需要护理人员具有娴熟的技能，各种操作一次性成功，不能由于护理人员操作水平而增加患者痛苦。肿瘤疾病转移性特点决定了临床表现复杂性和多样性，这就要求护理人员掌握多学科知识，更好地胜任肿瘤科护理工作。

2. 具备良好的心理素质及沟通能力　在肿瘤的治疗中患者常出现脱发、呕吐、二便失禁等，护理人员应用科学的态度来认识和看待，给患者真诚的帮助和关怀。肿瘤患者常有恐惧、绝望、悲观等不良情绪，护理人员应利用自己良好的沟通能力主动与患者交流，介绍成功案例，树立正确的人生态度，勇于战胜疾病。

3. 具有强烈责任感和慎独精神　南丁格尔曾说"护理工作的对象不是冷冰冰的石头、木头和纸片,而是有血、有生命的人"。不管他的生存期有多久,护理人员都要恪守责任,尽心尽力,哪怕抢救不成功,也要尽到自己的责任,怀着仁爱之心做好每件事。"慎独"是在没人监督情况下,仍能坚持道德信念,自觉遵守原则和规范,不做任何违反道德原则的事。例如给患者输白蛋白药品要输净、冲管要彻底;不管患者神志是否清楚,都认真为其做好基础护理工作等。护士应自觉养成良好的道德习惯。

4. 严格保守医密和实行人道主义 有些患者家属要求对患者隐瞒病情,不让其了解自己身患绝症,护士应根据患者的病情及其承受能力,判断患者可能得知实情后的反应,对肿瘤患者特别是临终患者要体现人道主义,改变以往以治疗为目的的护理模式,提倡以患者需要为目的的护理模式,提高患者生活质量,使其心情愉悦,需要得到满足。

小 结

护士通过开展基础护理工作,观察病情,了解患者,沟通感情,建立良好的护患关系,了解患者的不同的心理变化,及时给予患者心理支持。良好的心理护理可以帮助患者适应医院环境;增加对医护人员的信任;使医疗护理操作顺利进行;调动患者的主观能动性,使其积极主动地做好自我护理,以利于疾病康复和心理健康的保持。因此,心理护理是整体护理不可缺失的一部分,已成为现代护理模式和护理程序中的一项重要内容。

在应对公共卫生挑战中,逐渐认识到公共卫生伦理问题对人群健康的重要作用。在资源配置、卫生监测和监督、传染病的控制、健康促进和健康干预中,在公共卫生伦理学的基本原则和公共卫生伦理概念框架的指导下,应制定公平、公正的政策和措施,建构公共卫生实践的道德基础,从而达到在疾病发生时及时提出明确的伦理问题解决方案,并在健康促进和健康干预方面,思考公共卫生伦理学问题,最终实现深化医药卫生体制改革的目的。

思考题

1. 为改善公共卫生环境,目前很多地方有叫号系统,社区护士面对错过叫号的老年患者和目前正在准备就诊的年轻患者,该如何进行处理?
2. 护理老年患者要遵循哪些伦理要求?
3. 患者李某,17岁,妊娠39^{+6}周,未婚怀孕,因胎儿宫内窘迫入院。医生检查后认为需要立即进行剖宫产手术,但李某的父母坚决反对,因为他们不希望自己未来的女婿发现女儿有过生育史,但医生认为只有手术才是保证胎儿安全的办法,反复劝说无果。如果你是李某的责任护士,你会怎么做?为什么?

(薛慧琴 王若维)

第七章 性道德与伦理

第七章数字资源

导学目标

通过本章内容的学习，学生应能够：
◆ 基本目标
1. 阐述性道德的基本原则。
2. 说出人类辅助生殖技术的伦理原则。
3. 说明临床护理中的性道德问题。
4. 解释人类辅助生殖技术的伦理问题。
◆ 发展目标
运用人类辅助生殖技术的伦理原则分析具体案例并进行伦理评价。

性是人类生活中必不可少的重要组成部分，性科学已经成为医学领域中的一门独立学科。在性科学的研究领域内，人们更多地关注基于理论、技术和方法的创新给人们带来的生殖健康和生殖保健方面的福音。然而，与此相对应的是性科学领域中涉及社会学范畴的一些问题，如非婚性行为、性传播疾病的控制等。由于这些问题受伦理、道德、文化、价值观的影响，存在一定的分歧，有时甚至在普通民众中引起广泛关注。这就要求当代护士不仅要具备有关性的知识，更要明确与性相关的伦理道德，才能更好地应对与性有关的护理问题。

第一节 性 道 德

案例 7-1A

某医院泌尿外科病房，一位年轻未婚的女护士在为一位年轻男性患者进行术前会阴准备时，男性患者出现了不可抑制的阴茎勃起。当时这位护士感到十分羞臊，用手上正持有的止血钳敲打了男性患者的生殖器，并拒绝再为该患者实施护理操作。该患者当时也很害臊，表现出了自责的态度。

请回答：
1. 护士的做法正确吗？
2. 护士的做法违反了哪些伦理原则？

第七章 性道德与伦理

性道德是人们在一定社会中应遵循的两性关系的行为准则,是人们评价性行为的价值标准。性道德教育的实施,可以帮助护士树立正确的性道德观念,遵从性道德原则,以恰当的措施实施临床护理,避免陷入临床伦理困境。

一、概述

以生理需要为基础的性行为是人类最基本的活动之一,有着丰富的内涵。我国儒学创始人孔子在《礼记》中已经指出,"饮食男女,人之大欲存焉"。其含义为,凡是人的生命,不离两件大事——饮食和性。"饮食"为其中之一,属于民生问题,而"性"则归属于康乐问题。《孟子·告子上》中也有"食色性也"的名言,意思是具有食欲和性欲是人类的本性。马斯洛需求层次论也指出性是人类最基本的生理需求。

人类的性行为是由于两性差异、生理需求和互相愉悦而产生的,因此人类的性行为指的是性爱。人类的性爱虽然以生物性为载体,依靠性行为来实施,但与动物的性本能有很大的区别,主要体现在人类的性欲和道德观是和谐统一的。人类的性行为超越了动物仅仅为了满足自己性生理的需要,而是在道德的约束下,通过男女双方完美的性爱结合,在给予对方幸福的同时,还实现自我幸福,最终创造两性结合后新的社会幸福——家庭、社会的和谐幸福。

(一) 性道德的概念及其历史演进

1. 概念 性道德(sex morality)是社会为人类性行为所规定的范围和评价标准,是人类调整两性行为的社会规范之总和。性道德既是一种主动的、非强制性的控制力量,受个人的价值观、良心所驱使,同时也是被动的、强制性的制约力量,由传统认知和社会舆论进行约束和干预。正确的性道德观应具备三个基本前提:①性是健康的、美好的,性是两个人的自然结合,只有双方同步,才能实现完美与和谐。②性关系是平等的,要摒弃旧有的"倾向男性、压抑女性"的双重性道德标准,建立平等的两性关系。③以家庭为基础,性道德是婚姻家庭道德的一个重要组成部分,也是构建社会主义和谐社会的一种不可或缺的重要力量。

性道德作为一种道德现象,不仅表现为一定的观念、思想和情感,更体现在具体行为和相关活动之中。因此,通常可以将性道德的内容概括为:一个核心——性道德规范;三种道德关系——婚前性关系、婚内性关系与婚外性关系;一个外部条件——性环境。

2. 历史演进 与其他道德的发展类似,性道德也有其特定的历史发展进程。早在原始社会,人类性道德就已经初步形成,它是以性禁忌的方式萌芽的,以乱伦禁忌、月经禁忌和场景禁忌为性道德的主要内容。在奴隶社会和封建社会时期,家庭的形式开始出现并不断发展,性道德观进一步演变为婚姻、家庭道德体系的组成部分,出现了禁止婚前、婚外或不以孕育后代为目的的性行为的道德规范,其特征主要表现为"性压抑、性禁忌及性神秘"。资本主义文艺复兴运动的到来使封建社会的性道德观受到了巨大冲击,它倡导人性的全面解放和平等,"自由、平等"等观念逐渐融入性道德的内涵,形成了"性自由"和"性解放"的新型性态度。因此,大部分学者认为,"性道德"一词率先出现在现代西方社会,传统的性观念在20世纪的西方发生性革命之后分崩离析,取而代之的是一种全新的性道德。

当今社会,随着全球经济一体化和女权主义的发展,不同的性道德观之间相互冲击、交融、影响,形成了新时期"多元化"的性道德观。男女平等、相知相爱、恋爱自由、婚姻自由、感情忠贞、行为自律、相互尊重和彼此负责逐渐成为当代性道德的主要内容。

(二) 性道德的原则与范畴

性行为属于公民的个人行为,具有一定的隐秘性和隐私性,其行为规范需要道德自律。道德自律的实现主要归结于个人的良知,但这种依靠良知的自律却是对性行为最好的规范。

1. 性道德的原则

(1) 自愿原则:性是男女双方互动的行为,性行为应该发生在双方自愿的基础上,但还要以不违反社会公德为前提。长期以来,女性在性活动方面处于被动地位,当代性道德倡导男女平等的性权利,强调男女双方在性活动中平等的性地位。

(2) 婚姻缔约原则:婚姻是两性结合的社会形式,性行为的发生应以合法的婚姻关系为基础。缔结婚约是性道德规范在伦理和法律层面的重要表现形式。由于人类的性道德具有鲜明的社会性,因此人类的性行为会受到社会道德规范与法律的制约。男女双方发生性行为,应该建立在依法缔结婚约的基础上,以婚姻关系存续为前提。

(3) 爱的原则:性必须建立在爱的基础上。性是在爱情基础上产生的一种蕴涵着真挚情感和精神追求的灵与肉的结合,爱是性活动双方形成对等、专一、排他和强烈持久相互关系的基础。性活动只有以爱为前提,才能达到情感交流的目的,达成性权利和性义务的双向统一。

(4) 隐秘原则:性道德的隐秘原则包括两个方面。其一,除非获得当事人的知情同意,他人不得拍照、录像和传播相关影像资料;其二,性生活的双方应注意隐蔽保密,在公共场所发生性行为有违社会道德。

(5) 尊重原则:《中华人民共和国民法典》第一千零四十三条规定,"夫妻应当互相忠实,互相尊重,互相关爱"。这里提到的尊重不仅是对人格的尊重,也有对性本身的尊重。性道德的尊重原则应体现在宽容他人持有与自己不同观点和态度,尊重他人的观点与信念。

(6) 不伤害原则:两性之间的性行为应当不影响他人的幸福,不影响后代的健康,不影响社会的安定团结和发展。另外,"不伤害"还包括性活动中注意性卫生,使性行为不损害双方的身心健康。

(7) 负责原则:性行为的双方必须对性行为所导致的直接或间接后果负责。男女双方均享有自己的性权利,但同时也必须承担相应的义务与责任。这主要体现在以下三个方面:①为对方负责;②对社会负责,要符合社会规范,有利于良好社会风气的形成;③对性行为的结果负责,包括为对方的健康和后代负责。

2. 性道德的范畴 反映和概括性道德现象的特征、分类及关系的价值观体系,即为性道德的范畴。性道德要研究和阐明与人类的性紧密联系的三个范畴:性与爱情的关系,即爱情观;由性行为所产生的贞洁观;由性行为带来的生育观。

(1) 爱情观:爱情是男性与女性之间发自内心的相互爱慕并渴望对方成为终身伴侣的感情。性的吸引是爱情产生的自然前提,但性与爱情又有本质上的区别。爱情属于人的一种特殊情感,而单纯的性欲只是动物的本能。现代社会的性爱与古代有显著区别:第一,它以互爱为前提,女性与男性地位平等;第二,情爱表达不受压抑,表现得更强烈、更持久;第三,现代爱情的专一性和排他性表现得更为明显。

(2) 贞洁观:指男女双方对爱情坚贞不渝的价值观。贞洁观的提出是符合人类生存发展需要的历史产物,也是对男女双方共同要求的一种美德。现代贞洁观彻底改变了古代对女性片面的性约束,要求人们以正确的价值观看待两性关系,彼此珍视和保持各自的贞洁,提倡两性关系的严肃性。贞洁观对维护家庭幸福、净化社会风气、共建和谐社会具有重要的现实意义。

(3) 生育观:是对人类繁衍生息等问题的态度与观念。当代中国生育观要求把生育的权利与义务统一起来,把生育的意愿同对社会、后代的责任统一起来。要求人们从社会整体公益出发,以社会的利益和要求作为生育动机,避免将生育单纯作为实现个人或家庭目的的手段。

二、性道德与护理

护理是以维护与促进人类健康为己任的工作,人类的性健康问题也同样得到了护理界的关注。在世界卫生组织的定义中,性健康被界定为具有性欲的个体在躯体、情感、知识、信念、行为和社会交往上的健康的总和。性健康要求对性行为和性关系采取积极和尊重的态度,并有可能在没有胁迫、歧视和暴力的情况下获得愉快和安全的性体验。为了获得和保持性健康,所有人的性权利都必须得到尊重、保护和实现。性健康是个体健康的重要组成，在促进个人幸福、维系家庭和谐美满和社会稳定中具有重要价值。性健康涉及医学、教育、心理、社会等诸多学科，护士在维护和促进人类性健康的活动中不仅要提供专业的医疗服务帮助，更要与多学科合作开展全社会的性教育活动，推进性问题研究，护理工作中的性伦理规范已经远远超出了性病护理伦理的范畴。

（一）临床护理中的性道德问题

1. 生殖系统疾病的护理伦理　人体的生殖系统具有生殖、性交的功能，在人类的性活动中扮演着十分重要的角色。长期以来，由于封建社会的"性神秘""性禁锢"等价值观的束缚，生殖系统在国人观念中显得尤为隐晦神秘，很多人谈性色变，认为患有生殖系统疾病是一件羞耻的事情，因此，人们对待生殖系统疾病常常讳疾忌医。然而，护理的职业特点决定了护士在工作中要为患者提供生殖系统护理，如进行生殖系统护理的某些操作时，护士不可避免地需要暴露或接触到患者隐秘而敏感的性器官；有时出于护理评估的需要，也会询问患者有关性的隐私。由于在进行生殖系统疾病护理的过程中，有可能给患者带来极大的心理负担并引发道德伦理纠纷，这就要求护士在生殖系统疾病护理中遵循必要的伦理道德原则。

> **案例 7-1B**
>
> 男患者生殖器被敲打后，自述出现了阳痿症状与体征，四处求医未果，遂将该护士与其所在医院告上法庭，要求赔偿其生理、精神损失及相关医疗费用；同时指出，该女护士不适合从事护理职业，要求医院辞退该护士。
>
> 请回答：
> 1. 该男患者的要求是否合理？
> 2. 医院在这个案例中应承担哪些责任？

（1）以科学的态度对待患者生殖器官的护理工作：护士是一个女性居多的职业群体。历史上无论西方还是东方，女性在性道德规范方面往往处于被动和从属的地位，东西方的性道德观对女性的约束呈现出远较男性更为严厉的特点。这有可能导致女性护士面对男性患者的性器官和性护理问题时遭遇尴尬。女性护士可能难以启齿询问男性患者的性隐私，也有可能遇到男性患者难以控制的阴茎勃起，这些情况都需要护士以科学、严肃、认真的态度对待，冷静妥善地处理，不要惊慌失措，更不得侮辱、责骂患者，也不能因为害羞而省略相应的护理措施或避免询问患者的性隐私，更不能因此而草草结束对患者生殖器官的护理。

（2）保护患者和护士双方的利益：生殖器官是极为敏感和隐私的部位，护士在实施某些生殖器官的护理操作时，有引发性侮辱、性侵犯等法律问题的可能。因此，护士在对异性生殖器官进行护理评估和护理操作时，需要有第三人在场，以避免不良事件的发生，从而保障患者和护士双方的合法权益。

（3）尊重患者的性权利：性权利是人的基本权利之一，是每个人完整人格、人性和人生的统一，包括性健康权、性教育权、性保护权等权利。对人类社会来说，健康的性对个体、人际关系和社会安定和谐是必不可少的。护士在参与患者的治疗决策以及进行与生殖器官有关的护理干预时，注意尽可能地保证患者性功能的完整并维护患者的性权利，维系并促进患者的性健康。

（4）遵守保密原则：保密是临床工作中的重要道德原则，在性医学实践中更是如此。生殖系统疾病经常涉及患者的私人生活和夫妻双方的隐私，关系到患者的生理缺陷和名誉。护士有义务对患者的病情和隐私保密，并承担泄密后的法律和道德责任。在生殖系统疾病护理的过程中能注意保护患者的隐私权，是医护人员基本职业道德的体现。同时，护士也要认识到，隐私权无论在内容上还是在范畴上均受到国家法律和专业伦理规范的约束。

2. 性传播疾病的护理伦理 性传播疾病是通过性行为传播疾病的统称，包括传统性病（梅毒、淋病、软下疳、性病性淋巴肉芽肿和腹股沟肉芽肿）、尖锐湿疣、滴虫病以及1981年报道发现的人类获得性免疫缺陷综合征（艾滋病）等。当前性传播疾病发病率增高，已经成为严重的社会问题与公共卫生问题。由于性传播疾病的发生一般由不洁性交引起，社会性道德对性传播疾病通常持批判的态度，因此，患者常常担心被他人歧视而讳疾忌医。鉴于性传播疾病的特殊性，患有此类疾病的患者往往具有较强烈的羞耻感和负罪心理，以女性患者为甚。另有部分患者会因患病而导致心理扭曲，产生报复社会或"无所谓"的心理，这既贻误个人病情，也不利于控制传染源，阻碍全社会对性传播疾病防治工作的顺利开展。为此，护士在对性传播疾病患者的护理过程中需要注意以下方面：

（1）正确认识性传播疾病：2010—2017年，血源及性传播传染病居中国法定传染病发病率的第二位，死亡率居于首位。在现实生活中，由于对性传播疾病存在某些认识上的误区，导致相当一部分人将性传播疾病与性生活混乱划上等号，事实上这种观点是错误的。性传播疾病除了通过不洁性行为进行传播以外，其传播途径还包括直接接触、医源性、污染的血液与体液及母婴垂直传播，部分性传播疾病的发生还具有一定的偶然性。

（2）不歧视性传播疾病患者：由于性传播疾病的多途径传播、难以治愈等特点，在社会上容易引起人们的恐惧及与之相伴随的社会歧视，原本属于传染病的性病，被赋予了太多道德层面的意义。事实上，性传播疾病患者与其他患者同样都属于护理服务的对象，他们同样有权利得到护士的关怀与照顾。护士在护理性传播疾病患者的过程中不可居高临下地歧视或教育患者，也不能针对患者所患疾病对其冷嘲热讽，更不能粗暴地对待患者。

（3）保护患者隐私：在社会性道德的舆论作用下，性传播疾病患者一般不愿意被人知晓其患病的事实，担心会遭遇家庭关系破裂和社会歧视，也担心影响自己的社会地位与名誉。在这种情况下，护士有义务保护患者的隐私，加强自身修养，对患者的病情资料做到不外传、不宣扬。但是，保密原则是相对的，而不是绝对的。当护士遇到对患者承担的保密义务与对社会健康负责的义务发生冲突的情况时，即如果为其保密，有危及他人或社会公益的可能时，则应综合权衡利弊，严格按照有关规范审慎处理。为有效地解决性传播疾病解密的伦理道德问题，可参考以下原则：若保守秘密可能对他人或社会造成损害，甚至超过解密给患者带来的伤害时，可考虑解密；如解密对患者无害，同时为保护第三方利益必须解密时，可以考虑在一定范围内解密；如果第三方存在严重感染危险，但是患者拒绝向其告知病情时，护士则可以考虑不经过患者同意而告知第三方使其免受感染。

（4）普及性传播疾病防治知识，加强宣传教育：性传播疾病的防治既是一个医学问题，同时也是一个社会问题，因此，宣传教育是预防和控制性传播疾病的重要环节。在实际工作中，护士不仅要对患者个体负责，还有义务对该病的发生和发展进行公益宣传，采取多种方式，全面普及性传播疾病的防治知识，提倡健康、道德的性行为，努力形成全社会共同应对的良好氛围。而针对被人类视为瘟疫的艾滋病，要告知人们艾滋病不通过一般的日常生活接触传播，主要通过无安全措施的性行为、无卫生保障措施的献血与输血以及母婴垂直传播。因此，要在全社会范围内遏制性传播疾病蔓延，遵守性道德、保持单一性伴侣、避免婚外性行为、正确使用避孕套才是治本之策。

3. 人工流产术的护理伦理 据统计资料显示，2015—2019年，全球平均每年发生7300万例（安全和不安全）人工流产，所有妊娠中的3/10（29%）以及意外妊娠中的6/10（61%）

以人工流产方式终止。看似简单的人工流产术，不仅关系到女性的自身健康，还会影响家庭、社会甚至人类的繁衍。因此，有关人工流产术的伦理争论从未停息。但是，当明确胎儿有严重缺陷时，是任其出生，还是采取相应的措施终止妊娠？这种情况可能使人进退两难。总的原则应该取决于胎儿畸形的严重程度、出生后是否有治疗的方法、家庭的经济状况、胎儿出生后的生活质量以及胎儿父母的意愿和宗教信仰。对于产前明确诊断的畸形胎儿，应严格遵循知情选择的基本前提，坚持两个伦理学原则：将患者的利益放在首位和尊重患者自主选择的原则，鼓励孕产妇家庭自行抉择——继续妊娠或终止妊娠。但需要引起注意的是，在这一过程中，护士不得暗示或诱导其选择，注意尊重服务对象的自主选择权。

另外，在为女性实施人工流产时，护士可能会遇到由于婚前或婚外性行为而导致妊娠的当事人，由于没有合法的婚姻作为依托，这些当事人往往承受着巨大的心理压力。护士在协助实施人工流产术的过程中，不可对其发生在婚前或婚外的性行为做出道德评价，也不能流露出任何轻视或挖苦患者的言行，而应该认真配合手术，并在手术结束后对当事人进行有效的心理疏导和必要的性教育，同时要注意保护当事人的隐私权。

> **知识链接**
>
> **中国人工流产的现状及危害**
>
> 我国的人工流产状况不容乐观，人工流产数高居不下。《中国健康卫生统计年鉴》的数据表明，自2014年，我国人工流产数量一直维持在900多万例，2019年高达976万例。另外，基于1997—2017年4次全国生育状况抽样调查数据的分析显示，我国已婚育龄妇女人工流产发生风险逐步下降，但生育子女数越少，人工流产风险越高，且近期生育二孩女性人工流产风险明显上升。值得关注的是，近年来，未生育者婚前人工流产比例持续升高，青少年的性与生殖健康问题仍然严峻。
>
> 人工流产无论是对女性还是对胎儿来说都是一种打击和伤害。人工流产的可能危害包括：①术后宫腔积血；②术后子宫穿孔；③术后感染；④不全流产；⑤不孕等。

4. 胎儿性别鉴定的护理伦理 胎儿性别鉴定是判定与性别有关的遗传病从而进行选择性流产以达到优生目的的重要措施。通过胎儿性别鉴定，可以阻止性连锁遗传性疾病的发生，如红绿色盲、血友病等X染色体连锁的隐性遗传疾病。但在我国许多地区，由于受到"重男轻女"和"传宗接代"等传统观念的影响，不排除一些正常妊娠的夫妇将胎儿性别鉴定作为胎儿取舍的依据。然而，这种非医学目的的胎儿性别鉴定可造成严重的社会后果。一方面，会引起社会男女比例失调，进一步引起其他社会问题；另一方面，也可能导致人工流产术的滥用，甚至导致畸形胎儿的增多，因此非医学目的的胎儿性别鉴定，违反男女性别的自然比，势必给家庭、社会带来严重的威胁和损害，是有悖于伦理道德原则的。

我国和世界上大多数国家明令禁止非医学需要的性别鉴定和选择性别的人工终止妊娠行为。自2002年9月1日起施行的《中华人民共和国人口与计划生育法》就明确规定，严禁利用超声技术和其他技术手段进行非医学需要的胎儿性别鉴定，严禁非医学需要的选择性别的人工终止妊娠；2005年，我国已经将鉴定胎儿性别和选择性别的人工终止妊娠手术作为打击非法行医行动的重点；2006年，国家发布《卫生部关于严禁利用超声等技术手段进行非医学需要的胎儿性别鉴定和选择性别人工终止妊娠的通知》；2016年，国家发布《禁止非医学需要的胎儿性别鉴定和选择性别人工终止妊娠的规定》；2018年，国家又发布《关于严禁非法使用超声诊断仪开展"胎儿摄影"活动的通知》，力求保护妇女儿童权益，促进出生人口性别结构平衡，促进人口均衡发展，维护社会和谐稳定。总之，基于当代性道德观所倡导的"男女平等"，要求护士严格遵守国家相关法规，仔细查验和登记受检者身份，坚决抵制非医学需要的胎儿性别鉴定。

5. 变性手术护理的伦理道德　变性手术是针对易性症患者进行的性别重塑整形外科手术。易性症是一种由持续的生物性别与心理性别的严重不协调导致的性别身份障碍性疾病，患者深信自身为异性，强烈要求通过激素、变性手术等改变性别解剖结构及性征，直到获得期望的性别，否则因性别身份矛盾而极度痛苦，情况严重者，甚至产生自残和自杀的想法。数千年来根深蒂固的男女有别的伦理观念，使大众易将"性别"和"性"相混淆，对"易性症"这样的名词持有负面印象，使易性症患者在社会上难以得到人们的接受和尊重，这个特殊人群常常遭受歧视和嘲讽，甚至被说成"品行不端"或"道德颓废"。变性手术更是触及了一系列敏感而千古未变的人伦之理，引来了包括医学界在内的广泛争议。

反对开展变性手术者指出，变性手术改变了大自然赋予人类的性别规律，干扰了人们的正常生活，从根本上违反了人的自然本性，是不可以接受的。变性后其社会角色与家庭关系均发生改变，由此将涉及医疗、法律、伦理等诸多领域的问题，容易造成伦理困境。而赞同者则认为，既然易性症本质上是一种疾病，患者就应该得到帮助，医护人员应本着治病救人的原则，从人道主义的立场出发，达成患者的心愿。2017年，我国公布了《性别重置技术管理规范》，该规范包含了对开展变性手术的医疗机构基本要求、医疗人员基本要求、医疗技术管理要求等方面的内容，在法律层面肯定了变性手术的合法性，保障了我国易性症患者获取更安全、有效、体面的医疗服务的权利，但是许多拟接受变性手术的易性症患者仍旧对此望而却步。

护士在参与变性手术及其护理的过程中，应首先得到患者的知情同意，告知变性手术的潜在危险以及将来可能面临的一系列社会难题，使患者在充分知情的前提下审慎地做出抉择。其次，护士要与其他医务人员紧密合作，严格控制和审查变性手术的适应证，尽可能地减少不必要的变性手术所带来的法律和社会伦理纠纷。最后，护士在为患者提供护理的过程中，要尊重患者隐私，保守患者秘密，给予患者足够的心理辅导，帮助患者尽快适应术后的角色，顺利回归社会。

6. 临床中的其他性护理道德问题　在临床工作中，护士还可能遇到露阴癖、窥阴癖、恋物癖等性心理障碍者，他们共同的特征在于其性心理或性行为明显偏离正常，并以这种性偏离作为性兴奋、性满足的主要或唯一方式。性心理障碍的发生有着复杂的生理、心理和社会因素，目前对性心理障碍患者的治疗主要包括心理和精神治疗两个方面，同时辅以药物治疗缓解患者的焦虑或抑郁情绪。护士在护理这类患者时，不能流露出任何的歧视和嘲笑，而应以平等的态度对待患者的治疗和护理，对其心理的痛苦给予同情和关心，并适时地给予患者心理辅导和支持，引导患者正确认识疾病、积极配合治疗、应对生活，帮助患者回归社会，同时对患者的隐私保密。

（二）社区护理保健中的性道德问题

1. 婚前保健服务　婚前保健服务是对准备结婚的男女双方，在结婚登记前所进行的婚前医学检查、婚育健康指导和咨询服务。《中华人民共和国民法典》已经没有对登记结婚的男女双方进行强制婚前检查的规定，但规定一方患有重大疾病的，应当在婚前如实告知对方；不如实告知的，另一方可以向人民法院请求撤销婚姻。是否接受婚前检查完全由男女双方自主决定，但是婚前检查仍然是选择婚姻登记的男女双方在婚前可采取的全面、系统的健康防护。通过婚前医学检查，能及早发现影响婚育的疾病，维护男女双方健康权益，保障母婴健康，促进家庭幸福和谐。《中华人民共和国基本医疗卫生与健康促进法》明确将婚前保健纳入基本医疗卫生服务。《健康中国行动（2019—2030年）》明确将"主动接受婚前医学检查"纳入评估指标体系，将婚前医学检查作为重点任务之一，列入妇幼健康促进及健康知识普及专项行动。

首先,婚前检查有利于未婚夫妇双方和下一代的健康,该检查是对未婚男女一次系统全面的健康"盘点",可以发现平常容易被忽略的遗传性、传染性疾病甚至是重大的脏器疾病。通过检查,双方可在专家指导下采取相应措施,根据情况可暂缓结婚;或能结婚但不宜生育;或能生育但怀孕时要及时做产前胎儿诊断,避免疾病对配偶和下一代的伤害。其次,在检查的同时还要对当事人进行必要的性教育、避孕及优生优育的宣教和咨询,从而促进家庭的和谐幸福和下一代的健康。最后,根据我国《婚前保健工作规范(修订)》的相关规定,在对女性进行婚前医学检查时,除处女膜发育异常外,严禁对其完整性进行描述,因此护士应该坚决拒绝男方当事人提出的对女方处女膜完整性的检查要求。

2. 性道德教育 性道德教育是性教育的核心,也是道德教育的重要组成部分。随着西方文化影响面的扩大、影响程度的加深,我国传统的性道德观念受到不小的冲击,性观念和性行为更为开放,成为当今社会关注的一个重要问题。这些变化给性道德教育工作者带来了较大的挑战。性道德教育要求教育提供者通过性知识讲解、性问题咨询、性行为塑造等一系列活动,帮助个体掌握科学正确的性知识,形成正确的性态度和性道德观,培养健康的性心理和性行为并最终实现个体性生活的和谐圆满。在全球艾滋病防治形势日趋严峻的当代社会,性道德教育对于维护人类健康、促进社会和谐具有重要意义。

(1) 性教育内容:性教育内容包括以下方面。①性知识教育:分为性生理知识和性心理知识。②性态度教育:如两性角色及两性关系的教育。③性道德教育:如恋爱与两性关系中的性道德标准。④对健康负责的性态度和性行为的培养。

(2) 性教育原则:性教育的内容敏感而隐秘,在国人"耻于公开谈性"的社会背景下,性教育的开展有一定难度。这就要求护士掌握适当的方式方法,并注意遵守以下伦理原则。①科学性原则:护士应严肃认真地对待性教育,对大众的各种"性"问题给予科学和正面的解答,做到不回避、不夸张、不臆测。②不评判原则:护士在进行性教育的过程中,要摒弃偏见,以客观公正的态度面对受教育者,避免评论受教育者已有的性价值观,切忌将性教育演变成为单纯的道德说教和价值判断。③平等原则:护士应认识到许多性问题的发生往往源于不平等的两性关系与两性权利,在处理有关性的问题时,护士应树立两性平等的意识,倡导建立和谐自然的两性关系。④尊重和理解原则:护士必须理解受教育者的道德观和生活态度,才能达到有效交流,收到良好的健康教育效果。护士要敞开心扉,认真倾听受教育者的问题与想法,以平等尊重的态度引导和帮助受教育者提高认识、解决问题,同时要根据受教育者的文化习俗特点选择适合的健康教育方式。⑤进化原则:人类的性发展史是一部不断从野蛮走向文明的历程,护士要与时俱进,以进化观看待和处理性教育中的问题,向大众宣传和倡导积极、健康、负责的性行为。

随堂测 7-1

(三) 性护理研究中的道德问题

随着现代性医学学科的发展及其专科地位的确立,以及护士角色范围的逐渐扩大,护士参与或开展性医学、性护理学的研究成为可能。性医学、性护理学研究以大众为研究对象,以两性关系与行为作为主要的研究内容。首先,护士在参与实施性医学、性护理学研究的过程中,应妥善地使用各种含有"性"的资料,注意"性"资料使用的场合及对象,避免被某些怀有不良用心的人利用导致流入其他领域成为淫秽品。其次,护士不能与被研究者有任何形式的性接触,不接受被研究者的性暗示和性要求。最后,护士要注意保护研究对象的隐私,无论何种情形,均不得泄露其隐私。护士在公布其研究成果时尤其要注意研究对象匿名的原则,不泄露任何可能损害研究对象隐私权的资料。

(王盼盼)

第二节 人类辅助生殖技术的伦理道德

随着医学的发展和社会的进步，人类对自身的生育现象及其社会影响有了更加深入的认识。人类辅助生殖技术（human assisted reproductive technology，ART）指采用医疗辅助手段帮助生育障碍的夫妇妊娠的技术，主要分为人工授精和体外受精-胚胎移植及其衍生技术两大类。无数不孕不育家庭因人类辅助生殖技术的应用看到光明和幸福，但这项技术在实际操作过程中尚存在诸多充满争议的社会伦理问题。在尊重人的权利和尊严的前提下，如何处理生殖技术所引发的伦理困境，是摆在人类面前的重要课题。

一、人类辅助生殖技术概述

人的自然生殖过程由性交、输卵管受精、自然植入子宫、子宫内妊娠、分娩等步骤组成。人类辅助生殖技术是运用现代科学技术代替自然生殖的某一个步骤或全部步骤的人工生殖方法，目前，人类辅助生殖技术主要有人工授精、体外受精和无性生殖。

1. 人工授精 人工授精（artificial insemination）是通过非性交的人工方式将精液注入女性子宫以达到受孕目的的生殖技术，主要解决男性不育症引起的生殖障碍问题。根据精子来源的不同可以分为夫精人工授精和供精人工授精两类。夫精人工授精技术（artificial insemination by husband semen，AIH）是将丈夫的精液取出后注入妻子体内的授精方式，主要适用于因生理或心理原因不能通过性交授精的男性，也适用于因宫颈免疫因素难以受精的女性。供精人工授精技术（artificial insemination by donor semen，AID）是将丈夫以外的供精者的精液注入女性体内的方法，适用于男性无精症或不适宜生育的男性遗传病患者等。

2. 体外受精 体外受精（external fertilization）是指从女性体内取出卵细胞，在器皿内培养后，加入经技术处理的精子，待卵细胞受精后，继续培养，到形成早期胚胎时，再转移到子宫内着床，发育成胎儿直至分娩的技术，又称试管婴儿（test tube baby）。体外受精主要可以解决由女性不孕症引起的生殖障碍问题，如对于因输卵管阻塞、损伤而导致不孕的妇女，体外受精是唯一的生育方法，另外还可以使用供体卵解决女性无卵的问题。

> **知识链接**
>
> **世界首例试管婴儿与基因筛查试管婴儿的诞生**
>
> 1978年7月25日，世界上第一例试管婴儿路易斯·布朗（Louise Brown）在英国奥德姆总医院诞生。路易斯的母亲由于异位妊娠输卵管损伤而不孕，寻求医学帮助。剑桥大学的生理学家爱德华兹（Edwards）和妇产科医生斯特普托（Steptoe）取出路易斯母亲的卵细胞，并与路易斯父亲的精子在培养皿中进行体外受精而形成前胚胎，然后再植入路易斯母亲的子宫内，路易斯的母亲之后与正常怀孕无异，妊娠直至足月，剖宫产下了一个健康女婴，活泼可爱，就是路易斯·布朗。1982年，路易斯母亲又通过试管婴儿技术拥有了第二个孩子。2004年路易斯结婚，2006年自然怀孕分娩产出一个健康男婴。
>
> 2013年5月18日，一个名叫康纳·列维的健康男婴在美国宾夕法尼亚州诞生，由于他是世界首例通过基因筛查的试管婴儿，从而引发了媒体的关注。该婴儿的父母将接受体外受精的胚胎细胞寄给了牛津大学的医学专家，后者对细胞进行了基因筛查，以确认是否存在染色体异常或缺失。根据筛查结果，美国的医生将染色体正常的胚胎移入其母体的子宫中，这名男婴因而诞生。

体外受精技术自1978年诞生之日起，在很多国家得到了蓬勃发展，截止到2018年，全世界试管婴儿已经超过800万名。体外受精的精卵结合有四种组合方式：丈夫的精子与妻子的卵细胞，丈夫的精子与供卵者的卵细胞，妻子的卵细胞与供精者的精子，供精者的精子与供卵者的卵细胞。因此，体外受精技术可导致5种父母亲的出现：遗传父亲、养育父亲、遗传母亲、养育母亲和代理母亲。

3. 无性生殖 无性生殖又称克隆繁殖（cloning propagation），是通过细胞融接技术，利用简单低级生物的细胞分裂繁殖形式，代替高等生物生殖全过程的生殖方法。克隆的特征主要包括：①亲、子代遗传物质完全相同，具有相同的基因。②克隆可产生多个具有相同遗传物质的新个体，克隆技术也因此被称为生物放大技术。

长期以来，人们普遍认为高等动物的生殖必须采用有性生殖的方法。直到1997年英国科学家伊恩·威尔穆特（Ian Wilmut）宣告克隆羊"多莉"的诞生，高等动物也能以无性生殖的方式繁衍后代这一论点得到证实，这标志着人类应用克隆技术复制哺乳动物的最后技术障碍已被突破，同时也意味着人类距离"克隆人"（cloned human）的诞生已经近在咫尺。与人相关的克隆技术目前主要有三种：基础研究性克隆、治疗性克隆和生殖性克隆。通常所说的"克隆人"即指生殖性克隆。为满足科学研究及医学进步需要而开展的研究性与治疗性克隆，在部分国家已经得到一定限度的允许，但是生殖性克隆则遭到包括我国在内的世界上大部分国家的反对。在2002年的联合国大会上，我国发言人明确表明"坚决反对克隆人"的立场，原卫生部也明确提出"医务人员不得实施生殖性克隆技术"。

4. 胚胎植入前基因诊断 胚胎植入前基因诊断是在显微镜下从体外受精卵发育至6～8个细胞期的胚胎中，活检1～2个卵裂球细胞或直接获取受精前后的极体，通过聚合酶链反应或荧光原位杂交技术，进行快速遗传学诊断，选择正常胚胎植入子宫内，从而获得健康胎儿，也被称为"第三代试管婴儿技术"。

针对这一技术，赞成者认为，胚胎植入前基因诊断是辅助生殖技术与遗传学诊断技术相结合而形成的一种孕前诊断技术，它既为遗传病高危女性提供了较大的选择范围，又能在胚胎发育的最早阶段发现遗传病，避免了早期或中期妊娠后再进行产前诊断给孕妇带来的治疗性流产的巨大身心创伤；还可避免因绒毛取样、羊膜腔穿刺、胎儿脐带穿刺等手术操作技术所带来的出血、流产、宫腔感染等并发症的危险。

反对者将人类辅助生殖技术与自然受孕的情况相互对比后指出，人在自然受孕时，胚胎植入母体子宫是随机分配、自然选择的结果，因此利用人类辅助生殖技术的父母不应该拥有选择胚胎的特殊权利，否则就违背了自然选择的规律，势必对人类的进化与发展造成不良影响。

总之，胚胎植入前的基因诊断作为一种超早期的产前诊断，可以明显降低婴儿罹患严重遗传疾病的风险，使夫妻双方、后代、家庭、社会等各个方面均受益。因此，尽管存在一定的争议，胚胎植入前基因诊断符合人类辅助生殖技术的基本伦理要求。

二、人类辅助生殖技术的伦理价值

由于受到生物、心理、环境等诸多因素的影响，人类的不孕不育症发病率呈现逐年上升的趋势。不孕不育症不仅严重影响到个人及家庭的正常生育问题，继而会对生育关涉的所有方面产生影响，如生育技术、生育文化、生育伦理、生育法律乃至社会的和谐安定等。当代生命科学技术的发展使得人类辅助生殖技术（ART）在生物和社会各个层面都逐渐走向成熟，为解决具有社会意义的生育问题提供了重要选项。

1. 治疗不孕不育，促进家庭的和谐与稳定 我国目前育龄人群出现不孕不育的比例日趋增高，这一现象正在悄然地演变成一个严峻的社会问题。受我国传统的传宗接代这一观念的影响，多数家庭盼子心切，这使得患有不孕不育症的家庭承受着巨大的心理压力。人类辅助生殖技术的出现是对人类自然生殖方式的突破，体现了人类科学技术的巨大进步和人类对生殖的控制能力的提高，技术的进步给许多不孕不育家庭带来了生育的希望，让他们同样享受到为人父母的天伦之乐。

2. 实现优生优育，筛查和预防遗传性疾病 目前，人类发现的遗传病多达4000余种，这些遗传疾病具有先天性、遗传性、终身性、难治性等诸多特点。据报道，我国先天残疾人口高达几千万，每年还要新增先天遗传缺陷人口20余万。另外，我国人口基数大，遗传病患者数居世界之首，因此，选优汰劣、实行优生势在必行。人类辅助生殖技术的发展，为具有遗传缺陷的育龄夫妇对供精、供卵、供胚或植入前胚胎进行遗传学诊断，切断导致遗传病发生的异常基因向后代传递的传播途径，成为优生优育的有力保障手段。

3. 提供生育保险 输精管结扎和输卵管结扎是我国目前主要的绝育手段。人类辅助生殖技术能帮助应对夫妻绝育后可能遇到的子女夭折情况，使夫妻恢复生育能力，具有生殖保险作用。此外，人类辅助生殖技术的生殖保险作用也适用于参战士兵、从事高危职业的人群，他们可利用生殖细胞冷冻技术，将生殖细胞或受精胚胎冷冻保存，以备不时之需。

三、人类辅助生殖技术的伦理问题

1978年世界首例试管婴儿的诞生被誉为继心脏移植手术成功后20世纪医学史上的又一个伟大奇迹，激发了全球众多国家对这一高新技术的研究热潮。但是，由于人类辅助生殖技术在时间和空间上都突破了传统生殖技术，改变了人类的生育行为和生育观念，给社会和家庭带来了巨大的冲击，引发了一系列的伦理问题，其发展面临着严峻的伦理挑战。

1. 导致生育与婚姻分离 婚姻关系是男女双方为共同利益而自愿终身结合，互为伴侣，彼此提供性与经济上的满足以及生儿育女的契约关系。而人类辅助生殖技术在临床上的运用却向人们传统的婚姻家庭观念提出了挑战，引发了观念上的冲突。在东西方文化发展的历史长河中，孩子一直被视为联系夫妻双方血缘关系的纽带，是夫妻血脉继承和婚姻关系稳固的基石。在现代社会，孩子更被视为爱情与婚姻结合的体现，是夫妻双方爱的结晶。但是，人类辅助生殖技术的出现却改变了人类的自然生殖方式，可能产生第三方基因介入核心家庭的问题，这在一定程度上切断了婚姻与生育的必然联系，可导致相应的家庭危机与伦理困境。中华民族的传统道德将生儿育女看作婚姻的永恒纽带，然而人类辅助生殖技术可能使育龄女性片面地认为无需婚姻关系的缔结就可以满足生育的愿望，在一定程度上破坏了婚姻、家庭关系。当然，如果人类辅助生殖技术是在夫妻双方自愿且知情同意的情况下发生，并对他人和社会无任何损害，则既能满足双方拥有下一代的愿望，也有助于维护夫妻间彼此对爱情的忠贞和婚姻生活的稳定幸福。

2. 与传统家庭观念相互冲突 在传统的家庭模式中，其家庭与亲子关系靠血缘关系维系。人类辅助生殖技术的出现，打破了这种传统的血缘关系，使家庭关系变得复杂，出现了令人忧虑的家庭模式多元化。

（1）多父母家庭：人类辅助生殖技术使传统父母与子女间的生物学联系（即血缘关系）发生分离，异源性人工授精、异源性供卵以及体外受精的孩子可能拥有多个父母，包括遗传父母（提供精子和卵细胞的父母）、养育父母，这使得亲子关系变得混乱而难以梳理。人们的传统观念往往强调亲子间的遗传关系，认为遗传父母才是孩子的真正父母，只有那些与父母拥有直系血缘关系的孩子才拥有法律上承认的继承权。因此，外源基因的侵入，给人们传统秉持的家庭观念带来了巨大的冲击，原有的核心家庭模式在一定程度上被打破。人类辅助生殖技术出现后，相关伦理与法律层面上的讨论从未停息。我国大多数专家建议以法律的形式确认养育父母为孩子的真正父母，同时确认通过人类辅助生殖技术孕育的孩子和婚生子女享有同等的地位。世界上多数国家（包括我国在内）认为血缘与遗传关系不得高于养育关系，而且在立法上肯定养育父母是法律和道德上的合法父母，主张养育比遗传关系更重要，比提供胚胎发育的场所更重要这一基本论点。

(2) 不婚单亲家庭与同性恋双亲家庭：人类辅助生殖技术的发展使得下列情况成为可能——单身男士通过找人代孕获得与自己有血缘关系的子女，单身女性通过人工授精技术成为单亲母亲；男同性恋者或女同性恋者也可以利用辅助生殖技术摆脱不能生育的遗憾，组建同性恋双亲家庭。可见，供体精液人工授精可能出现的不婚单亲家庭与同性恋家庭切断了生儿育女与家庭之间的必然联系，亲子代际之间的血缘纽带被割断，容易使人对传统的婚姻、家庭价值产生怀疑。另外，这部分人群进行辅助生殖技术的诉求该如何受理，不同学者也给出了不同的回应。持赞同观点的人士认为，这部分人群有选择独身、放弃婚姻的权利，同时也有要求生育的权利；而反对者则从社会伦理及孩子成长环境的角度分析，认为缺少父亲或母亲的家庭是残缺的家庭，孩子在这样的单亲家庭或同性恋家庭中长大，对其身心发展不利。因此，许多国家主张禁止或限制单身男性或女性的辅助生殖请求，我国于 2003 年颁布的《人类辅助生殖技术规范》中也明确禁止对单身女性实施辅助生殖技术。

3．精子、卵细胞和胚胎的商品化问题　随着人类辅助生殖技术的发展，精卵细胞以及胚胎由于"供需关系"的存在而出现了商品化的倾向。人工授精与体外受精所需的精子、卵细胞甚至胚胎从隐姓埋名的"捐精捐卵"演变成目前网络上的"卖精卖卵"，精卵细胞与胚胎的商品化倾向日益明显。以精子的商品化问题为代表，伦理学对其商品化问题展开了激烈的讨论。

有人认为：①精子和血液一样具有再生性，适量采集对人体没有损害，精子完全可以和血液一样商品化。②精子商品化得到允许后，一些"地下"状态的精液交易可以"见光"，这有利于政府和有关部门制订措施加以规范管理，保证供精的质量。③精子的商品化也是解决当前人类辅助生殖技术精子不足现状的有效措施。

针对生殖细胞的商品化问题，大多数人持反对态度。反对者认为：①提供精子满足不孕夫妇的生育愿望，这蕴含着深刻的人道主义精神，"以精换金"的行为与这种精神相背离。②精子的商品化可能会促使某些供精者隐瞒自身的遗传缺陷或传染病，而精子库等中介机构由于一味地"逐利"而忽视精子质量，从而影响后代的身体素质，破坏人类优生。③精子的商品化可能导致同一供精者反复多次供精，也不排除某些机构为追求高质量反复多次地提供同一份精子，这一方面可能影响人类基因库的多样性；另一方面也可能导致较多同父异母的兄弟姐妹的诞生，埋下了血亲通婚的隐患。为此，我国法律明确规定，同一供者的精子或卵子最多只能提供给 5 人次实施人类辅助生殖技术。④如果敏感的性细胞买卖都能被允许，那么人体的其他器官、组织是否也可以成为商品而自由买卖呢？一旦人体器官成为商品，人类将沦为彻底的"商品人"，这是对人性的极大亵渎。⑤精子的商品化可能加重社会分配不公。配子一旦商品化，高收入群体无疑是这种交易的主要受益人群，而低收入人群则有可能承受一定的身体伤害的风险。例如，育龄女性无节制地反复提供卵细胞，可能引发卵巢过度刺激综合征，对自身健康有较大危害。⑥精子商品化不可取，但无偿捐精是可行的，也是可以接受的。无偿供精与无偿供卵符合伦理道德的人道主义原则，人们普遍对这一行为表示支持和赞同。

目前，大多数国家倾向通过立法禁止精卵细胞及胚胎的商品化，如英国政府规定"医疗机构根据供体自愿和知情同意原则获取捐赠的精卵细胞，对捐赠者只能支付与医疗有关的花费"；澳大利亚政府明确表示"禁止出售精子、卵细胞与胚胎"；我国大陆地区也已颁布相应条例禁止精子、卵细胞和胚胎的商品化。

4．无主胚胎的伦理问题　人类辅助生殖技术的发展面临的棘手伦理学问题是基于技术对受精卵或胚胎的操作。这种操作是否符合伦理原则？应用人类辅助生殖技术时，在促排卵药物的作用下，一次采卵可获得多个卵细胞，体外受精成功后可形成多个早期胚胎。通常情况下，并非所有的受精卵或胚胎均被植入子宫内，剩余的胚胎将得到冷冻保存留作日后使用，那么，剩余胚胎的伦理地位又如何呢？这些剩余胚胎可否用于科学研究或继续生存呢？以上这些问题的核心在于受精卵或胚胎究竟是不是人，针对这个问题存在两种截然不同的回答。

一种观点认为胚胎是人，受精卵是人的开始。因此，应该尊重他们，不得把胚胎作为工具与手段来使用，不得伤害胚胎或任意处置。而且，冻存胚胎也可以长期留存作为生育保险。目前世界上对冻存胚胎的保存期限没有达成共识，各国规定也从 1～10 年不等。但是保存期限一旦到期，如何处理冻存胚胎又成为了伦理难题。究竟谁有权利处理这些胚胎？受试者夫妇抑或是医护人员？在实施人类辅助生殖技术的过程中，夫妻双方中一方或双方死亡后胚胎应如何处理？我国法律规定，"不育夫妇对实施人类辅助生殖技术过程中获得的配子、胚胎拥有其选择处理方式的权利""配子和胚胎在未征得不育夫妇知情同意的情况下，不得进行任何处理，更不得进行买卖"。但针对一些细节问题，我国还没有较为明确的相关规定，而医疗机构也不能擅自处理这些废弃的胚胎。实施人类生殖辅助技术并同意冻存胚胎的夫妇需签署冻存胚胎处置知情同意书，而部分夫妇并未执行，生殖机构也无法与其联系以获知其对冻存胚胎的进一步处理意见，这些胚胎即为"无主胚胎"。无主胚胎是不孕不育夫妻经人类生殖辅助技术成功生育后的剩余胚胎，目前无主胚胎的属性、处置权及处理方式都存在分歧。

理论上无主胚胎可以被保存数百年乃至数千年，这意味着兄弟姐妹之间可以相隔数代后才出生，这势必会引发生命伦理问题。胚胎已是一个完整的生命体，有生命现象，任何人没有权利剥夺其生存权，因此，争抢胚胎是对其生命伦理的挑衅。而对冷冻胚胎随意处置，是违反良知和质疑生命的行为，应当善待和尊重冷冻胚胎。无主胚胎已引起广泛的社会伦理问题，人性核心、大众普遍接受和遵从的文明道德开始歪曲。胚胎在没对社会、母体和其他人的利益造成伤害时应该受到尊重。另外，若胚胎父母未给出关于胚胎处置的书面意见，或长时间未与生殖中心联系，在生殖机构竭尽全力联系胚胎所有人仍然一无所获的情况下，胚胎父母的表现即是道德缺失且有悖社会伦理的行为。

四、人类辅助生殖技术的护理伦理原则

护士在参与人类辅助生殖技术的过程中，要以国家相关道德伦理法规为准绳，如《人类辅助生殖技术规范》《人类辅助生殖技术和人类精子库伦理原则》等，严格遵守以下七个伦理原则：

1．知情同意原则 人类辅助生殖技术必须在夫妻双方自愿同意并签署书面知情同意书后方可实施，接受人类辅助生殖技术的夫妻在任何时候都有权终止该技术的实施，并且不会影响对其今后的治疗与护理。护士应该履行解释说明的义务，告知接受辅助生殖技术夫妇相应的程序、风险、成功的可能性、接受随访的必要性等信息，供不孕不育夫妇权衡利弊和抉择。护士应保证实施人类辅助生殖技术夫妻的个人自主权利。

受传统家庭文化的影响，家庭关系中的个人永远是家庭中的个人，夫妻永远是家庭中的成员。当遇到是否接受生殖技术的重大决策时，家庭决定必然要发挥其无法替代的作用，因此知情同意的夫妻也可能受家庭文化的影响，生育看似夫妻之间的决定，在我国却是整个家庭的决定。因此，不孕不育症患者是否需要医疗和护理，是否要采用人类生殖辅助技术，护士应经医院批准并征得患者本人或其家属同意，应在充分尊重患者本人知情权和自主权的前提下，由亲属或家庭成员共同决定。护士应思考中国传统文化和特殊国情，也要考虑现代社会患者多元化的需求。

2．有利原则 护士在参与辅助生殖技术方案形成的过程中，应积极提供不孕不育夫妇病理、生理、心理及社会方面的技术支持，有义务告知目前可供患者选择的治疗手段、利弊及其所承担的风险，协助制订最有利于患者的技术方案；同时不执行任何以多胎和商业化供卵为目的的促排卵措施。

3．保护后代原则 为保障人类辅助生殖技术所孕育后代的家庭及社会地位，原卫生部规定通过辅助生殖技术孕育的后代与自然受孕分娩的后代享有同样的法律权利和义务。护士有义务告知不孕不育夫妇这些相关规定与要求。护士禁止参与任何不符合伦理道德原则的人类辅助生殖技术，不得参与实施代孕技术或胚胎赠送助孕技术等。

保护后代的原则顾及了人类辅助生殖技术本身的可靠性和该技术所生育后代生理发育的健康情况，人类辅助生殖技术对非遗传学后代将来在社会关系中可能遭到的心理伤害和社会压力也需要评估和预防。如有证据表明实施人类辅助生殖技术将会对后代产生严重的生理、心理和社会损害，护士有义务停止该技术的实施。

保护后代原则有利于使应用人类辅助生殖技术所生育的后代健康成长，也可防止将来通过此类技术生育的后代近亲通婚的危险。人类辅助生殖技术结合其他医学的检测途径可以清楚地认知通过该技术所产生的胚胎是否健康，也就是说，可以很明晰地分辨胚胎早期发育是否会产生后代生理性的某些疾病或损害，但对于该技术所生育的后代是否有心理和社会的损害，是无法用技术手段检测的。因此，护士可以通过护理程序，充分评估是否存在违背此原则的可能性。

4．社会公益原则 护士不得参与对单身女性、近亲夫妇以及对不符合国家人口和计划生育法规规定的夫妇实施人类辅助生殖技术，不得参加非医学需要的性别选择和生殖性克隆技术，不得参加违反伦理道德原则的配子和胚胎实验研究及临床工作。护士要恪守道德准则，禁止实施生殖性克隆技术与异种后代繁殖技术。

5．保密与互盲原则 保密原则可防止纠纷，在保护受方及其非遗传学后代隐私等方面发挥积极作用。护士在实施人类辅助生殖技术之前、中、后的全过程必须对供、受体的信息严格保密，供方与受方夫妇应保持互盲；供方与实施辅助生殖技术的医护人员保持互盲；供方与受方后代之间保持互盲。这对健康有序地开展人类辅助生殖技术，减少不必要的医疗法律纠纷，保护当事人各方的权益是至关重要的。用这种方法实现保密原则，主要目的是：保护孩子防止受到侮辱和非难，防止供者要求家长权利，有利于医生和医学经济的发展，同时也要保护父母不孕不育的隐私权，因为他们担心孩子会抛弃非遗传学的父母。从现实来看，这种做法符合供者、受方夫妇以及医务人员三方面的利益诉求。另外，《人类辅助生殖技术和人类精子库伦理原则》中没有明确的问题，也值得思考：对于通过供精的方式实施人类辅助生殖技术所生育的后代，是否有权知道其生物学父亲的身份并寻找其生物学父亲？如果他们没有机会或可能性获得与自己身世相关的信息，是不是侵犯了这些通过供精的方式所生育后代的知情权？护士是否应该告知供精方式生育的后代有关方面的信息？

6．严防商业化原则 《人类辅助生殖技术和人类精子库伦理原则》中指出，供精、供卵只能是以捐赠助人为目的，禁止买卖，但是可以给予捐赠者必要的误工、交通和医疗补偿。此规定要求捐赠者要本着医学人道主义的精神，帮助不孕不育症患者。同时，防止其他人体器官的商业化倾向。但是，在经济利益的驱使下，精子、卵子、胚胎等遗传物质已经出现了商品化趋势，人体的其他器官也存在着买卖的现象。严防商品化的结果，导致捐赠精子、捐赠卵子的人数非常少，使得我国部分地区的人类精子库出现精子不足的现象，很多需要做人类辅助生殖技术的不孕不育症患者，因为没有精子或卵子而苦等很多年，甚至错过了实施该技术的合适年龄。所以，在严防商品化的同时，如何调动供精者的积极性，也是护士在明确伦理原则时应考虑的。

护士要协助医生严格掌握辅助生殖技术的适应证，控制适用范围；同时要积极宣传供精、供卵的助人目的，反对买卖生殖细胞的各种商业行为，更不得受利益驱动滥用人类辅助生殖技术。

7．伦理监督原则 伦理监督原则应有充足的专业人员参与，在实践操作中，生殖伦理委员会在经济和隶属关系上不应依附于实施生殖技术的医院，保证伦理监督的严肃性、客观性和公正性。《人类辅助生殖技术和人类精子库伦理原则》指出：实施人类辅助生殖技术的机构应建立生殖医学伦理委员会，并接受其监督和指导。生殖伦理委员会应由医学伦理学、心理学、社会学、法学、生殖医学、护理学专家和群众代表组成。此规定为预防人类辅助生殖技术在实施过程中的不合医学目的原则提供了好的方向和管理模式。从利益角度而言，生殖技术中心和生殖伦理委员会不应属于利益共同体，应保证伦理监督的公平和客观。

从事人类辅助生殖技术工作的护士要积极配合生殖医学伦理委员会的各项工作，自觉接受来自生殖医学伦理委员会的指导和监督。

小 结

1. 性道德的基本原则包括自愿原则、婚姻缔约原则、爱的原则、隐秘原则、尊重原则、不伤害原则和负责原则。

2. 护士在临床护理工作中为患者提供生殖系统相关疾病的护理时，要遵守以下行为准则：①以科学的态度对待患者生殖器官的护理工作；②保护患者和护士双方的利益；③尊重患者的性权利；④遵守保密原则；⑤不歧视、不伤害患者的生理及情感；⑥重视健康教育，增强人们的健康意识。

3. 护士在参与人类辅助生殖技术的过程中，要以国家相关道德伦理法规为准绳，严格遵守以下七个伦理原则：①知情同意原则；②有利原则；③保护后代原则；④社会公益原则；⑤保密与互盲原则；⑥严防商业化原则；⑦伦理监督原则。

思考题

1. 随着人们生育年龄的推迟和生活压力的增大，人类生育力总体呈下降趋势。围绕"辅助生殖"的话题越来越热，相应的医疗需求也逐年增多。人类辅助生殖技术的应用不仅能成功解决诸多家庭不孕不育等难题，而且也能促进医学研究、临床研究和护理实践的相应发展。护士在参与人类辅助生殖技术的过程中，要以国家相关道德伦理法规为准绳，如《人类辅助生殖技术规范》《人类辅助生殖技术和人类精子库伦理原则》等。

请问：应严格遵守哪些伦理原则？

2. 一对夫妻多年不育，赴医院检查后发现丈夫先天精子稀少，无法使妻子受孕，夫妻双方商议后决定不告诉亲戚朋友，采用供精人工授精的方式拥有下一代。但是孩子出生后亲属发现孩子与亲属相貌差别较大，亲属了解情况后将妻子"扫地出门"，妻子在走投无路的情况下，向法院提出了诉讼要求。

请问：谁应该是孩子的合法父亲？如果你是法官，你会做出什么样的判断？（建议以模拟法庭的形式开展课堂讨论。）

（孙　颖　王盼盼）

第八章 安宁疗护与死亡护理伦理

第八章数字资源

导学目标

通过本章内容的学习，学生应能够：

◆ **基本目标**
1. 说明脑死亡标准及其伦理价值。
2. 解释安宁疗护的概念与内涵、伦理原则与意义、道德要求。
3. 理解并分析在我国国情下，安乐死立法的伦理争议。

◆ **发展目标**
   联系临床实际情况，综合运用护理伦理学的原则分析解决脑死亡、安宁疗护与安乐死的相关伦理问题。

生与死是人生的核心问题，人们从未停止过对它的追寻与探索。生无法选择，死亦无法避免，这是自然客观规律。随着社会文明的进步和发展，人们对待生与死的观念也发生着改变。正确认识死亡，客观地面对死亡，宣传新的死亡标准，探讨安宁疗护与安乐死等相关问题，不仅是医学研究的关注重点，也是伦理学不可回避的责任。

第一节 死亡标准的演变及其伦理意义

案例 8-1

2018年3月，广东省某镇15岁的男孩陈某，因半个月前从高处意外坠落，被医院诊断为特重型颅脑损伤。经医院全力救治之后，陈某病情仍不见好转，经医生诊断为脑死亡。除了脑功能受损之外，陈某的心、肝、肾等器官的功能健全。陈某家人在悲痛之余，决定捐献他的器官，让他的生命以另一种形式延续下去。医院器官移植中心主治医师方某表示，陈某捐献了角膜、心脏、肝、两个肾和胰腺，使四人获得新生、两人重见光明。

请回答：
1. 我国脑死亡的判定标准有哪些？
2. 脑死亡判定标准的推行和应用有哪些积极作用和意义？

生命的本质是机体内同化-异化过程这一对矛盾的不断运动，而死亡则是这对矛盾的终止。作为一种生命的必然现象，死亡问题一直困扰着人类。什么是死亡？死亡的标准是什么？如何面对死亡的到来？当代医学的进步和社会发展不断刷新人们对死亡的认识和理解，促使人们从科学的视角重新审视死亡。

一、死亡标准的演变

（一）传统的死亡标准——心肺标准

1. 传统的死亡标准的概念　死亡标准（death standard）是人类对自身死亡现象尤其是临床死亡现象的把握。从原始社会开始，人们通过日常观察和狩猎活动，形成了死亡是心脏停止搏动的模糊概念。石器时代用弓箭刺中公牛心脏象征死亡的洞穴壁画就是这一认识成果的典型表征。在我国古代的丧葬仪式中，人们首先用棉絮或纸片放在死者的口或鼻中，把棉絮或纸片的不摇动作为判断死亡的依据。所以中国民间把死亡一直称作"断气"。但以上这些认识仅仅是根据经验和常识作出的判断，当生物学、医学发展到能够说明心肺结构和人体能量平衡机制的时候，心肺死亡标准就上升为科学标准。尤其是19世纪初，心脏听诊技术被采用后，心搏停止被正式作为死亡的象征。1951年，美国《布莱克法律辞典》把死亡定义为："血液循环的完全停止，呼吸、脉搏的停止"。我国出版的《辞海》也把心搏、呼吸的停止作为死亡的重要标准。长期以来，这个标准几乎在所有国家都通行，很少有变化和争议。

2. 传统死亡标准遭遇挑战　20世纪中期以来，随着机械通气和心肺复苏技术的发展，许多心脏停搏和呼吸停止的危重症患者得以在体外生命支持技术的辅助下长时间维持呼吸和循环功能，而脑功能则可能永久停止。因此，传统的死亡标准开始受到极大的冲击。过去，人脑特别是脑干出现重大伤害后，脑功能丧失者就会出现呼吸、心搏停止和瞳孔放大三种征兆。但现在一些实际上已经永远不可逆地丧失了自主呼吸和心搏的患者，也可以通过人工机器长期维持着呼吸和循环功能。例如，某些大脑功能受到不可逆性损坏、自主意识不复存在的患者通过人工心肺机维持心搏和呼吸，成为"植物性生命"。这一现象直接使"常规科学"遇到了重大理论框架上的危机：这些既没有意识，也没有自主呼吸和循环功能的个体，仍可被视为"活着"吗？这让人们不得不重新思考"生"与"死"的界限问题。

（二）脑死亡标准

大量的现代医学研究结果已经证实，个体的死亡并不是瞬间来临的事件，而是一个分层次、连续进展的过程。1959年，法国学者P. Mollaret和M. Goulon在第23届国际神经学会上首次提出"昏迷过度"（Le Coma Dépassé）的概念，并开始使用"脑死亡（brain death，BD）"一词。1966年，美国提出脑死亡是临床死亡的标志。

1. 哈佛标准　1968年，美国哈佛大学医学院脑死亡审查特别委员会在第22届世界医学大会上提出将"不可逆的大脑功能丧失"作为新的死亡标准，并制订了世界上第一个脑死亡诊断标准。

（1）不可逆的深度昏迷，患者完全丧失对外部刺激和内部需要的感受力，反应功能全部丧失。

（2）自主呼吸停止，人工呼吸停止3分钟仍不见自主呼吸恢复迹象，即为不可逆的呼吸停止。

（3）脑干反射消失，包括瞳孔、角膜、眼运动等反射均消失，以及吞咽、喷嚏、发音、软腭等由脑干支配的反射都丧失。

（4）脑电波平直或等电位。

凡符合以上标准，并反复多次检查24小时或72小时内结果一致者，即可宣布其死亡。但同时规定，服用过镇静、抑制药物，低温（小于32℃）或其他代谢原因导致的可逆性昏迷除外。

2. 我国的脑死亡标准 我国对脑死亡标准的研究起步较晚。1980年，我国学者李德祥提出脑死亡应是全脑死亡，从而克服了大脑死亡（不可逆昏迷）、脑干死亡等脑部分死亡等同于脑死亡的缺陷。1986年6月，在南京召开的心肺脑复苏座谈会上，急救、麻醉以及神经内、外科等与会专家学者倡议并草拟了我国第一个《脑死亡诊断标准（草案）》。1999年5月，中国器官移植发展基金会和中华医学会器官移植分会、《中华医学杂志》编辑委员会在武汉组织召开全国器官移植法律问题专家研讨会，与会专家提出《器官移植法（草案）》和《脑死亡标准及实施办法（草案）》。2003年，《中华医学杂志》等主要医学杂志刊登了原卫生部脑死亡判定标准起草小组起草制订的《脑死亡判定标准（成人）（征求意见稿）》和《脑死亡判定技术规范（成人）（征求意见稿）》，广泛征求医学界对脑死亡判定标准的意见；2009年，原卫生部对征求意见稿进行了修订完善，形成2009年版《脑死亡判定标准（成人）（修订稿）》和《脑死亡判定技术规范（成人）（修订稿）》。2013—2014年，国家卫生健康委员会（原国家卫生和计划生育委员会）脑损伤质控评价中心推出中国《脑死亡判断标准与技术规范（成人、儿童）（中文、英文）》，从此我国有了自己的行业标准。2018年，中心的专家委员会、技术委员会、咨询委员会几经讨论，推出新版《脑死亡判断标准与操作规范》。2019年修订形成《中国成人脑死亡判定标准与操作规范（第二版）》与第二版《中国儿童脑死亡判定标准与操作规范》。2020年，国家卫生健康委员会脑损伤质控评价中心基于《全球脑死亡建议案——脑死亡/神经病学标准死亡的判定》（World Brain Death Project-Determination of Brain Death/Death by Neurologic Criteria）和中国临床实践，推出《脑死亡判定标准与操作规范：专家补充意见（2021）》与《脑死亡判定实施与管理：专家指导意见（2021）》，以缩小与全球脑死亡判定的差异。具体内容包括以下四项：

（1）先决条件：①昏迷原因明确；②排除了各种原因的可逆性昏迷。

（2）临床判定：①深昏迷；②脑干反射消失；③无自主呼吸（依赖呼吸机维持通气，自主呼吸激发试验证实无自主呼吸）。以上三项临床判定标准必须全部符合。

（3）确认试验：①脑电图（electroencephalogram，EEG）显示电静息。②正中神经短潜伏期体感诱发电位显示双侧N9和（或）N13存在，P14、N18和N20消失。③经颅多普勒超声（transcranial doppler，TCD）显示颅内前循环和后循环呈振荡波、尖小收缩波或血流信号消失。以上三项确认试验至少符合两项。

（4）判定次数：在满足脑死亡判定先决条件的前提下，3项临床判定和2项确认试验完整无疑，并均符合脑死亡判定标准，即可判定为脑死亡。如果临床判定缺项或有疑问，再增加一项确认试验项目（共3项），并在首次判定6小时后再次判定（至少完成一次自主呼吸激发试验并证实无自主呼吸），复判结果符合脑死亡判定标准，即可确认为脑死亡。

随堂测8-1

随堂测8-2

> **知识链接**
>
> **脑死亡与"植物人"**
>
> "植物人"与脑死亡是两个不同的概念，其医学特征有着很大的差别。
>
> 脑死亡是指以脑干或脑干以上中枢神经系统永久性地丧失功能，包括脑干在内的全脑功能处于不可逆转的状态，脑内不再放出电波，患者无自主呼吸，是不可逆转的。
>
> "植物人"是大脑皮质、皮质下结构、脑干部分或全部损伤，脑组织的功能仍部分存在。"植物人"的昏迷是由于大脑皮质受到严重损害或处于突然抑制状态，患者可以有自主呼吸、心搏和脑干反应，经过一定的治疗，有转为清醒的可能。

二、实施脑死亡标准的伦理价值与冲突

脑死亡标准的提出真实地反映了当代医学科学的进展以及对生命本身的深入认识。脑死亡的判定也是人类社会进步的重要标志,有利于从整体上认识死亡,具有里程碑性质的重要价值。

(一) 实施脑死亡标准的伦理价值

1. 有利于更加科学地判定死亡 在医疗技术不够发达的时期,人的大脑功能与心肺功能是一损俱损的关系。脑功能的丧失,会引起心肺功能的丧失;心肺功能的丧失,也会使大脑功能丧失。但医学新技术的应用使原本密不可分的脑功能和心肺功能得以分离,如患者的心搏、呼吸、血压等生命体征都可通过一系列药物和先进设备加以逆转或长期维持。但如果脑干发生结构性损伤与破坏,无论采取何种医疗手段,最终必然发展为心肺死亡。因此,与心肺死亡相比,脑死亡标准显得更科学、可靠。

随堂测 8-3

2. 有利于维护患者"死"的尊严 人的生命只有一次,在价值上,所有个体的生命都是宝贵和无价的。拯救每一可挽回的生命是所有医生的共同理想,但生死总是相伴而来。当死亡降临时,我们勇敢地承认和面对,这是对死亡的尊重,也是对生命本身的敬畏。脑死亡概念的提出使人们认识到脑死亡就是人的死亡,就是生物学死亡,其社会功能已终止,其价值也不复存在。如果继续对患者的尸身进行抢救和治疗,则会让死者死得不安宁,实际上是损害了患者"有尊严死去"的权利。同时,也是对患者家属权利的一种损害。

3. 有利于器官移植的开展 器官移植是现代医学科学的重大进步,它使某些患有心、肝、肾等严重疾病的患者恢复功能、延长生命。近年来,器官移植术的需求逐年增多,阻碍器官移植实施和发展的最大障碍就是获得能够存活的器官,而脑死亡患者是最好的器官供体群。根据传统的死亡标准,患者在呼吸、心搏停止后才能宣布其死亡,影响了移植器官的功能,降低了摘取存活器官的可能性,限制了器官移植在临床上的应用。脑死亡标准的确立使得器官的来源与质量拥有更为可靠的保障,提高了被移植器官的成活率,推动了器官移植技术的发展。

4. 有利于优化医疗资源配置 现代医学中,人工维持心肺功能的技术很有成效,以往由于心脏停搏和自主呼吸停止而必然死亡的患者,现在却可以在价格昂贵的机械复苏、器官移植等措施作用下维持生命。先进的生物医学技术救活了许多本来"死亡"的患者,延长了不少临终患者的生命。而脑死亡判定标准的确定,可使医学不去拖延死亡过程,避免将稀缺的医疗资源用于已经死亡、不可逆转的人,而用在有希望抢救过来的人身上,从而使医疗卫生资源的使用更有效率。

(二) 脑死亡判定的伦理冲突

医学科学发展的同时也使人们不得不面临许多新的问题,具体表现在科学的进步日新月异,而社会所形成的伦理规范是固有的,这就出现了公认的伦理原则与新科学认知之间的冲突。这些冲突一方面阻碍科学的发展,另一方面又会促进人类新伦理道德观的形成。脑死亡标准的提出,在节约社会公共资源、减少无谓的经济负担、促进器官移植及医学发展等方面有着积极的作用;但也要根据人们的合理意愿与心理承受能力,以及在社会和公众中产生的实际效应,积极而又审慎地推进。

1. 非医学从业人员很难接受脑死亡标准 自法国学者首次提出"脑死亡"概念后,经过多年临床实践,许多西方国家已经颁布了脑死亡的法律条文,脑死亡已经成为医学技术标准和公众认可的心理接受标准。我国自20世纪80年代才开始在医学学术层面讨论将脑死亡作为临床死亡标准,到目前为止我国的卫生行政管理机构并未将此作为宣告死亡的法律依据,而社会公众对"脑死亡"的认知仅止步于一个"医学术语"或仅有模糊的概念。死亡的判定是十分严肃谨慎的过程,判定人的死亡不仅涉及科学标准,还要顾及伦理和法律的标准与原则。因此,

即使在国内的权威医学机构内，向患者亲属通告并解释"脑死亡"后，他们也往往很难接受，甚至怀疑医务人员的判断，继而对诊断治疗过程产生疑问，甚至产生医疗纠纷。显然，"脑死亡"这一概念在我国并没有深入人心，脑死亡标准的实施还可能加剧医患、护患之间的信任危机，甚至引发医疗或护理冲突。

2. 死者亲属的心理冲突剧烈　由于普通公众长期以来形成了"心搏、呼吸停止即死亡"这一概念的认识和心理预期，一旦在患者仍有心搏的情况下宣告其死亡，将会对死者亲属产生巨大的心理冲击，人们一般会出现情感上完全无法接受的行为表现。如果从患者发病到其死亡的时间十分短暂，这种情感表现会更为突出，死者亲属的心理调适过程短暂，他们将更加难以接受脑死亡的标准。

3. 脑死亡标准对传统文化提出了挑战　我国社会受几千年传统文化的浸染，对待生死有根深蒂固的传统观念。如在日常生活中，要赡养尽孝，对待死去的人要盛殓厚葬，这固然体现出一种做人的美德，但也对脑死亡标准的实施设置了无形的障碍。当人们在面对死亡标准的抉择时，更倾向于遵循传统观念，而不是选择新的医学科学标准。

实施脑死亡标准体现了人类在生命意义和自我价值等观念上的进步，是医学界一次意义重大的观念转变。脑死亡标准已被世界各国医学界、社会伦理界认可。但脑死亡是一个严肃、细致和专业技术性很强的过程，按脑死亡标准对患者实施脑死亡的判断，必须依靠具有专业特长的医生根据病情及辅助检查结果，并依据法律规定来做出。

随堂测 8-4

三、科学的死亡观与死亡教育

死亡的不可避免是人类延续的必要条件，利于人类的生存和发展，因此，正确理解死亡及其意义十分重要。寻求并确立科学的死亡观，实际上就是为死亡寻求心理适应。而良好的心理适应不是自然产生的，需要教育来实现。

（一）我国传统的死亡观

中华民族是世界上唯一具有连续文化传统的民族，中国的传统文化是儒家和道家思想长期积淀的结晶，人们的死亡观也受这些思想的影响，赋予了死亡深刻的文化色彩和伦理内涵。

一直以来，我国传统的死亡观是"悦生恶死""重生哀死"，对死亡始终采取否定、回避和不接纳的负面态度。"死亡"和"濒死"被视为不祥和晦气，很多普通民众对死亡怀有一种恐惧与厌恶的态度。我国文化对死亡的讳莫如深以及寿终正寝的文化与道德传统没有为现代意义上的"尊严死"提供土壤。基于中国传统的生命神圣论与回避死亡的价值观也被一种无形的道德力量庇护着，使亲友从道义上尽量延长患者的生命，否则可能会面临沉重的社会舆论批评。同时，我国民众深受"身体发肤受之父母，不敢毁伤，孝之始也"的儒家思想影响，因此，要实现"善终"，则很难接受脑死亡以及死后捐献遗体或器官的理念。

（二）科学的死亡观

死亡是生命的必然结局，是不可违背的自然规律。对于人类来说，有避死求生、长生不老的理想是完全可以理解的。但作为唯物主义者，要以科学的态度去审视和剖析死亡。社会的进步和科技的发展帮助人们揭开了死亡的神秘面纱，死亡问题以愈加清晰的面容展现在世人面前。

1. 承认自然规律，接受死亡的必然性　生命是一个有始有终的过程，生与死相互依存，有生必有死。死亡是生命发展的必然结果，唯有正视死亡、坦然面对死亡。与其在死亡的恐惧中折磨自己，被动地承受死亡，不如在专业人员的帮助下平静地接受死亡，这才是科学的死亡观。

2. 充实人生价值，无憾接受死亡　人的死亡现象既是一种自然过程，也是一种社会存在。死亡本身促使人们对自身的存在及与社会的关系加以思考，人们对死亡的认识及其理论又形成了一种社会意识。"知死而后生"的含义是只有对死亡拥有正确的认知，才会更加珍惜生命，勤奋创造人生价值，为他人和社会做出贡献。这时再面对死亡，就会感到无愧于人生，无愧于家庭和社会，没有遗憾地迎接死亡的来临。

（三）死亡教育

死亡是人生的一部分，只有正视它、认识它，才能完整地思考生命，思悟人生的责任与价值，从而提高生命的质量和意义，因此，开展死亡教育显得非常必要。

1. 死亡教育的概念 死亡教育（death education）是将有关死亡、濒死及其与生命相关的知识传递给人们和社会的过程。通过对死亡现象、状态和方法进行客观分析，使人们能够正确地、科学地认识死亡，树立正确的生死价值观。

2. 开展死亡教育的伦理意义

（1）利于树立正确的死亡观：死亡教育是死亡观确立的重要影响因素。死亡教育的表面形式是谈论死亡，但实质却是在探讨生命的价值和意义。生命是神圣的，生命过程是对人生价值和意义的深刻体验。死亡教育可使人们明白死亡是生命终结的一种自然、历史过程，谁也无法避免；通过死亡教育，人们可以掌握相关知识，更新观念，科学地认识生命，正确地看待死亡。

（2）利于提醒人们珍爱生命：死亡教育可以引导人们对死亡的本质进行深层次的思考，帮助人们在认识死亡的过程中体会生命的意义，从而追寻人生的价值和探寻深层次的精神世界。可见，良好的死亡教育还会促进人们的身心健康。

（3）利于克服对死亡的焦虑和恐惧：良好的死亡教育还能使人们正确地面对死亡，力争达到无痛苦、体面、有尊严、坦然、平静地离世。死亡教育帮助人们理解死亡是人类自然生命历程的必然结果，死亡是不可抗拒的自然规律，从而消除对死亡的恐惧情绪。

（4）利于伦理学科的发展：死亡教育对医学与护理伦理学关注的"死亡伦理问题"的深入研讨具有重要意义。现代伦理学在进一步研究植物人、安乐死、器官移植、缺陷新生儿等死亡控制技术及其伦理问题时，都会涉及人类死亡观念更新与转变的问题，这类问题已不再是孤立的医学问题，而是广泛的社会问题。在广大民众还未通过良好的死亡教育形成科学死亡观之际，这类具有广泛社会性的伦理课题就无法深入研究，更无法在实践中操作。

（5）利于安宁疗护的开展与普及：对临终者而言，死亡教育可以帮助他们逐步形成对死亡的正确认识，理解死亡，提高其对生命质量和生命价值的认识，保持自然而平衡的心态面对死亡。安宁疗护工作者在向重症晚期患者及亲属实施死亡教育的同时，本身也在接受死亡教育，客观上提高了自己对死亡的科学认识。

3. 死亡教育的对象 死亡教育是针对每个生命的普遍教育，应该成为人生全景式的教育。因为人在一生中面对自己的死亡可能只有一次机会，但却要面对无数他人的死亡，何况也无法预知自己的死亡。因此，死亡教育对所有的人来说都是必需的，它是一种准备，可以避免在死亡来临时手足无措。

（1）医护人员：对医护人员进行死亡教育是首要环节。医护人员既是死亡教育的受教育者，又是教育者，只有他们认识了死亡的本质和客观必然性，才能从理性和感情两方面关怀患者，切实维护患者的生命质量。

（2）临终患者及其家属：对临终患者及其家属进行死亡教育是重要环节。他们是死亡教育的主要对象。有助于降低临终患者对死亡的恐惧，逐步接受死亡现实，安宁地告别人生，还有助于临终患者家属正视亲人的死亡，平稳度过居丧期，重新开始新生活。

（3）学生：对在校学生进行死亡教育是关键环节。在大、中、小学生特别是医学院校学生中开展系统的死亡教育，有助于他们掌握死亡的本质，自觉形成科学的世界观，更加珍惜青春、珍惜生命，用积极的态度去面对人生，充实地度过自己的一生。日后，他们也可能成长为死亡教育的实施者。

(4) 社会公众：对群众进行死亡教育是基础环节。其中，面向安宁疗护志愿者和社会工作者开展死亡教育是不可忽视的重要组成。要根据教育对象的阅历、生活状况、教育背景等具体情况，开展不同类型、多种形式的死亡教育培训；还可利用报纸、杂志、广播电视等工具开展宣传，帮助人们树立积极的人生观，拥有更有意义的生活和生命，并借助对死亡的认识，使人们能更深入、更有意义地看待自己和别人的生命与死亡，提高全民死亡教育的水平。

4. 死亡教育的内容　死亡教育依托于死亡学这门新兴学科，其内容涵盖非常广泛，包括哲学、伦理学、社会学、人类学、教育学、医学、护理学、生物学、经济学、法律学、心理学及文学艺术等，可以说，凡是与死亡相关的问题，都是死亡教育探讨和研究的内容。

(1) 死亡基本知识教育：是死亡教育最基础也是最重要的内容。这些基本知识主要有死亡的概念、定义与判断标准、死亡的原因与过程、死亡的不同方式及死亡方式的选择、人类死亡的机制、死亡的社会价值与意义、学者对死亡问题的基本探讨，以及与死亡现象有关的人类活动等。

(2) 生命与死亡的辩证关系教育：人们习惯于把死亡看成外在的、陌生的和对抗生命的东西，这样的认识割裂了死亡与生命的辩证关系，不能使人们真正认识死亡现象及其本质。事实上，生命与死亡是辩证统一的，有多少生命现象，就有多少死亡现象。正如德国现代神学家云格尔（Eberhard Jungel）所说，"就人的生存而言，死不仅是全然陌生的，它同时是我们最切身的。在我们的生命中，也许很多东西甚至一切都不确定，但我们的死亡对于我们是确定的"。

(3) 死亡心理教育：主要包括以下内容：一是死亡态度的教育，使人们了解不同群体的死亡态度，树立正确的死亡态度；二是临终死亡心理的分析与教育，帮助人们了解人类在临近死亡时心理的变化过程，使其顺利走完人生的最后旅程；三是家属居丧悲伤辅导，帮助死者家属尽快从失去亲人的悲伤中走出来，恢复正常的社会生活。

(4) 死亡权利教育：生命属于个人，也属于家庭和社会，因此人对生命的处置权是相对的，即人的死亡权利是相对的。一般情况下，无论是自己或他人的生命都应该受到尊重和保护，人们不能随意行使死亡权利来处置自己和他人的生命；但在特殊的情况下，人们死亡权利的行使恰恰是对自己和他人生命的尊重。现代社会人道主义背景下对死亡权利的关注，反映了现代人对提高生命质量和维护生命及死亡尊严的渴求。

第二节　安宁疗护伦理

案例 8-2

患者兰某，女，91岁。患者反复发热、咳嗽3年，1年内因"吸入性肺炎"4次入院治疗。4年前被诊断为阿尔茨海默病，近8个月来体重下降明显，骶尾部出现压疮。患者消化道功能紊乱，时有恶心、呕吐，便秘，硬便1次/(3~4)天。患者卧床，不能说话和行走，所有日常生活均无法自理，尿失禁，时有谵妄，偶有神志异常表现。临床诊断：社区获得性肺炎，阿尔茨海默病，营养不良，压疮。患者在意识清晰时表示不愿采取心肺复苏、机械通气或人工营养等进一步延长生命的措施。

请回答：

作为一名护士，应如何针对该患者的情形进行护理？

生老病死是自然规律,追求优逝、获得善终是每个人的基本权利。2014年5月,WHO通过了一项决议,194个成员国承诺将临终关怀服务列为自己国家卫生系统中的一项重要工作。中国是世界上老龄人口最多、增长速度最快的国家,加之恶性肿瘤高发等因素,安宁疗护需求变得越来越迫切、越来越重要。而尽最大能力减轻临终患者的痛苦,给他们周到细致的护理,使他们安详地度过人生最后的日子,这是医护人员的神圣职责,也是对医护人员伦理道德的基本要求。

一、安宁疗护概述

(一)安宁疗护的概念与内涵

安宁疗护(hospice care)是指为疾病终末期或老年患者在临终期前提供身体、心理、精神等方面的照料和人文关怀等服务,控制痛苦和不适症状,提高生命质量,帮助患者舒适、安详、有尊严地离世。

安宁疗护的主要内涵是:①肯定生命,了解临终是人生的正常历程;②认同死亡是生命的一种自然的过程,既不加速也不延缓死亡的来临;③尽可能缓解疼痛和其他痛苦的症状;④给临终患者提供心理、社会和精神层面的整体照护;⑤提供支持系统,帮助临终患者尽可能以积极态度生活,直到死亡自然来临;⑥协助家属积极面对临终患者的疾病过程及哀伤历程;⑦以整个多学科医疗团队合作模式来处理和满足临终患者和家属的需求;⑧提高临终患者和家属的生活质量。

随堂测 8-5

(二)安宁疗护的起源和发展

安宁疗护起源于英国,1967年西西里·桑德斯(Cicely Saunders)在伦敦建立了世界第一座收治终末期患者的圣·克里斯托夫安宁院(St. Christopher's Hospice),主要照顾癌症末期患者,是现代安宁疗护的先驱。1988年英国将缓和医学定为医学专科,为患有不治之症的患者提供积极性、整体性和人性化的医疗团队照护。1965年美国耶鲁大学护理学院院长邀请桑德斯教授宣传安宁疗护,并于1974年建立了美国第一所安宁疗护院,开始居家安宁疗护。1995年美国成立了安宁疗护学科。在亚洲,首先进行安宁疗护的是日本。1991年,日本成立了安宁缓和医疗协会并设立安宁疗护病房。2001年5月,日本、新加坡、马来西亚等15个国家及地区成立了"亚太安宁缓和医学学会",这是全球第一个推动安宁疗护的国际组织。

中国安宁疗护开展较早且较成熟的是香港和台湾地区。1982年香港九龙圣母医院首先成立关怀小组,为晚期癌症患者及家属提供善终服务。1983年,台湾天主教康泰医疗基金会成立癌症末期患者居家照顾服务,首先开创了中国台湾地区安宁疗护居家服务。1986年台湾马偕医院主办了第一次安宁疗护学术研讨会,并出版期刊《安宁疗护》,1990年马偕医院安宁病房正式成立。1995年,台湾成立安宁照顾协会。2009年,安宁住院及居家试办计划正式纳入健保支付。

1988年7月,天津医学院临终关怀研究中心成立。该中心是我国第一家临终关怀专门研究机构,标志着我国已跻身世界临终关怀实践与探索的行列。1990年上海市退休职工南汇护理院建立临终关怀病房,之后全国各地相继成立了不同类型的临终关怀机构。1994年发布的相关政策中开始出现"临终关怀"词汇,我国政府将临终关怀作为国家健康政策的组成部分。临终关怀纳入卫生体系,临终关怀科首次进入医疗机构诊疗科目。1996年出台的《老年人权益保障法》提出,鼓励为老年人提供保健、护理、临终关怀服务。2013年,《国务院关于促进健康服务业发展的若干意见》提出力争到2020年基本建立覆盖全生命周期、内涵丰富、结构合理的健康服务体系,并积极发展康复医院、护理院、临终关怀医院。

2015年3月,《全国护理事业发展规划(2015—2020年)》指出,护理服务内容从疾病临床治疗向安宁疗护等方面延伸,加快制定安宁疗护机构准入、服务规范、人才培养的政策,健全并完善相关机制，逐步提升安宁疗护服务能力。2016年4月21日，全国政协第49次双周协商座谈会实现了在国家层面首次推进全国安宁疗护，依据会议统一大陆地区临终关怀、舒缓医疗、姑息治疗等名词术语为"安宁疗护"，明确安宁疗护的内涵与功能定位，提出建立居家为基础、大医院支持的安宁疗护服务体系，同时提出安宁疗护改进筹资方式，把安宁疗护服务费用纳入医疗保险支付范围。2016年，中共中央国务院印发《"健康中国2030"规划纲要》，"安宁疗护"这一词汇首次进入国家健康规划纲要，明确了加强安宁疗护等持续性医疗机构的建设。

2017年是我国安宁疗护事业发展的里程碑。1月，原国家卫生计生委印发《关于安宁疗护中心基本标准和管理规范（试行）的通知》和《关于印发安宁疗护实践指南（试行）的通知》，明确了安宁疗护中心的准入标准、服务管理和操作规范，促进机构规范化建设。4月，修改《医疗机构管理条例实施细则》，在医疗机构类别中增加了"安宁疗护中心"，进一步加强安宁疗护机构管理。10月，《关于开展安宁疗护试点工作的通知》选定北京市海淀区、上海市普陀区、吉林省长春市、河南省洛阳市、四川省德阳市作为全国首批安宁疗护工作试点市（区），并启动试点探索。

2019年5月，国家卫生健康委出台《关于开展第二批安宁疗护试点工作的通知》，将试点范围扩大到上海市全市和北京市西城区等71个市（区）。2019年4月出台的《国务院办公厅关于推进养老服务发展的意见》与同年11月国家卫生健康委等八部门联合印发的《关于建立完善老年健康服务体系的指导意见》中均明确指出，加快安宁疗护标准化、规范化建设，探索建立机构、社区安宁疗护的联动工作机制，建立完善安宁疗护多学科服务模式。2019年11月，中共中央、国务院出台《国家积极应对人口老龄化中长期规划》，提出把建立和完善安宁疗护作为应对老龄化、积极推进健康中国建设的重要举措。12月，《中华人民共和国基本医疗卫生与健康促进法》第三十六条规定"各级各类医疗卫生机构应当分工合作，为公民提供预防、保健、治疗、护理、康复、安宁疗护等全方位全周期的医疗卫生服务"，代表着国家已将安宁疗护上升到法律层面推动。2019年12月31日《关于印发医养结合机构服务指南（试行）的通知》对医养结合机构的安宁疗护进行了规范。

总之，近年来我国出台了多项政策文件来推动发展安宁疗护事业。这一系列政府政策的相继出台，不仅体现了我国国家层面对安宁疗护发展的高度重视，还为我国安宁疗护的推广和规范提供了有力的政策支撑，标志着我国的安宁疗护事业已经进入发展的春天。

二、安宁疗护的伦理原则与意义

（一）安宁疗护的伦理原则

1. 不以延长生命为目的，而以减轻身心痛苦为宗旨　安宁疗护不以延长临终者的时间为重，而以提高临终阶段的生命质量、减轻临终者躯体和精神的双重痛苦为宗旨，不以治疗疾病为主，而以充分理解患者、体贴患者、控制症状、姑息治疗与全面照护为主。对临终患者而言，最大的不适是疼痛，护士最大的责任在于如何帮助临终患者止痛，如运用松弛术、意念止痛法、生物反馈法、经皮神经电刺激法、音乐疗法、针刺疗法、神经阻滞法、心理疗法等。护理工作的另一重要方面则是尽量满足患者的生理需要，包括营养供给、排泄管理、皮肤护理、促进睡眠和休息等。

2. 尊重临终者生命的原则　"生如夏花之绚烂，死如秋叶之静美"。对很多人而言，这不过是诗人为死亡抹上的一层唯美、安详的面纱。现实生活中，当死亡真的逼近时，面对排山倒海的惊惧与痛楚、无力与绝望，生命足以陷入黑暗的河流。那些承受着极度生理和心理痛苦的人，需要一种人性化的关怀方式，帮助他们从痛苦中解脱出来，有尊严地走完人生的最后旅程。护理人员应把临终者看成一个整体的人，一个正在完成全部生命过程重要阶段的人，给患者以真诚的关心、友爱、温暖，尊重患者的人格，维护其尊严，保护和支持其个人权利。对临终者尊重，给予心灵抚慰，从而使患者真切感受到自己仍被人们所关注，仍是家庭和社会的一分子，更有利于消除其烦躁和孤独感。满足患者的关怀需求，让患者觉得自己的尊严得到了尊重，自尊心得到满足。

3．"社会沃母"原则　"社会沃母"是北京松堂关怀医院通过十多年对一万多名临终患者的临床实践进行总结后提出的。"社会沃母"可解释为人的生命在诞生时必须在母体子宫内经过10个月的围生期母体呵护，生命即将终结时，同样需要在社会的"子宫"内经过10个月围终期的社会关怀，即临终期同样需要类似"沃母"的社会环境。"社会沃母"环境需要得到亲属、医护人员、社会成员及社会团体等各方面的帮助，临终护理就是给临终者一种舒适的辞世环境，使其舒适幸福地在"社会沃母"的照料下走完人生的旅程。首先，必须大力开展临终护理知识普及、宣传教育，让全社会了解、支持临终护理事业。其次，必须在立足临终护理专业人员和专门机构的基础上，动员其他社会组织力量，才能胜任这一艰巨的任务。最后，必须从不同的角度研究临终护理，综合运用各学科知识，广泛开展临终护理的伦理学、社会学、心理学及法学研究。

（二）安宁疗护的伦理意义

1．利于"以人为中心"的医学人道主义升华　安宁疗护不以延长生命为目的，而以减轻病痛、提高临终者及其家属的生命质量为宗旨，帮助临终者舒适、安详、有尊严、无痛苦地走完人生的最后旅程，同时最大限度地保护和增强临终者家属的身心健康。一个人在即将走向死亡的时刻，仍然备受医护人员、家庭、社会的尊重、认同与关心，这才真正体现人道主义精神，显示出生命的价值和尊严。

2．体现生命神圣论、生命质量论和生命价值论的统一　人的生命是神圣的，在任何时候，都应努力维护健康，保护生命不受侵犯。一旦人的生命受到疾病的困扰，或面临死亡的威胁时，医护人员都应义不容辞地利用现有知识和手段，竭尽全力地去维护生命的存在。然而，有生必有死，死亡是每个人不可逃避的现实，医学技术无论如何发展都不可能改变死亡的不可抗拒性。为临终者在生命的最后阶段提供舒适的关心与照顾，不仅维护了生命的神圣，其生命质量也在临终阶段得以保证；临终者有尊严地离开人世，其生命价值也得以体现。因此，安宁疗护既体现了生命的神圣不可侵犯，也实现了人们对生命质量和价值的美好追求。

3．利于节约卫生资源　虽然医学技术的发展使医务人员在维持临终者的濒死状态、延缓死亡来临方面成为可能，但这种延长生命的结果既会增加临终者的痛苦，也会加重患者家属的经济和心理负担，还浪费了大量的卫生资源。安宁疗护并不侧重于对患者无意义的抢救，而是提供缓解性、支持性的安宁照顾，即不刻意提前或推后患者的死亡时间，却尽可能地让患者减少痛苦，坦然愉快地走向人生终点，这实际上发挥了多重功效。

4．利于推动社会文明进步　家人、亲友给予临终者的关爱，医护人员以及社会志愿者为临终者及家属提供的照顾，充分展现出真诚与博爱、生的意义与死的价值。安宁疗护的蓬勃发展，必将推动人类文明的进程，是社会文明进步的标志，有其深刻的社会历史意义和伦理价值。

三、安宁疗护的道德要求

（一）以患者为中心

人道主义是一种提倡关心人、尊重人、以人为中心的世界观。安宁疗护道德是医学人道主义原则的重要体现，即以患者为中心，关心、爱护、体贴患者，尊重患者的人格，诚心诚意地为患者减轻痛苦。有人认为，出于对生命权益的保护，医护人员应从患者的利益出发，不得任意放弃对患者的照护。因为随着医学的发展，今天不可治愈的疾病，明天也许有治愈的可能；有些痛苦也许只是暂时的，日后仍有极大的恢复机会。但也要认识到，对已无生命力、濒死的患者，滥用无益的医学方法延续其生命，不仅对患者生命的尊严和价值已无意义，徒增患者的

随堂测 8-6

痛苦,而且给患者家属带来沉重负担。因此,对那些濒死的未成年患者或虽已成年但无意识的患者的照护,也应尊重患者家属的意愿。

(二)尊重临终者权利

权利即公民依法行使的权力和享受的利益。这种权利是一种道德的、合理的、普遍的和有条件的权利。它是一种道德权利,是和社会总体道德要求相一致的。患者在意识清醒、能够自己行使权利时,医护人员要尊重患者的选择。患者意识障碍,不能正确行使自己权利的时候,可以按患者的遗嘱执行。决不能因为是临终患者就忽视患者知情同意的权利。

(三)全面关怀

一般来说,临终者极度痛苦,心情或烦躁或郁闷,因此,对临终者的关怀应全方位、多角度地进行。除了用必要的药物来缓解或解除其痛苦外,还要认真地做好护理,从心理上关怀、疏导,用爱心去抚平患者的痛苦。对临终者提出的最后愿望要尽力满足,若无法满足则要做好解释,决不可以蔑视、讥讽和嘲笑。

(四)帮助家属,为临终患者家属提供综合服务

临终者家属往往比患者本人更难接受死亡事实。这种心理会使患者家属产生悲痛、不安、抑郁、悲观的心理状态和情绪,这不但给临终者带来负面影响,而且给临终者家属的身心带来严重的不良影响。因此,做好临终者家属的思想工作,为他们提供心理、生理关怀和居丧服务,也是安宁疗护工作的重要内容。医护人员应向临终者家属讲解有关疾病的知识以及如何处理死亡事件;应尽量满足临终者家属为患者提出的要求和建议,并与临终者家属沟通交流,了解他们的心理状态,做好心理指导;应为居丧亲属提供心理咨询、情感疏导和有关社会问题的协助处理;同时对临终者及其亲属进行死亡教育,一方面帮助临终者克服对死亡的恐惧,以宁静、安详的心境学习"准备死亡、面对死亡、接受死亡",另一方面帮助其亲属适应亲人的病情变化,接受亲人即将死亡的事实,以减轻亲属的悲哀程度,缩短悲痛时间,认识自身继续生存的社会价值,从而理性对待亲人的死亡。

(五)妥善料理尸体,劝慰家属节哀

临终患者去世后,医护人员要为其整理尸容,更换衣服,代为保管好其遗物,这也是对患者家属的心理安慰。为减少对其他患者的心理影响,应尽快将尸体运出病房。英、法等国家开展"死后追踪服务",服务人员会经常前往访视,并适当提供服务,使家属深切感受到人间的情谊,有很高的道德价值。

第三节 安乐死伦理

案例 8-3

2018年6月,台湾著名节目主持人傅达仁因长期遭受胰腺癌折磨,不堪病痛,在家人的陪伴下去到瑞士,执行了安乐死,享年86岁。安乐死现在饱受争议。有人认为安乐死是给想死的人一个出口,我们不能选择来到这个世界的方式,但我们能选择怎么离开;还有人认为安乐死其实就是变相谋杀,如果滥用下去,将来会危害社会。

请回答:
1. 你是如何看待安乐死的?
2. 目前安乐死存在哪些伦理争议?

西方发达国家较早地提出了安乐死的概念并倡导实施，但长期以来，安乐死的做法一直存在伦理争议，因此至今仍然步履维艰。我国在20世纪末引入安乐死的概念。然而，安乐死是否合乎伦理、合乎法律，却一直是社会各界争论的热门话题。

一、安乐死概述

（一）安乐死的概念

安乐死（euthanasia）一词源于希腊文，意为"无痛苦死亡"或"尊严地死亡"。《中国大百科全书·法学卷》对安乐死的描述为："对现代医学不可挽救的接近死亡的患者，在患者的请求下医生可以采取措施提前结束患者生命，减缓患者难以忍受的病痛"。现代意义上的安乐死是指患有不治之症的人处于危重濒死状态时，由于身体和精神的极度痛苦，难以忍受，在患者及其家属的要求下，经权威医学专家机构鉴定认可后，通过一定的法律、道德程序，对其停止救治或施以人道的方式，从而无痛苦地终结其生命而采取的措施。安乐死作为一种特殊的死亡类型或死亡方式，其实施必须符合一定的条件：①患者所患疾病确系依靠现代医学技术无法医治，患者所患疾病已到晚期、濒临死亡且正遭受身体和精神的极端痛苦；②患者所患疾病的严重程度必须通过权威医疗机构鉴定，认定其不可逆转性；③必须是患者本人在神志清楚且没有任何外力施压的前提下提出安乐死的请求，这种请求陈述明确，一般可采用书面的遗嘱或在第三方见证人在场的情况下作出的口头遗嘱；④安乐死的实施必须符合相关法律条文的规定，按照法律和伦理程序予以实施。

> **知识链接**
>
> **尊严死与安乐死**
>
> 尊严死（death with dignity）是一种新的死亡观，一种坦然迎接"自然死亡"的人生观，尊严死事实上也是时常发生的。它不主动为患者提供致死的手段及方法。只要不妨碍其他人，不妨碍社会，每一个人的生活方式理应受到尊重，选择遵循的是"自我决定"的原则，而这一点也正是尊严死的伦理依据所在。
>
> 虽然尊严死和安乐死的目的都是减少患者临终时的痛苦，都产生了患者死亡的结果，但两者却有明显的区别。安乐死是指采用一定的手段加速濒死患者痛苦的死亡过程，患者死亡时间为预先设定的时间，比较明确。尊严死是指放弃给患者的治疗，任由患者自然死亡，而非提供致死的手段和方法帮助患者死亡，只是消极地结束患者生命，患者死亡时间不明确，是患者的自然死亡。

（二）安乐死的分类

根据安乐死的执行方式分类，可将安乐死分为主动安乐死与被动安乐死两种类型。主动（积极的）安乐死（active euthanasia）是指根据垂死患者本人的明确意愿，对确认无法挽救其生命且遭受极端痛苦的患者，以直接的方法（如药物），主动结束患者的生命，使其安然、舒适地死去。这种安乐死的实施在社会和医学伦理实践中存在较大争议。被动（消极的）安乐死（positive euthanasia）是指终止垂死患者的无望救治，或撤除维持其生命的相关措施，任其自然死去，即不以人为干预的方式结束或加速其死亡。由于被动安乐死采取停止治疗的方式，因此患者死亡时未必不痛苦，其本质是任其自然死亡。

根据提出安乐死请求的主体，安乐死可分为自愿安乐死和非自愿安乐死。自愿安乐死是指经意识清楚、有行为能力的患者请求或同意，医生根据患者的实际情况对其实施安乐死。非自愿安乐死是指昏迷或意识不清的患者，在其清醒时没有提出安乐死的意愿，由患者家属或其监护人提出要求，医生根据患者的实际情况对其实施安乐死。非自愿安乐死主要见于不可逆昏迷的患者（如脑死亡患者）、严重畸形儿、严重精神病患者，他们没有表达自我愿望的能力，由他人提出安乐死的建议。

随堂测 8-7

二、安乐死的历史发展和立法趋势

自20世纪30年代起，西方国家就有人开始要求在法律上允许安乐死，并由此引发了安乐死是否应合法化的大讨论。1935年，英国率先成立了"自愿安乐死协会"，并于1936年提出了关于安乐死的法案。随后，安乐死组织大量出现，遍及欧美20多个国家，形成了安乐死的第一个浪潮。二战期间，安乐死被德国纳粹势力利用，他们以"安乐死"的名义杀害了数以万计的人，使"安乐死"声名狼藉。因此，直到20世纪50年代末期，安乐死一直处于停滞状态。从20世纪60年代起，随着第三次工业革命浪潮的兴起，医学革命得到复苏，安乐死合法化的讨论再度兴起。1967年，美国成立了"安乐死教育基金会"。1976年，日本东京举行了第一次安乐死国际会议，宣称尊重人"尊严死"的权利。1976年，美国加利福尼亚州颁布了人类历史上第一个有关安乐死的法案《自然死亡法》。该法案明确规定：对患有不可医治之病的成年人，有两个医生证明处于临终状态，使用维持生命的措施只是为了人工延长死亡时间，在确认处于临终状态14天后仍未有病情好转，医生就应当去除维持生命的措施。除非患者反对，否则医生就有失职的罪责。《自然死亡法》的颁布，首次在法律上承认了"死的权利"，也是第一个安乐死的法案。1993年，全世界第一个为提倡自愿安乐死的团体在英国正式成立。荷兰议会于1993年通过了《无治愈希望的患者请求结束自己生命的权利法案》，成为世界上第一个为安乐死立法的国家。2001年3月，荷兰正式通过《荷兰安乐死法》，成为世界上第一个安乐死完全合法化的国家。据统计，荷兰全国每年实施安乐死的人数多达数千人。1996年7月1日，澳大利亚北部地区生效实施《晚期患者权利法》，但在1997年3月即被澳大利亚联邦议会废止。2002年9月，比利时通过法案，规定"医生只要严格按照实施安乐死的有关规定行事，将不追究其刑事责任"，成为继荷兰以后，第二个通过安乐死立法的国家。2006年1月，美国联邦最高法院通过了关于俄勒冈州"准许医生协助患者自杀"的州法。2008年11月，华盛顿州通过了第1000号议案，成为继俄勒冈州之后第二个由选民投票允许安乐死的州。该法案自2009年3月5日生效，规定：患不治之症的患者如果剩下的时间不到6个月，由患者申请，可以要求医生对其实施安乐死。目前，在推动安乐死的运动中，荷兰、比利时、卢森堡、瑞士、加拿大、日本、以色列、新西兰等国家，以及美国的俄勒冈、佛蒙特、华盛顿、新墨西哥等9个一级行政区，已实现不同程度的积极安乐死合法化。而在印度、爱尔兰、哥伦比亚、瑞典、德国、法国、韩国和意大利等国家，消极安乐死也被认为是合法的。我国台湾地区于2000年5月通过了《安宁缓和医治条例》，2011年1月又通过《安宁缓和医疗条例》修正案，明确规定实施消极安乐死的法定程序和标准。

我国大陆是在20世纪80年代才开始真正关注安乐死的。1986年6月，陕西省汉中市市民王明成为肝硬化腹水昏迷的母亲夏素文实施安乐死，并因此被检察机关以故意杀人罪提起公诉，6年之后被法院宣布无罪释放。此案件引发了一场轰动全国的安乐死合法化问题的大讨论，这是我国首次关于安乐死问题的思想启蒙。1988年7月5日，由医学界、法学界、哲学界等诸多学者在上海联合发起召开了安乐死学术讨论会。与会的各界代表认为，安乐死，尤其是消极安乐死，虽然在实际工作中时有发生，但是考虑到中国的具体情况，现在还不具备为安乐死立法的条件。自1994年开始，全国人民代表大会提案组每年都会收到要求为安乐死立法的提案。1997年，在"安乐死全国研讨会"上，参会代表多数拥护安乐死。但鉴于安乐死是一种特殊的死亡类型，其问题比较复杂，涉及道德、伦理、法律、医学等诸多方面，我国至今尚未为之立法。2021年1月1日起正式实施的《中华人民共和国民法典》中规定自然人享有生命权、身体权、健康权等权利。公众对生命权的尊重意识必然会随之上升到新高度，今后有关安乐死的相关议案越来越多也是情理之中、法理之中。安乐死议案不会停止，这些议案必定对推动安乐死法律研究有着重大的积极意义。

> **科研小提示**
>
> 合法化问题是安乐死研究领域的重点和热点。

三、安乐死的伦理争议

在世界范围内，关于人类是否可以选择实施安乐死的辩论从未停息，且随着社会文明的进步和医学的发展愈演愈烈，安乐死是否符合大多数人的意愿，目前尚无科学精准的调查结果，因此，在对待"安乐死"的问题上必须持严肃谨慎的态度。

（一）赞成安乐死的伦理依据

人们对死亡的态度已由原来的单纯恐惧转变为冷静的思考，同样，在对待安乐死问题的抉择上也在不断变化之中。赞成安乐死实施合法化者指出，如何死亡是人们自主选择的结果，是人格尊严的表现，同时也是利益最大化的结果。

1. 彰显人格自主权　安乐死作为一种权利，可以被认为是人格权或人格自主权的具体诠释。根据对人类自主性的理解，如果公民不被赋予私人权利，那就无法承担一个法律主体的地位。从该意义上讲，自主的行动者可以获得自我尊重与理解。尊严是富有理性的人们独立地选择自己的生活，并通过追求自由，创造价值，使其选择得到他人或社会的认可和尊重的心理状态和理想。人格尊严的自主性蕴涵着个人人格的完整以及自主选择的权利。人生的意义不只是"活着"，对尊严的追求是人的特质和基本需求，对尊严的追求可贯穿于人的一生。当患者处于极端痛苦、生命又无可挽救之时，继续盲目维持其生命，是对生命的亵渎。可见，慎重的安乐死可使伦理实践的过程更容易开展，也能更好地尊重患者的意愿。因此，支持者认为，安乐死是一种人格尊严自主性的选择，应予以肯定或保护。

2. 利于保护生命权　维持一个毫无生命质量和生命价值的生命是没有意义的，此时继续延长生命实际上会给临终者增加死亡的痛苦，反而违反了人类向往美好生活的最大愿望。当然，人有权维护自己的生命；然而在生命意义尽失的情况下，人也有选择安乐死、结束痛苦的权利，这是生命权的具体体现。

3. 利于对功利主义原则的深入解读　作为主体资格的人有权拒绝接受某种不愿意接受的治疗与护理，同样有权决定个人死后将给世人留下怎样的记忆。那么当患者自愿选择安乐死时，是否侵害到他人的利益呢？人总有一死，这是不可逆转的自然规律。患者仅通过自主决定死亡的方式以缩减自身所承受的病痛折磨，这并没有侵害到相关利益人的正当权益。另外，患者自愿选择安乐死，在一定程度上避免了对医疗资源的过度消耗，对公共利益也没有损害。可见，安乐死的实施可使有限的卫生资源应用于所需之处，有利于卫生资源的公平合理的分配，更加有利于社会的稳定和长远发展。以幸福、快乐为基调的功利主义伦理学重点关注的是整个社会幸福的最大化，这正是功利主义对安乐死表示支持的理论基点。

4. 利于社会文明的进步　赞成者认为，人类无法掌控自己的"生"，但可以决定自己的死，在生命的最后阶段，用尊严和体面的旋律为自己谢幕。因而，"安乐死"是人类文明进步达到一定高度时的需求，甚至可以说代表着"人权"的至善。安乐死给了濒死之人结束痛苦、安详死去的机会，是对陈旧落后观念的一种挑战，有利于推动社会精神文明发展。

（二）反对安乐死的伦理依据

与支持安乐死的声音比较，反对安乐死的声音更为持久和强烈。反对者表示，生命是神圣的，人有生的权利。在任何情况下、任何时候都不能主动加速患者死亡，否则违背人道主义原则。此外，不可逆的医学诊断不一定准确，实施安乐死可能使患者错过三个机会：①患者可能自我改善的机会；②继续治疗可能恢复的机会；③探索新技术、新方法使该病被治疗的机会。医学一直在实践中前行，在不断的探索中从失败走向成功。目前的不治之症，可能成为将来的可治之病。当今社会反对安乐死的伦理观点主要有：

1．违背生命神圣论　生命神圣论指出：生命是神圣的，任何人都没有伤害自己生命的权利。基于这种观点，人的生命权是人所有其他权利的必要条件，人只有活着，才能享受其他权利。生命是绝对神圣不可侵犯的，而安乐死故意夺取人的生命，故而违反了伦理原则。

2．有悖于人道主义精神　作为一种非正常的死亡方式，安乐死可能会导致弱势群体在社会保险和老年保健面临压力的情况下失去应有的救治，这是对人道主义的背弃。反对者指出，禁止安乐死有助于临终患者更深入地体验人生，更完美地走到生命的尽头。

3．违背医学治病救人的根本原则　传统的医学伦理观认为，医护人员的神圣职责就是救死扶伤、关爱患者。当医生面对身患绝症、承受着极端痛苦的患者迫切地提出安乐死的请求时，是应该尊重患者的愿望还是恪守传统医德延长患者的生命呢？反对安乐死的人们指出，医护人员是患者心目中圣洁的白衣天使，是处于绝境中的患者的唯一依靠，因此，对生命垂危、痛不欲生的患者应给予相应的救治和精神上的安慰，而不是通过安乐死促其放弃生命，甚至剥夺他们的生命。

4．对安乐死诊断的质疑　医护人员对患者实施安乐死的前提是患者身患"不治之症"，病情不可逆转。然而，反对者认为这种诊断未必绝对。由于判断过程中的种种限制，可能会出现患者事实上所患疾病可被治愈，却被诊断为绝症的情况，这反而使患者丧失救治机会。

5．违背传统的亲情观念　在我国传统观念中，十分强调尊老爱幼以及亲人之间危难时的相互扶持。安乐死的实施可能导致我国传统的"孝道"被淡化，放任亲人的死亡。而且安乐死还可能为某些不法之徒拒绝履行赡养义务或谋取遗产提供机会，这将导致严重犯罪，扰乱社会正常秩序。

6．安乐死的自愿原则很难界定　安乐死要求在患者知情同意并自愿提出的基础上才有可能得以施行。而所谓的"自愿"值得怀疑，很难界定。生活经验告诉人们，每个人都有强烈的求生意愿，尤其在濒临死亡边缘之时，求生欲望可能更为强烈。因此，"自愿"这一原则很难分辨和服众。

7．阻碍医学的发展　医学之所以能够不断进步与发展，就在于从业人员在所谓的"绝症"面前不畏艰险、知难而进。但安乐死的实施妨碍了医护人员探索未知的进程，使人们丧失向绝症、顽症提出挑战的机会，这有可能阻碍医学科学的持续发展。

总之，安乐死的出现是人类文明进程的一个重要标志，是各种伦理思想冲突的焦点。安乐死是否应该合理化，并非单纯的医学伦理之争，而是对人类生命意义的评价，以及对生命尊严维护的选择，即在维护生命与消除痛苦二者之间无法兼顾的情况下，如何进行取舍的问题。这一问题的抉择不仅涉及医学与伦理领域，还涉及法律、宗教、社会学等问题，务必慎之又慎。

小　结

死亡人人无法回避。死亡标准经历了从传统心肺死亡标准到脑死亡标准的演变。脑死亡标准对于维护患者"死"的尊严、科学判定死亡以及推动器官移植具有重要的伦理价值。而接受死亡教育，树立科学的死亡观，不仅有助于正视死亡问题，更利于理解生的价值与意义。安宁疗护是对临终患者的舒缓疗护与全人关怀，是医学人道主义的升华，体现了生命神圣论、生命质量论和生命价值论的统一。做好安宁疗护，应以患者为中心，尊重临终者权利，全面关怀。安乐死的界定与认同尚未达成共识。反对者认为安乐死违背生命神圣论和治病救人的原则。赞同者则认为安乐死符合患者利益，彰显人格自主权利。目前有少数国家和地区已实施安乐死立法，我国至今尚未为之立法。

思考题

1. 简述脑死亡的伦理意义、判断标准。
2. 安宁疗护的伦理原则有哪些？
3. 简述安宁疗护的概念及其道德要求。
4. 安乐死与安宁疗护有何区别？
5. 瑞士卢塞恩警方从 2001 年 6 月起注意到，当地一所养老院的老人相继"突然"死亡，经细致调查后逮捕了一名曾在此巡诊的 34 岁男护士，并对其进行心理检查，结果"完全正常"。瑞士卢塞恩法院经 2 年多调查核实，这名"死亡护士"在 1995—2001 年期间，利用职务之便，"协助" 27 名老年患者安乐死。死亡人数之多、手段之残酷是瑞士历史上所没有的。受害者年龄从 66 岁至 95 岁不等，其中 4 名男性，23 名女性。他使用的手段是先注射过量药物，然后用塑料袋或毛巾套头把患者闷死。这名护士辩称，他的做法是"出于人道主义"，既可减轻患者受病痛折磨，同时也减轻自己和同事们超负荷的工作。你对这名护士所谓的"人道主义"行为怎么看？

（王　湘）

第九章 科研工作与伦理道德

第九章数字资源

导学目标

通过本章内容的学习，学生应能够：

◆ **基本目标**
1. 解释护理科研工作中的伦理道德规范。
2. 说明护理科研的科研诚信要求和科研越轨行为。
3. 复述人体实验中的伦理道德。
4. 应用护理科研工作中的道德规范概述人体实验中的伦理矛盾和器官移植中的主要伦理道德问题。

◆ **发展目标**
1. 根据不同研究情况，严格遵守护理科研工作中的伦理道德规范。
2. 综合运用护理科研诚信要求和相关道德规范对具体案例进行分析和伦理评价。

著名科学家爱因斯坦曾说过："我们切莫忘记，仅凭知识和技巧并不能给人类的生活带来幸福和尊严。人类完全有理由把崇高的道德标准和价值观的宣道士置于客观真理的发现者之上。"由此可见，科研伦理道德在科研工作中可形成一定的规范，指引着科研人员的行动。近年来，因论文撰写编辑、人体实验等重大科技伦理事件频发，使得科研伦理治理问题成为国内外学术界和实践界关注的焦点。2019年3月，我国政府工作报告明确提出，要加强科研伦理和学风建设，惩戒学术不端行为，力戒浮躁之风。2019年5月 Nature 刊登中国学者的评论文章，进一步探讨了"中国科研伦理治理问题"。目前，加强科研伦理制度化建设、推动科研伦理治理现代化已成为全社会共同的呼声。科研伦理治理问题的提出，也为护理学科的可持续发展和技术创新提供了一定的指引。因此，必须在护理科研实践中加强对护理科研工作者科研伦理学知识的教育，并注意培养他们树立正确的科研伦理道德观念。与此同时，护士也参与到20世纪医学史上高科技医疗技术——器官移植技术中，器官移植在给人类带来莫大福祉的同时，其伦理问题也日益凸显，主要集中在器官的来源、摘取时机、分配方式、排队与急救的矛盾等方面。

第一节　护理科研中的伦理道德

案例 9-1

某研究者为探究基于手机 APP 的心理干预模式对产妇抑郁情绪的影响，在干预研究设计中选择一定数量的产妇，并将其随机分为干预组和对照组。在干预进行过程中，对干预组实施基于手机 APP 的心理干预，为对照组产妇实施基于手机 APP 的常规产后指导。研究者于干预前、干预结束后和干预结束后 3 个月采用爱丁堡产后抑郁量表调查评估参与者的抑郁情绪状况。

请回答：
1. 案例中研究者的做法违反了哪些伦理道德规范？
2. 该研究实施过程中存在哪些越轨行为？

护理学是一门具有很强的科学性和实践性的专业学科，需要在有充分理论知识指导下开展工作。应用护理程序开展护理工作的过程实质上就是应用科学的方法解决护理学科问题的过程。因此，通过不断学习和开展科学研究来提高护理学科水平是每一位护理工作者的职责。在护理研究中，多数研究对象是人，特别是在护理实践中护理人员之间，以及护理人员与患者、与其他医务人员、与社会之间关系的道德意识、规范和行为。为保证被研究者的权益，要求研究者在护理研究过程中必须严格遵守护理科研道德和伦理要求。学习生物学研究的伦理原则、遵守护理科研道德规范、讲求科研诚信有利于指导护理研究的实践工作，提高护士道德水平；有利于护理技术与伦理的统一，提高护理质量；有利于护士解决护理道德难题，促进护理学科的发展。

一、护理科研的特点

护理科研是指通过科学的探究，揭示护理现象的本质，探索护理活动的规律，产生新的护理思想和护理知识，解决护理教育、护理实践和护理管理中的问题，为护理决策提供可靠且有价值的证据，以提升护理学科重要性的系统过程。随着现代科学技术的进步，护理科研进入了一个崭新的研究阶段，护理科研的对象主要是人，因此护理科研除了具有一般科研特点外，还具有其特殊性。

（一）研究对象的特殊性

护理科研的研究对象主要是人，而人是世界上最为复杂的生物体，人的自然属性、社会属性和精神属性决定了护理研究对象的特殊性。因此，护理科研既要探索护理活动的规律，揭示护理现象的本质，又要在解决护理教育、护理实践和护理管理等问题时，兼顾人的自然属性、社会属性和精神属性的影响，这样才能获得一定的科学知识，达到预期科研目标。除此之外，研究过程和研究结果直接关系到人类的身心健康与生命安危，涉及整个家庭的悲欢离合，研究人员应具有一定的预见性和较强的责任心，注意临床实验研究的应用性，不仅要考虑到研究对患者治疗的进展，也要考虑到研究不能增加患者及其家庭的额外医疗开支；更不能因为研究而延误患者的正常治疗，导致疾病迁延或进展。

（二）研究内容的广泛性

21世纪以来，护理功能的多样性使护理科研领域呈现出更为广阔的发展前景。护理学是一门综合性的应用学科，涉及护理管理、护理教育、护理理论、护理技术、急救护理、重症监护、心理护理、护患关系、医疗新技术和新业务的配合，以及社区护理和家庭护理等多个方面。因此，护理科研不仅需立足于护理自身范畴，而且要致力于护理与其他学科交叉渗透后的一些新课题之中。随着现代科学的高度发展和广泛综合，护理研究也逐步走向全球化，护理科研范围呈不断扩大的趋势，与不同国家及不同地域之间的合作与联系日益增多。研究者在注重护理专业的同时，还应特别关注国际间相关学科的最新发展动态，提高自身素养，扩宽研究思路，树立综合客观的研究理念，以开展更深层次及广泛内涵的护理研究。

（三）研究方法的多样性

随着护理研究范畴的不断扩展，研究方法也日益完善和丰富。科研方法的核心内容是设计、测量和评价。在护理科研中主要依据不同的研究设计而采用不同的研究方法。按照研究的性质可以采用量性研究、质性研究以及混合方法研究。常用的量性研究主要包括实验性研究、类实验性研究和非类实验性研究。质性研究主要包括现象学研究、扎根理论研究、人种学研究、历史研究、个案研究和行动研究等。混合方法研究是量性研究及质性研究的结合，因为量性研究及质性研究可以从不同角度对护理现象和护理问题进行分析研究，用以验证和补充研究结果。但护理研究除护理学知识外，还包括人文和社会学等内容，因此在未来的研究中应参考其他与护理相关的学科，如心理学、社会学的研究方法，并结合护理研究现状，进而发展建立具有护理学特色的研究方法。

（四）研究过程的复杂性

护理专业的特点决定了护理研究过程的复杂性，护理研究的复杂性不仅取决于研究对象的复杂性，更取决于研究实践的复杂性。由于研究对象在生理、心理、社会、精神、文化等方面的差异性，直接导致了测量指标结果的变异性较大。尤其在实践过程中，需考虑到患者的感受，某些心理社会指标不能直接获取，只能采用某些方法间接获得，这在一定程度上增加了研究误差。同时，目前护理科研工作正在实践中摸索前行，在研究实践过程中无法人为控制全部研究对象的生活环境和自身思维，这些不可控因素均会在一定程度上降低研究结果的准确程度。所以在护理科研中，应充分考虑到研究过程的复杂性，需要通过严谨的科研设计及细致的观察和精准的测量，并对研究资料进行科学的、有逻辑性的且多元的综合分析，才能使研究结果更为科学、客观和准确。

（五）研究结果的公益性

护理科研的最终目的是通过研究结果来科学地指导临床护理工作，使护理工作有序可行、有迹可循。在开展护理科研工作的过程中，有助于提高护理人员的自身素养，丰富其知识眼界，培养其团队精神，最终使整体护理工作质量得到提升，体现护理工作的价值。同时，部分护理研究结果也有益于人类健康，为疾病的治愈提供新的方向。由此可见，护理科研结果具有社会公益性。

随堂测 9-1

二、护理科研道德的意义

护理科研道德是护理人员在研究中的行为准则。护理科研道德并不是要阻碍或束缚护理学科的发展，而是要为护理学发展保驾护航，创造良好的环境，促进护理事业的蓬勃发展。同时要有必要的道德和伦理学规范维护患者的权利和尊严。因此，强调护理科研道德具有重要的意义和作用。

（一）保证护理科研沿着正确的方向发展

在护理科研中坚持遵守伦理道德规范能够保证科研选题、研究设计、具体实施和成果应用的严谨性、科学性和实用性，同时能够避免研究过程中出现不必要的差错和纠纷，提高护理水平和服务质量，加速患者康复进程，从而促使护理科研的整个过程都保持着正确的发展方向，维护和促进人类的健康，推动护理事业的发展。

（二）有利于激励护理科研人员奋发进取

崇高的护理科研道德可以激励护理科研工作者不断发挥自我潜能、积极进取、勇往直前，从而取得最终的科研成果。历史科研实践表明，许多有成就的科研工作者，不仅具有渊博的知识和精湛的技术，更具有高尚的、坚毅的科研道德，才能最终取得科研事业的成功。

（三）有利于培养护理科研团队精神

随着科学技术在医学中的迅猛发展，护理学与其他学科之间相互影响、相互渗透的现象日益明显。护理科研成果的取得往往需要多人或多学科的参与才能实现，这就要求科研工作者相互尊重、团结协作，如果科研人员缺乏良好的道德素养，以自我为中心或各自为政、没有全局观，就会阻碍科研工作的顺利进行。高尚的护理科研道德可以促使科研人员做到正确评价自己，谦虚谨慎，团结协作，取长补短，并尊重他人的劳动，处理好个人与集体的关系，从而增强整体研究实力，保证科研工作的顺利开展。

（四）为完成科研任务和取得科研成果提供有力支持

护理科研成果的取得除了要有精深的学术造诣外，还必须拥有崇高的护理科研道德。当崇高的护理科研道德被科研人员所接受后，会促使他们在科研工作中形成自觉的道德意识，从而激发他们从事护理科研的坚定信念，并且对研究计划的实施产生强大的动力，这是护理科研取得可靠成果的重要前提和有力支持。

（五）为评价科研成就提供重要保证

在科研领域中，人们对科研成就的评价，不仅要考虑科研人员在科研上取得的成果价值，而且更应重视科研人员的道德品质和研究成果本身道德意义的评价。爱因斯坦在评价居里夫人时深刻地指出："第一流人物对于时代和历史的意义，在其道德品质方面，也许比单纯的才智成就方面还要大。即使是后者，他们取决于品格的程度，也远超过通常所认为的那样。"

随堂测 9-2

三、护理科研的道德规范

道德规范问题贯穿于护理研究的每一个环节，包括科研选题，研究设计，资料收集，成果发表、鉴定、应用和推广等。因此，护理科研人员在研究过程中必须明确护理科研道德规范。

（一）目的明确，动机纯正

在护理科研工作中，目的和动机支配着科研人员的一切行为。目的把握方向，动机支配行动。崇高的目的和纯正的动机是护理科研伦理道德的灵魂，是保证护理学稳步发展的必要条件。护理科研人员的道德修养取决于其研究动机和所追求的最终目的。护理科研的根本目的是寻求生命本质，促进人类健康、预防疾病、减轻疾病所带来的痛苦，在此过程中发展护理学理论和技术，最终提高人类健康水平和生活质量。因此，从事护理科研工作的人员必须以人民健康需求为出发点，明确科研动机和目的，才能产生巨大的科研动力，发挥出最大的自身潜力，获得严谨的研究结果，促进广大人民身心健康和学科进步。

（二）实事求是，严谨治学

护理科研的最终目标是形成、提炼或扩展护理领域的知识，从而提高护理实践的科学性、系统性和有效性。因此要求护理科研人员必须具备严密的科研思维、严肃的科学态度和严格的科学作风以及严谨的科学方法；科研诚信是创新的基石，所以必须坚持实事求是、严谨治学的科研态度。具体表现为以下几个方面：

1. 遵循伦理准则，保证信息准确 遵循科研伦理准则，主动申请伦理审查，接受伦理监督，切实保障受试者的合法权益。同时，注意在进行项目申请等科研与学术活动时，必须保证所提供的学历、工作经历、发表论文、出版专著、获奖证明、引用论文、专利证明等相关信息真实、准确。

2. 理论知识扎实，研究设计合理 以科学理论为依据，在临床实践和统计学知识基础上进行科研设计，使之具有严格性、合理性和可行性。真实和准确地记载实验中的各种反应及客观情况，确保实验的准确性、可靠性和可重复性。

3. 尊重客观结果，保护知识产权 综合实验结果，客观分析和比较实验所得的各种数据，不得主观臆造和随意删除实验中的任何客观反映，也不得隐瞒和附加任何主观因素。在引用他人已发表的研究观点、数据、图像、结果或其他研究资料时，要保证真实准确并诚实注明出处，引文注释和参考文献标注要符合学术规范。

4. 坚持忠于职守，确保材料真实 在作为评审专家、咨询专家、评估人员、经费审计人员参加科技评审等活动时，要忠于职守，严格按照有关规定、程序和办法，实事求是，独立、客观、公正地开展工作，提供负责任、高质量的咨询评审意见，不得违规谋取私利。同时在项目验收、成果登记及申报奖励时，须提供真实、完整的材料，包括发表论文、文献引用、第三方评价证明等。

（三）谦虚谨慎，团结协作

谦虚谨慎是护理科研人员应具备的基本品德，是团结协作做好科研的基础。只有谦虚谨慎、尊重他人，才能赢得他人的尊重。目前，国与国、地域之间的合作日益密切，使护理科研活动也逐步走向全球化道路。我们是站在前人的肩膀上不断发展护理学科，因此在护理科研中应该尊重各国前辈和同行，抱着谦虚谨慎的态度共同扶持发展护理学科。另外，随着医学科学的发展，现在的护理科研已然呈现出多学科相互融合、渗透交叉的趋势。许多护理学方面的课题研究需要以社会学、心理学等学科为研究背景和研究基础，只有开展多学科、多部门的合作才能使科研项目顺利开展，达到预期研究目标。这要求护理科研人员必须具有团结协作精神，彼此间相互尊重、资源共享、相互支持、信守承诺，唯有如此才能使研究思路不断扩展，促进科研项目有序进行，带动护理学科发展和科学的进步。

（四）高度负责，锐意创新

高度负责，是指在护理科研中必须以对人类健康和社会发展极度负责的精神来权衡利弊。不能为了个人名利混淆科研成果，同时防止、克服科研成果给参与者带来的潜在危害。锐意创新，是指在护理科研中研究出前所未有的新技术、新方法和新发明等。创新是科研的生命，创新精神和创造意识对护理学科的发展具有重要意义。在现代多元化护理研究发展的洪流中，护理科研人员既要不断努力扩充自己的知识，提高自己的学术水平，更新观念，培养多元化科学观；还要多思考、善分析，从研究结果中不断发现问题并解决问题，具备勇于突破、敢于超越的创新精神，从而推动护理事业不断前行。

（五）知情同意，保护隐私

科研成果都是为人类谋利益，为护理学科发展做贡献，从这个意义上讲，科研成果是全人类的，没有绝对的保密。但在现实生活中，由于国家和社会制度的不同、人文思想的不同，追求的科研目标也不同。各个国家都制定了相应的法律、法规来对本国科研成果进行保密，私自泄密者将被视为国家的叛逆者，不但要受到道义上的谴责，而且还要受到严厉的法律制裁。各单位或个人之间也存在着维护集体和个人经济权益的问题，所以国家专门制定了科学保密分级、专利法以保护国家、集体和个人的合法权益，因此护理科研及成果在一定条件下保密是被允许的，也是符合科研道德原则的。

在护理科研实践的过程中，针对涉及人体实验的研究项目，负责此项目的科研人员必须亲自向参与者出示"知情同意书"，告知其参与此项目的获益及风险，并征得参与者同意后方可进行。同时，不仅对参与者的个人隐私资料予以保密，更要保护国家、集体和个人利益，维护好研究的知识产权。例如艾滋病患者的确认报告属于个人隐私，坚决不得泄露给他人。

四、护理科研工作中的越轨行为与道德要求

进行护理研究的目的是通过准确地实施、报告和总结研究结果来产生新的知识。然而，部分研究者因受到各种利益的诱惑和压力的驱使而无视科研中的道德规范和伦理要求，会表现出一些科研越轨行为，这已成为当今学术界亟待解决的重点问题，并受到社会的广泛关注。科研越轨行为，是指发生在科研项目申请、评审、实施、结题和成果发表与应用等活动中，偏离科学共同体行为规范，违背科研诚信和科研伦理行为准则的行为。科研越轨行为对于科学界的负面影响是必然的，但是对于社会生活和个人的影响也不容忽视。在护理科研中的每个环节都可能出现越轨行为，因此护理研究人员应在研究选题、设计、收集资料与分析，以及科研成果的发表与推广过程中坚持客观、公正、求实的原则，做到真正为科学献身，坚决杜绝科研越轨行为的发生。

（一）科研选题与申请立项的越轨行为与道德要求

1. 科研选题与申请立项的越轨行为　科研人员动机不纯，仅选择对自己名利双收的课题，对无名利、难突破和经费有限的课题不予考虑。甚至为了成功立项而弄虚作假，伪造、篡改实验数据，捏造或夸大已有研究成果，借助他人名义和名人效应来达到立项成果的目的，隐匿或忽视科研项目实施后可能存在的负面影响。近年来，国内外因涉嫌伪造和篡改实验数据而被撤稿的报道屡见不鲜。如，美国《撤稿观察》等网站报道，从多个医学期刊上撤回仅1名科研人员的论文的数量高达31篇，这些论文均涉嫌伪造和篡改实验数据来达到自己立项成果的目的，对该科研领域造成严重影响。

项目评审专家评审立场不坚定，利用工作便利为熟人"开后门"，忽视真正能推动护理科研发展的项目，对项目评审敷衍了事，没有做到公正点评、公平对待项目申请人。甚至为了谋取私利，故意泄露有关项目申请、中期检查和结题方面的要求和倾向。

2. 科研选题与申请立项的道德要求　护理科研人员在确定选题时要符合国家、社会和人民的需要及利益，满足护理学科的发展及要求。科研动机纯正，尊重已有的客观事实和研究结果，保证不弄虚作假，不伪造、篡改实验数据，选题具有一定的科学、探索性和创新性。同时，保证申报的材料真实、准确，未经他人同意不得借助其名气将其列为课题组成员，并坚持正当和客观的原则合理申请科研项目。

项目评审专家应当认真履行评审职责，对与科学基金项目相关的通讯评审、会议评审、中期检查、结题审查以及其他评审事项进行公正评审，不得违反相关回避、保密规定或者利用工作便利谋取不正当利益。

（二）科研实施过程中的越轨行为与道德要求

1. 科研实施过程中的越轨行为　科研人员为达目的违背知情同意原则，对涉及人类作为受试者的实验，采用欺瞒、诱惑或强迫的手段取得受试者的"同意"，或并未及时告知受试者研究有可能给其带来的危害和所获得的利益机会。在研究过程中，未做好一定的保密措施，没有经研究对象同意随意公开其带有身份特征的个人信息。为了预想和特定的研究结果任意编造、篡改或拼凑数据，甚至挪用经费。

2. 科研实施过程中的道德要求　护理科研人员在实施研究过程中要严格按照科研设计的科学性、创新性和可重复性原则有序进行实验。遵循受试者知情同意原则，让受试者了解有关该项目的危害与利益，自主同意参与研究，并做好相应的安全保密措施。同时，遵守实验室操作规程并选择合适的数据收集方法，保证数据的原始性、真实性和完整性；做好质量控制，采用正确的统计学方法和客观的理论基础进行数据分析。在实验结束后保存好所有原始资料及记录，以备检查。此外，制定科研经费的管理和监管制度，保证科研经费的正当使用。

(三)科研论文发表中的越轨行为与道德要求

1. 科研论文发表中的越轨行为 科研人员在科研论文发表中也存在越轨行为,主要表现为:涉及人的研究没有获得受试者的知情同意或相应机构组织的伦理委员会批准;将不够成熟、可信性和可靠性较低的研究成果提前发表,以获取知识优先权;参考或应用前人研究成果而得出结论时,不予引用或注明出处;为了个人利益而抄袭、剽窃他人研究成果,应该署名的未署名,不该署名者给署名,甚至买卖文章;科研成果发表时无意识或不恰当地公开了个人或机密信息,对社会和个人造成不良影响;过于追求论文命中率而一稿多投或者重复发表。

2. 科研论文发表中的道德要求 护理科研人员在论文发表过程中应严格遵守知情同意和伦理原则,对涉及人体实验的论文发表,均需出示受试者参与实验的知情同意书和相关机构组织的伦理委员会审查批准证明。尊重真实的研究结果,并通过科学的分析进行观点归纳,以严谨客观的态度推导出真实可靠的结论,不能凭空杜撰。在引用他人观点或成果时,应当力求准确,按照论文发表要求和标准示例引用观点出处或参考文献,以明确区分出自己和他人的研究成果。同时,严格规范论文发表程序,杜绝抄袭、一稿多投等不正之风,并对自己发表的研究成果负责。最后,根据对研究贡献的多少排列作者署名顺序,拒绝不实"挂名"。对此,2021年国家卫生健康委员会、教育部发布了《关于开展医学科研诚信与作风学风建设专项教育整治活动的通知》。通过组织科研诚信教育、开展存量论文自查、正在开展科研工作自查及签订科研诚信承诺书等方式来保证科研论文发表的真实性,提醒科研人员时刻注意科研论文发表中应遵循的道德要求。

(四)科研成果鉴定中的越轨行为与道德要求

1. 科研成果鉴定中的越轨行为 当科研人员得知科研成果将进行同行鉴定或相关部门验收时,私下接触、利诱甚至使用贿赂等手段收买评议组织,以及评议中含有虚假的不实效益报告。评议组织由于个人偏见或利益冲突而刻意夸大或贬低研究价值,使科研成果的鉴定未做到匿名评议。评议人员未经过严格审查就肆意扩散科研成果并大力宣传,以获取一定的经济利益或相关荣誉。

2. 科研成果鉴定中的道德要求 护理科研人员在进行成果鉴定时,要坚持实事求是、尊重事实、尊重科学的原则,提供详实、可靠的资料供评议组织审核,避免捏造虚假材料和夸大研究效果。评议双方应把造福人类的道德选择放在第一位,坚决不能收受贿赂,杜绝不正之风。评议人员要严格按照科研成果鉴定程序和时间,客观、公正地评议科研成果。

第二节 人体实验的伦理道德

案例 9-2

患者宋某,女,8岁,因颈部包块来医院就诊,最后经病理学检查确定为甲状腺癌,并有颈部淋巴结转移。经周密考虑,医生同宋某母亲进行了如下谈话:①根据患者所患癌症的病理类型,患者对化疗、放疗不敏感,放疗、化疗只能起到维持作用,几乎没有根治的可能。②常规的甲状腺癌根治术5年存活率较高,手术成功希望大。但术后不可避免地造成颈部塌陷变形,肩部下垂,身体外观和功能都要受到一定损害。③改良型甲状腺癌根治术的5年存活率无明确定论,有文献报道效果较好,术后不会出现身体外观的明显改变。但本院只有2名医生学习过该手术,本院尚未开展此手术,手术成功的把握性不确定。

> **案例 9-2（续）**
>
> 根据上述情况，宋某母亲提出采用改良型手术，医生接受了宋某母亲的选择。
> 请回答：
> 1. 该案例属于人体实验吗？为什么？
> 2. 该过程符合伦理道德吗？

人体实验是医学科学发展的基础和前提，是科研成果临床应用的中间环节。在人体实验过程中，研究者面对的是特殊的研究对象——人，因此，医学研究人员明确人体实验的道德责任和道德原则以保证其在道德上的正当性是十分必要的。

一、人体实验及其类型

（一）人体实验的含义

人体实验（experiment on human being）是以人体作为受试对象，用科学的实验手段，有控制地对受试者进行考察和研究的医学行为过程。它是在基础理论研究和动物实验之后、临床应用之前的一个中间环节。人体实验概念中的人体是一个由尸体、活体、个体和群体所构成的特殊系统，实验的概念则包括观察、测量、解剖、试验等几个研究层次在方法上的连续和统一。

（二）人体实验的类型

根据应用价值划分，人体实验可以分为临床人体试验和非临床人体试验。根据研究发生原因不同，人体实验可分为天然实验和人为实验两大类型。天然实验是指实验的发生、发展和后果是一种自然演进过程，不以医学科研人员的意志为转移，如战争、饥荒、地震、瘟疫及疾病高发区的调查研究和实地考察。人为实验是指医学科研人员按照随机的原则，对受试者进行有控制的观察和实验研究，以检验研究成果、假说等正确与否及效应大小的过程。根据实验中受试对象及其参与意愿的不同，又分为自体实验、自愿实验、强迫实验和欺骗实验。

1. 自体实验 是研究者利用自己的身体进行的实验研究。研究者因担心实验会给他人带来不利影响，或者试图通过实验亲自感受以获取第一手资料而在自己身上进行实验。澳大利亚消化科临床医生巴里·马歇尔与罗宾·沃伦合作，推断幽门螺杆菌可能是胃炎和消化性溃疡的病因就是采用自体实验而获得的。此类实验有结果准确等优点，但具有一定的风险性，反映了科研人员为人类健康探索真理的奉献精神。

2. 自愿实验 指受试者在一定的社会目的或经济目的的支配下，在充分知情的前提下自愿参加的实验研究，如某些新药、新的诊断治疗技术的临床试验等。这是人体实验中最常见的一种。受试者可以是患者，也可以是健康人或社会志愿者。此类实验有益于人类医学领域研究，但实验者应承担对受试者的道德责任。

3. 强迫实验 指在一定的政治或武力压迫下，强迫受试者违背自己的意愿而不得不参加的人体实验。这种实验不管后果如何，都是不道德的，应当在道德和法律上受到谴责和制裁。

4. 欺骗实验 指通过向受试者传达假信息的方式，引诱或欺骗受试者参加的人体实验。这种人体实验侵犯了受试者的知情同意权，损害了受试者的利益，是不道德的，应受到道德的谴责和法律的制裁。

（三）人体实验的意义

人体实验是医学科研的重要手段，对于促进医学科学的发展、维护人类的自身利益有重要的意义。

1. 人体实验是医学的起点和发展手段　人体实验是医学发展的基础。从医学发展的历史来看，医学的每一次进步，都离不开人体实验，没有人体实验就没有医学的发展。早在古代，中国就有"伏羲氏尝百味而制九针""神农尝百草，一日而遇七十毒"的传说，李时珍为写《本草纲目》亲尝药性，钟惠澜夫妇在自己身上进行黑热病病原体试验。而一些曾经致命疾病的攻克也都离不开人体实验，如传染性疾病天花的攻克，英国医生爱德华·琴纳（Edward Jenner, 1749—1823）通过接种牛痘的人体实验，才征服了这一可怕的疾病，取得了人类医学史上的巨大进步；拉奇尔用疫蚊叮咬自己以证明蚊是传播黄热病的"元凶"。正是许许多多医学家进行人体实验取得的成果，为医学科学的发展奠定了坚实的基础。医学的任何新理论、新方法，无论是经过何种人体外实验、多少次成功的动物实验，在常规临床应用之前，都必须通过临床性人体实验的验证，才能推广应用。当今的医学，无论是基础医学还是临床医学研究，无论是诊断还是治疗，在一定程度上都离不开人体实验。随着医学科学的进一步发展，人体实验在整个医学发展中的地位和作用日益突出。现代优生学、体外受精、器官移植、基因工程等医学高新技术的研究，无一不是以人体实验为基础的。因此，人体实验不仅是医学的起点，也是医学研究的最后阶段。

2. 人体实验是医学研究成果临床应用之前的中间环节，也是医学实验的最后阶段　医学科研最终都将服务于临床实践，都将涉及人的生命安危。因此，一切医学科研成果，在应用于临床之前，都需要经过人体实验这个验证过程。由于人和动物之间的种属差异，动物对药性的反应与人体有很大区别，而且有些疾病在动物身上是不能复制出来的，任何一项新技术和新药物在推广应用到人体之前，不管已经重复了多少次动物实验，总要经过人体实验阶段。可见科学的人体实验是保障人类健康、促进医学发展的必要环节和重要手段。只有当临床证明医学新技术和新药物确实对人体无害而又有益于疾病的治疗时，才能在临床上推广和应用。

> **知识链接**
>
> **护士在新药临床试验中的主要职责**
>
> 1. 一般性职责　参加临床药理知识的培训，明确临床试验的性质、任务、目的和要求；协助病例筛选，防止病例失访；加强药品管理及受试者服药期间的护理；标本采集；资料的收集与整理；不良反应的监测。
>
> 2. 各期临床试验中的护理配合
>
> （1）Ⅰ期临床试验的护理工作不同于常规护理，面对的是健康受试者，在病房管理上需提供受试者活动场所和内容，并对受试者进行心理辅导，同时需要监督受试者的饮食、饮水及活动范围，在实施护理时应遵循保护受试者的权益并保障其安全，以及确保操作过程规范、观察结果真实可靠两大基本原则。
>
> （2）Ⅱ期临床试验为随机盲法对照试验，护士除一般职责外，还需要注意配合医生确定新药的临床疗效和安全性，努力做到盲法给药和临床观察，保证结果的客观可靠。
>
> （3）Ⅲ期临床试验与Ⅱ期临床试验的要求基本相似，但一般不要求双盲，由于试验是在多个临床药理基地中进行的，所以需要注意各研究单位之间的协调统一、资源共享和沟通。
>
> （4）Ⅳ期临床试验的内容更为广泛，迄今为止尚无明确的规定和要求。

二、人体实验中的伦理矛盾

人体实验的医学价值是显而易见的,但是它客观上确实存在着不明确性和危险性。人体实验的利弊两重性主要体现在以下几个方面。

(一) 利与害的矛盾

从科学价值上来说,人体实验无论成功还是失败,都具有科学价值,能够为医学科学的发展积累经验、提供教训。但人体实验对受害者的损害是难以避免的,尽管实验前要求充分准备以防止意外的发生,但由于人的个体差异较大,有些情况变化莫测,意外很难避免。不同的实验方法对受试者的价值是不同的,其中包括利大于害、利害不明、有害无利等情况。人体实验处于利与弊的矛盾中,实验者应选择最佳的实验方法,尽力减少对受试者的伤害。

(二) 科学利益与受试者利益的矛盾

科学利益与受试者利益从根本上看是一致的,但在实践过程中又是矛盾的。成功的人体实验实现了科学利益与受试者个体利益的和谐统一。即便是失败的人体实验,也可以帮助研究人员吸取教训,总结经验。因此,人体实验无论结果如何,都有科学价值,符合社会公众利益。但具体落实到受试者身上,失败的人体实验则会损害受试者个人的健康和利益。在实验过程中,实验者应坚持受试者利益第一的原则,当科学利益与受试者利益发生冲突时,科学利益必须让位于受试者利益。

(三) 自愿与无奈的矛盾

人体实验是以人体作为受试对象的,因此作为受试的人应当是自愿的。但有的自愿者是由于金钱、生活所迫而同意或签字的,有的自愿者是出于对自己疾病救治的期望,这种情况在道德上就会出现自愿与无奈的矛盾。至于非志愿实验,即迫于武力或政治压力或受医师的欺骗、胁迫、诱导而参加的实验更不是真正的自愿。

(四) 主动与被动的矛盾

在人体实验中,实验者完全明确实验的目的、要求、途径和方法,在一定程度上对后果的利与害也有所估计,且对可能出现的危害制订了相应补救措施,所以处于主动地位。而受试者则对实验的目的、要求和方法大多不了解或不明确,对可能发生的危害亦无相应的措施,因此是被动的、盲目的。

(五) 继续与中止的矛盾

在受试者对人体实验知情同意的情况下,实验者可以进行并继续实验,但如果实验过程中发现受试者有可能伤残或死亡,不论受试者本身是否意识或者感受到危险的存在,实验者都应该立即中止实验。受试者有权在实验的任何阶段中止实验。对中止实验的受试者,实验者不得进行报复,否则将受到道德的谴责和法律的制裁。

三、人体实验中的伦理道德

1946年,国际社会谴责了第二次世界大战期间纳粹医生拿人做试验品的罪行,制订了关于人体实验的国际准则——《纽伦堡法典》,提出了以充分保护受试者利益为核心内容的10项声明。1964年,在芬兰的赫尔辛基召开的第十八届世界医学大会上正式通过了《赫尔辛基宣言》,具体规定了人体实验的道德原则和限制条件,并于之后几届会议进行修订,进一步强调对弱势群体的保护。1974年,美国国会任命了一个国家委员会,以审核临床研究的基本原则和伦理问题,这个委员会于1979年提出了一份《贝尔蒙报告》,该报告提出了医学研究中的保护人类受试者的三条基本的伦理学原则,即"尊重人"的原则、"受益"的原则和"公正"的原则。2002年国际医学科学组织理事会和世界卫生组织联合制订了《涉及人的生物医学研究的国际伦理准则》,提出了涉及人的生物医学研究的21条准则。我国2003年颁布了《药物临床试验质量管理规范》，后期进行了修订，于 2020 年 7 月 1 日正式实施，2016 年 12 月 1 日正式实施了《涉及人的生物医学研究伦理审查办法》，这些法规规范了涉及人的生物医学研究和相关技术的应用。综上所述，科研人员在进行人体实验时会涉及下面几个方面的伦理道德。

（一）人体实验的正当目的

医学科研中的人体实验必须以改进疾病的诊断、治疗和预防措施，以及针对疾病病因学与发病机制的了解，增进人类健康为目的，也就是说医学目的是人体实验的唯一目的。只有出于医学目的的人体实验才是正当的，一切背离医学目的的行为都是不道德的。针对弱势人群的医学研究，仅当研究是出于弱势人群的健康需求或卫生工作需要，同时又无法在非弱势人群中开展时，这些研究才是正当的。招募弱势人群而不加以充分保护是不公正的，但是不让弱势人群参与实验，因而使他们享受不到科学进步的益处也是不公正的。

人体实验的目的必须公开，使其具有相当的透明度。《纽伦堡法典》明确规定：实验者必须向受试者告知实验目的。《涉及人的生物医学研究的国际伦理准则》明确规定，实验者必须向伦理审查委员会报告的第一类信息是："在当前知识允许的情况下，清楚说明研究的目标以及进行研究的理由"。

（二）选择受试者中的伦理道德

选择受试者时，现在国际上通行的准则是公平分配负担与收益，即公平准则。公平分配是指任何个人、群体或阶层在参与研究时都不得超过其所应承受的公平的负担；同时任何个人、群体或阶层都不得被剥夺其所应公平享有的研究利益，包括近期或远期的利益、参与研究的直接利益和研究所产生的新知识带来的利益。受试者的选择要充分权衡受试者的负担和受益，只有受益大于负担，或至少是两者大体平衡时，方可选作受试者。受试者只想享有实验利益，实验者只想让受试者作为手段、承受实验负担，或者让某一受试者承受过分负担，而把由此换来的收益让另外的人享有，这些做法都是不合理的。

选择弱势群体中的受试者，公平准则需要有强调的或补充的要求。弱势群体通常是指缺少自主行为能力或者自由选择受限制的人群，主要包括儿童、智力或行为能力存在严重障碍的人。在这样的群体中选择受试者时，确实需要特别强调所作选择必须具有特殊理由，并且选择一旦确定，就需要特别要求实验者必须具备严格保障受试者权益的特殊措施，并且应该保证这些人群从研究结果，包括知识、实践和干预中获益。

选择更为特殊的受试者，还必须遵循更为特殊的伦理规则。例如，孕妇或哺乳期妇女绝对不能被选择用作临床研究的受试者，除非这项研究的目的是获取关于妊娠或哺乳的知识，而又无法用未孕或非哺乳期女性作为合适的受试者，并且该项研究对胚胎或婴儿的影响极小。

（三）受试者完全知情同意

《涉及人的生物医学研究的国际伦理准则》中指出："对所有涉及人的生物医学研究，研究者必须取得未来受试者的知情同意，或在其无知情同意能力时，取得按现行法律合法授权的代表的允许。免除知情同意是少见的或例外的，在各种情况下都必须取得伦理审查委员会的批准"。知情同意原则被认为是人体实验的基本伦理原则，人体实验需要得到受试者的同意。实验者在进行人体实验前应告知受试者实验的目的、方法、过程、预期的好处和潜在的危险，以及可能出现的危害和损伤，同时保证受试者任何时候都有撤销同意的自由。《赫尔辛基宣言》中也指出："如果潜在受试者不具备知情同意的能力，医生必须从其法定代理人处设法征得知情同意。这些不具备知情同意能力的受试者决不能被纳入对他们没有获益可能的研究之中，除非研究的目的是促进该受试者所代表人群的健康，同时研究又不能由具备知情同意能力的人员代替参与，并且研究只可能使受试者承受最小风险和最小负担"。

在确保受试者理解相关信息后，医生或其他合适的、有资质的人应该设法获得受试者自由表达的知情同意，最好以书面形式。如果同意不能以书面形式表达，那么非书面的同意必须进行正式记录并有证明人在场。当一个被认为不具备知情同意能力的潜在受试者能够表达是否参与研究的决定时,医生除设法征得其法定代理人的同意之外,还必须征询受试者本人的这种表达。受试者的异议应得到尊重。任何用欺骗、诱惑或强迫手段取得的"同意",都是违背知情同意原则的,是不道德的。

(四)维护受试者利益

人体实验必须以维护受试者利益为前提,这是最基本的道德原则。2013年修订的《赫尔辛基宣言》中指出,"医学研究应符合的伦理标准是,促进并确保对所有人类受试者的尊重,并保护他们的健康和权利"。这体现在人体实验的全过程:①在实验设计阶段必须充分考虑受试者的安全问题;实验者应充分估计实验中可能遇到的问题和困难,并作出预期分析;必须以动物实验为基础,在获得充分科学依据之后,确认某种新药、新技术对治疗某种疾病有效,并在对动物实验取得预期效果的前提下,才可以在人体上实验。②实验中要有充分的安全措施,以保证将对受试者可能的伤害降到最低,避免给受试者带来不必要的伤害,一旦出现危害受试者利益的情况,实验必须立即终止,受试者受到损害时,应当得到及时、免费治疗,并依据法律法规及双方约定得到赔偿。实验必须在有关专家和具有丰富医学研究及临床经验的医生参与或指导下进行。

(五)医学研究中审查程序的伦理道德

为引导和规范我国涉及人的生物医学研究伦理审查工作,推动生物医学研究健康发展,更好地为人类解除病痛、增进健康服务,2016年9月30日经国家卫生计生委主任会议讨论通过《涉及人的生物医学研究伦理审查办法》,自2016年12月1日起施行。2021年3月16日,国家卫健委发布《涉及人的生命科学和医学研究伦理审查办法(征求意见稿)》,面向社会公开征集意见。《涉及人的生物医学研究伦理审查办法》第七条规定:从事涉及人的生物医学研究的医疗卫生机构是涉及人的生物医学研究伦理审查工作的管理责任主体,应当设立伦理委员会,并采取有效措施保障伦理委员会独立开展伦理审查工作。医疗卫生机构未设立伦理委员会的,不得开展涉及人的生物医学研究工作。伦理委员会的职责是保护受试者合法权益,维护受试者尊严,促进生物医学研究规范开展;对本机构开展涉及人的生物医学研究项目进行伦理审查,包括初始审查、跟踪审查和复审等;在本机构组织开展相关伦理审查培训。

需要进行伦理审查的研究项目应向伦理委员会提交伦理审查申请表、研究或者相关技术应用方案和受试者知情同意书。伦理委员会作出的决定应当得到伦理委员会三分之二委员同意,并应当说明理由。当项目的实施程序或者条件发生变化时,必须重新获得受试者的知情同意,并重新向伦理委员会提出伦理审查申请。伦理委员会不得受理违反国家法律、法规的科研项目提出的伦理审查申请。申请项目未获得伦理委员会审查批准的,不得开展项目研究工作。伦理委员会委员与申请项目有利益冲突的,应当主动回避。无法回避的,应当向申请人公开这种利益。

(六)研究资料保密中的伦理道德

人体实验是为人类健康服务的,它的每一项进展、成果、发现都是为人类谋利益的,因此实验结果没有绝对的保密。但是,人体实验在研究过程中,成果还没有公布于世之前,各国对研究成果在一定时期内和一定范围内存在的暂时保密是符合伦理要求的。遵守研究资料保密原则,也是对实验者和受试者权益的尊重,是对公民应尽的道德义务。2013年修订的《赫尔辛基宣言》中指出,"必须采取一切措施保护受试者的隐私并对个人信息进行保密"。《涉及人的生物医学研究的国际伦理准则》中指出,"研究者必须建立对受试者的研究数据保密的可靠保护措施。受试者应被告知研究者维护保密性的能力受到法律或其他方面的限制,以及违反保密可能造成的后果"。尊重和保护受试者的隐私,如实将涉及受试者隐私的资料储存和使用情况及保密措施告知受试者,不得将涉及受试者隐私的资料和情况向无关的第三者或者传播媒体透露。

第三节　器官移植的伦理道德

器官移植是 20 世纪医学史上最伟大的成就之一，半个多世纪以来，器官移植技术创造了一个又一个奇迹，成千上万濒临死亡的终末期患者因为它而重获新生。近些年来器官移植技术越来越受到关注，很多国家都开展了这项技术。器官移植这一高科技医疗技术在给人类带来莫大福祉的同时，其伦理学问题也日渐凸显。

一、器官移植的含义及发展

（一）器官移植的含义

器官移植（organ transplantation）是指用正常、健康的器官置换损坏而无法医治的同类器官，以治疗疾病、延续生命为目标的一项高新医学技术。随着医学技术的不断发展，器官移植的种类也在不断增多。根据器官供者与受者是否为同一个人，分为自体移植与异体移植；根据供体和受体间是否为同种可将器官移植分为同种器官移植和异种器官移植；在同种器官移植中，根据供植的器官是否来自自身可将器官移植分为同种自体器官移植和同种异体器官移植；在同种移植中，以供体是活体还是尸体分为活体器官移植和尸体器官移植等。

（二）器官移植的历史与现状

1. 萌芽阶段　古希腊诗人荷马在《伊利亚特》中描述的狮头羊身蛇尾嵌合体，古埃及法老在金字塔边留下的狮身人面像，我国古代在《列子·汤问篇》中记载的扁鹊为扈与赵二人换心的传说，都反映与寄托了人类实现器官移植的梦想和愿望。

公元 1 世纪，印度外科医生 Sushruta 用自体皮肤移植做鼻子成形手术；18 世纪，英国实验外科的先驱约翰·亨特（John Hunter，1728—1793）成功地将鸡的脚移植到了鸡冠部位；1905 年，法国外科医生卡雷尔（A. Carrel，1873—1944）把一只小狗的心脏移植到大狗的颈部，成为器官移植的先驱。

2. 技术突破阶段　法国外科医生卡雷尔（A. Carrel）发明的血管三点缝合法，解决了血管修复与重建的难题，使器官移植在技术上成为可能。1967 年和 1969 年，两位美国人分别找到了实用的降温和灌洗技术，解决了器官的保存问题。20 世纪 60 年代以后，医学界陆续发现了有临床实效的免疫抑制药物，如硫唑嘌呤（1961 年）、泼尼松（1963 年）、抗淋巴细胞球蛋白（1966 年）、环磷酰胺（1971 年）等。这些技术的突破使得人体器官移植技术从幻想逐渐迈向临床应用。

3. 临床阶段　1954 年波士顿外科医生约瑟夫·默里（Joseph Murray，1919—2012）实施了世界上第一例同卵双生子之间的肾移植手术，成为移植医学史上首次真正取得成功的病例，开辟了人体器官移植技术的新时代。1963 年，美国匹兹堡大学教授托马斯·斯塔泽（Thomas Starzl，1926—）为一例胆道闭锁的 3 岁患儿施行了世界上第一例原位肝移植手术，开始了肝移植的旅程。1967 年，南非医生克里斯蒂安·巴纳德（Christiaan Barnard，1922—2001）进行了世界第一例心脏移植手术，将一名因车祸脑死亡的年轻女性的心脏移植入一名男性患者的体内。之后肺移植、角膜移植、骨髓移植等器官移植相继成功，使数十万名身患不治之症的患者获得了新生。

我国首例人体器官移植手术是由著名医学专家吴阶平教授于 1960 年施行的肾移植。1977 年、1978 年，上海瑞金医院先后完成了第一例肝移植手术和心脏移植手术。20 世纪 80 年代以来，我国相继开展了胰腺、脾、肾上腺、骨髓、胸腺、睾丸和双器官的联合移植。目前，国内器官移植技术已趋于成熟，临床肝移植、肾移植等大器官移植在手术成功率、供受体双方的存活率以及存活时间等关键指标方面已与国际水平接近。配合行业监管政策的调整，尽管2020年我国实施的器官捐献和移植数量有所下降（约10%），但全年实施的器官捐献例数也超过了5000例，全球排名仍处于第2位。为规范我国人体器官移植技术临床应用，国家卫生健康委办公厅印发《人体器官移植技术临床应用管理规范》（2020年版）。

二、器官移植供体方面的伦理问题

随着各种器官移植技术逐步发展和广泛应用，由此而引发的各种伦理问题也日渐凸显，其中一个方面就是如何合乎道德地获取可供移植的器官，即关于移植用器官的来源问题。

（一）器官捐献

器官捐献是器官移植供体的主要来源。人体器官捐献应当遵循自愿、无偿的原则。公民享有捐献或者不捐献其人体器官的权利，任何组织或者个人不得强迫、欺骗或者利诱他人捐献人体器官。对已经表示捐献其人体器官的意愿，有权予以撤销。器官捐献包括活体器官捐献和尸体器官捐献。

1. 活体器官捐献 活体移植是从活的供体身上摘取成双器官中的一个或某代偿能力较强的器官的一部分。目前，活体移植手术开展最多的是肾移植，其次是肝移植。活体器官移植供体可以是亲属，也可以是非亲属，而前者主要是兄弟姐妹之间与父母子女之间。由于活体移植中器官的摘除、组织的提取，都有可能损害供者的健康，因此，活体器官移植面临的主要伦理问题之一，即是为了某一个人的利益究竟在多大程度上可以损害另一个人的利益。功利主义倡导幸福最大化和痛苦最小化，而道义主义则主张人的尊严和自主权的至高无上性，两者的最佳融合就在于正确区分"可以允许"和"必须做"。器官捐献具有正当性，应该被允许，但这并不意味着捐献者有义务或必须被迫捐献，因此，器官的捐献必须征得供体的同意。至于以未成年人作供体，大多数国家法律允许，但规定了比成年人更严格的条件，如仅限于供给同胞兄弟姐妹或同一直系亲属，父母要同意且应是有足够的智力等。

究竟能否用活体器官进行器官移植，我国有学者认为在尽量保证供者安全无任何压力的情况下，出自完全自愿和爱的感情，捐献活体器官去帮助亲属、朋友等是一种高尚的行为，应该被允许。但是，原则上要禁止未成年人捐献器官，只在极特殊的情况下允许例外。目前，亲属活体器官捐献受到各国普遍推荐和采用。2007年我国国务院颁布的《人体器官移植条例》规定：活体器官的接受人限于活体器官捐献人的配偶、直系血亲或者三代以内旁系血亲，或者有证据证明与活体器官捐献人存在因帮扶等形成亲情关系的人员。

2. 尸体器官捐献 尸体器官是指从死者的遗体摘取的器官，是目前移植器官的主要来源。使用这一类器官本身的伦理学争议不大，关键是获取这类器官的方式上存在各种问题。获取尸体移植器官的伦理难题主要受传统观念的挑战和死亡判定的影响。尸体器官的获取主要有以下几种类型。

（1）自愿捐献：自愿捐献是指死者生前以某种为法律或公众认可的方式表达了死后捐献器官的意愿，或者死后由亲属表达了代其捐献意愿的尸体器官捐献。自愿捐献的特点是尸体器官的摘取必须获得某种形式的知情同意，这种知情同意或者来自死者本人的生前意愿，或者来自死者身后的亲属意愿。美国1968年通过的《同意组织器官捐献法》规定：任何超过18岁的个人可以捐献他身体的一部分或全部，用于教学、研究、治疗或移植；个人做出的捐献，不能被亲属取消，从法律上认可了这一供体器官的来源渠道。英国自1972年开始每年发行550万张器官捐献卡，一经填写立即生效，可以视为持卡人同意死后摘取其器官用于移植。荷兰政府于1992年1月宣布，凡18岁以上的荷兰男女公民都应填写《人体器官捐献普查表》，然后由各级政府将普查结果逐级汇总到中央档案库，为政府当局制订有关计划和方案提供可靠依据。

我国的《人体器官移植条例》规定：人体器官捐献应当遵循自愿、无偿的原则；公民享有捐献或者不捐献其人体器官的权利；任何组织或者个人不得强迫、欺骗或者利诱他人捐献人体器官。

（2）推定同意：推定同意是指为了科学和治疗的目的，国家授权医师，允许他们从尸体上收集所需要的组织或器官。我国一些领导人和医学家虽带头呼吁死后捐献器官和遗体组织，但恪守全尸观念的旧习俗使响应者甚少。另外，当死者生前没有提供遗体器官的意愿，但也无反对提供的表示，此时应如何处理？国外采用推定同意的方法收集死者的组织和器官，这又有两种形式：①政府授权医生以全权来摘取尸体上有用的组织或器官，不考虑死者及其家属的意愿。在丹麦、波兰、新加坡、法国、瑞士等国家已立法规定。②医生在死者生前及其亲属不反对的情况下，摘取死者的组织和器官。芬兰、意大利、西班牙、挪威、希腊、瑞典等国家主要采取此种方式。从欧洲国家的实践来看，推定同意并没有缓解移植器官的匮乏。虽然国家授权医生摘取尸体的器官，无需家属允许，但是医生不愿意这样做。如果让家属有机会表示拒绝同意，就必须通知他们患者已经死亡，并询问他们是否拒绝捐献。这不仅在实际安排上有困难，而且会花费许多时间，使器官不能得到及时保存和利用，影响器官移植的成功率。

（3）有偿捐献：西方有的国家尝试通过一些财政手段鼓励器官捐献，如给死者家属减免部分治疗及住院费用等。这种做法存在较多争议，主要是担心可能破坏利他主义价值观，损害人类的尊严，给器官移植带来消极影响。

（4）需要决定：根据拯救生命的实际需要和死者的具体情况，决定是否摘取其组织和器官，并按规定的程序办理审批手续，不需考虑死者和家属的意愿。

（5）特殊群体遗体捐献：关于因犯罪而被判死刑的罪犯能否作为供体有着两种针锋相对的意见。赞成者主张死刑犯作为一个人，做出同意捐献其器官的决定，是其自决权的一部分，应该得到尊重。利用死刑犯的器官不仅可以解决供体器官不足的问题，同时也为死刑犯提供了赎罪的机会。反对者则认为，死刑犯处于弱势地位，其人身自由受到限制，很难真正地知情并有效地表达死后的意愿。1984年我国颁布的《关于利用死刑罪犯尸体或尸体器官的暂行规定》规定了死刑罪犯尸体或尸体器官可供利用的情况：无人收殓或家属拒绝收殓的；死刑罪犯自愿将尸体交医疗卫生单位利用的；经家属同意利用的。

> **知识链接**
>
> **我国器官移植立法概况**
>
> （一）器官移植的伦理性文件
>
> 1999年，第九届全国医学伦理学年会讨论通过了《器官移植伦理原则》，成为这个领域的第一个伦理性文件。
>
> （二）地方性有关器官移植的立法
>
> 2000年12月15日，《上海市遗体捐献条例》审议通过，自2001年3月1日实施，首开制订遗体捐献法规的先河。
>
> 2001年1月5日，广东省广州市红十字会、卫生局、民政局、公安局和司法局联合制订了《广州市志愿捐献遗体管理暂行办法》。
>
> 2002年7月1日，贵州省贵阳市正式实施了《贵阳市捐献遗体和角膜办法》。
>
> 2003年3月1日，山东省正式实施了《山东省遗体捐献条例》。
>
> 2003年8月22日，深圳市人民代表大会常务委员会发布《深圳经济特区人体器官捐献移植条例》。
>
> 2003年6月26日，《武汉市遗体捐献条例》通过，自2005年10月1日起开始实施，

于2010年进行了修订。

(三) 全国性有关器官移植的立法

原卫生部于2006年3月颁布了《人体器官移植技术临床应用管理暂行规定》，并自2006年7月1日起实施。

2007年国务院正式颁布了《人体器官移植条例》，使得器官移植的法律法规迈出了关键的一步。

2009年12月，为更好地贯彻落实《人体器官移植条例》，规范活体器官移植，保证医疗质量和安全，原卫生部制订了《关于规范活体器官移植的若干规定》。

2018年8月，国家卫生健康委员会公布《中国人体器官分配与共享基本原则和核心政策》。

2019年1月，国家卫生健康委员会公布《人体捐献器官获取与分配管理规定》。

2020年8月，国家卫生健康委员会公布《人体器官移植技术临床应用管理规范》（2020年版）。

(二) 器官买卖

如果单纯从解决移植用器官的目的来说，器官商品化确实可以吸引一些人提供器官以缓解器官紧缺的矛盾，使更多苦苦等待器官移植的患者获得新生；可以缓和医务人员与供体家属的矛盾，如果器官供体可以得到金钱的回报，那么医务人员在摘取器官时的阻力和压力就会小很多；并且器官商业化的买卖双方或为生存，或为经济，各取所需。

然而更多的人反对器官买卖。一方面器官买卖无法达到真实的知情同意，因为金钱在整个交易过程中对出卖器官者是一种实质的诱惑，如果出卖器官者不是受到了压力或遇到了特别的经济困难，他不会选择出卖与自己健康密切相关的器官；另一方面，器官买卖会造成两极分化，在器官买卖中，享受高技术的只能是有钱人，而穷人只能出卖器官。如果允许器官买卖，则穷人就会变成富人的"器官零件工厂"。除此之外，器官商品化极易诱发犯罪，目前在有些国家和地区，已经出现了以金钱为目的，通过损害健康、残害生命获取人体器官的地下暴力集团，他们通过非法买卖器官以牟取暴利。为此，许多国家已经对人体器官交易明令禁止。1984年美国颁布《全国器官移植法》，宣布器官买卖为非法行为。在日本、德国和印度，这种交易也是触犯法律的。我国《人体器官移植条例》也明确规定，任何组织或个人不得以任何形式买卖人体器官，不得从事与买卖人体器官有关的活动。

(三) 胎儿供体

胎儿供体是指利用不能存活或属淘汰的活胎或死胎作为器官供体，也可为细胞移植提供胚胎组织。从医学角度来说，在今天所有的器官来源中，治疗效果最好的应该是胎儿器官。使用胎儿器官（组织）的伦理问题包括：胎儿是不是人？应用胎儿的器官、组织、细胞是否需要强调知情同意？医师应该向谁取得知情同意？出于治疗目的的培育胎儿是否道德？胎儿器官、组织、细胞的产业化是否合乎道德？这些问题已经在困扰着临床医务人员。

对于利用胎儿器官，人们的担忧主要在于会对胎儿造成伤害，比如为治疗而怀孕或流产等。因此包括中国在内的许多国家都对此采取了禁止政策。

(四) 异种器官

异种器官是指利用人类以外的其他动物作为器官供体，移植到患者身上。在人体器官供不应求的情况下，人类对这样的选择自然带有更多的期盼。1963年，美国一名患者移植了猴子的肾，存活了9个月。1968年，英国一名心力衰竭儿童的血液循环与狒狒心脏相连，存活了

16个小时。1992年，美国一名35岁肝病患者移植了一头狒狒的肝，2个半月后，患者死于真菌感染。1996年，英国从事生物伦理学咨询的机构曾批准给人移植猪器官。我国"863"计划委员会也曾经给湖北省农科院畜牧兽医研究所正式函文，批准了该所申请的转基因猪作为器官移植供者的研究项目。但是1997年以英国著名医学教授肯尼迪为首的研究小组对人体移植动物器官的得失进行了全面调查和论证，调查结果倾向于禁止这类移植手术。异种器官移植相比于同种器官移植有着更为复杂而敏感的问题。人们对于使用动物器官主要存在三个伦理疑问：该项技术是否成熟？移植是否是患者的最后选择？患者是否清楚移植动物器官的后果？

（五）人造器官

人造器官在生物材料医学上是指能植入人体或能与生物组织或生物流体相接触的材料，或者说是具有天然器官组织的功能或天然器官部件功能的材料。人造器官主要有机械性人造器官、半机械性半生物性人造器官、生物性人造器官三种类型。人造器官属于组织工程学的新领域，在器官紧缺的情况下是增加器官供应的另一个思路。早在1982年，美国医生德夫里斯（W. De Vries）曾经将一颗人造心脏移植给退休医师巴尔尼·克拉克（Barney Clark），后者活了112天，为人们展示了这项技术的前景。

机械性人造器官、半机械性半生物性人造器官都会产生免疫排斥反应，而生物性人造器官，特别是自体人造器官不会产生免疫排斥反应，移植效果将十分理想。对于人造器官的伦理评价主要取决于这一技术的进展程度如何。人造器官的应用无疑可以缓解器官供者资源稀少的问题，同时也避免了供者选择的伦理障碍，但其中存在的诸多问题仍值得关注，如风险/受益问题、投资/受益评估问题，以及治疗性克隆问题。

随堂测 9-4

三、器官移植受体选择的伦理问题

由于移植器官供体上的矛盾，医生也面临受体选择的伦理难题。可供移植的器官和医疗移植能力总是有限的，那么，一旦得到一个可供移植的器官，谁应该获得或优先获得这个器官呢？

（一）受体分配的公平性问题

人体器官移植既是高技术治疗手段，又是高费用治疗项目。以美国为例，肾移植的费用是4万美元，心脏移植的费用是15万美元，肝移植的费用是20万～30万美元。免疫抑制药物每年花费1万～2万美元，患者需要终生服用。我国肾移植费用约15万元人民币，肺移植费用约30万元人民币，心脏移植费用约50万元人民币，肝移植费用60万～70万元人民币，术后还需要一系列的护理、监测、服用免疫抑制药物等费用。由于人体器官是稀有资源，器官移植这一当代医学高科技的成果不能被更多的人享用。如果经济、供体问题不能得到解决，就有可能使技术的应用引起社会不公正的问题。

在人体器官移植应用于临床时，就会涉及稀有资源的分配问题。稀有资源的分配有两个层次：宏观分配和微观分配。宏观分配涉及一个国家分配多少资源用于医疗卫生，以及在医疗卫生资源中分配多少用于器官移植。宏观分配是大范围的决策，并不直接影响个人。而微观分配则直接影响到个人。微观分配是指有限的器官资源应该分配给谁以及谁先获得器官移植手术的问题。人体器官是一种稀有资源，稀有资源的最大特征就是有限性。那么，是否应该制订一些政策使这种有限的资源得到更加有效的使用，使这种高科技成果能让更多的人受益？是否应该制订一些政策来限制这种稀有资源的利用？是否应该制订一些政策来限制器官移植对象的选择？这些是一个社会应该思考的问题，而且在器官移植的临床实践中确实也设定了这样的限制。那么这些限制合理吗？可以得到伦理辩护吗？

（二）受体选择的标准

人体器官作为稀有资源，在供不应求的情况下，谁应该优先接受移植手术呢？究竟以什么标准来选择接受器官移植的受体呢？现行的做法是依据医学标准和社会价值标准进行综合判断。

1. 医学标准 是指由具备有关知识和经验的医务人员在进行器官移植前，根据器官移植的适应证和禁忌证对患者进行全面的评估和判断。医学标准主要包括三个方面：①器官功能衰竭而无其他疗法可以治愈，短期内不进行器官移植将导致死亡者；②受体心理状态和整体功能好，对器官移植手术可耐受而且无禁忌证；③免疫相容性好，移植术后有良好的存活前景。

2. 社会价值标准 是根据有关社会因素加以选择。社会因素包括年龄、对社会贡献的大小、个人的能力、患者配合治疗的能力、经济支付能力、社会能力等。社会标准是在符合医学标准前提下的综合考量标准，一般包括六大原则：①回顾性原则，考量患者过去对社会的贡献程度。②前瞻性原则，考虑患者未来可能对社会作出的贡献。③余年寿命原则，考虑患者的生理年龄和预期寿命。④家庭角色原则，考虑患者在家庭中的地位与作用。⑤应付能力原则，考虑患者的配合治疗状态、经济支付能力和他人的支持程度。⑥科研价值原则，考虑个体器官移植手术对于人体器官移植技术的科研意义。

2019年，我国《人体捐献器官获取与分配管理规定》指出，捐献器官的分配应当符合医疗需要，遵循公平、公正和公开的原则。对于上述两种选择受体的标准，医学标准是首要的标准。这是因为医学标准从患者的需要和成功的可能性出发，可保证供体器官发挥最大的效用以真正体现对于生命的尊重。社会价值标准是对医学标准的补充。除上述主要标准，器官捐献者的意愿、器官征集登记的先后顺序、地域远近、受体情况等，也是器官分配能否优先的参考因素。

总之，受体选择标准是多方面的、复杂的。除上述标准外，还需要就不同国家所规定的道德规范和不同的价值观念进行考虑。大多数国家的移植中心在选择标准时是按医学标准、个人能力、社会价值的次序排列，当然这种排列不是绝对的，还要具体情况具体分析。

四、器官移植应遵循的伦理原则

1. 知情同意原则 知情同意的过程是信息披露、自愿、充分理解、表意能力和同意决定五个要素不断优化的过程。知情同意包括供者和受者的知情同意两个方面。知情同意必须采取书面形式。应确保受者及家属充分了解受者病情的严重程度、治疗方案、移植的必要性、移植程序、可能的危险及移植费用等。应确保供者及家属充分了解死亡标准、摘取器官的用途、移植程序、对供者健康的影响、手术风险、可能发生的并发症及其预防措施等。

2. 公正效应原则 是在器官移植存在严重供需矛盾的情况下，对于可供移植的器官进行分配应遵循的效用原则，使得受体利益最大化，但是效应原则必须在公正的基础上进行。器官分配的公正是社会公正的缩影。器官分配的公正是器官分配效用的前提，器官的公正分配有助于真正解决器官移植中的供需矛盾。

3. 尊重和保护供体原则 人体器官移植的捐献者应得到尊重和保护。如果是活体器官移植，医务人员必须对手术进行风险与受益的评估，将供体捐献器官后可能的伤害与接受器官移植后可能的受益进行对比分析，确保风险小于受益，如果捐献器官可能危及供体的生命，那么手术应该被禁止。如果是尸器官移植，医务人员应该按照法律规定的死亡标准确认捐献者的死亡时间，不能为了获得器官而过早摘取，或者降低捐献者的医护标准。

4. 禁止商业化原则 器官捐献必须由捐献者及其亲属自主决定和无偿捐献，这是保障人的基本权利和人格尊严的要求。虽然极少数国家允许器官有偿捐献，但绝大多数国家仍然禁止器官买卖。受体方即使补偿，也只能补偿摘取人体器官的手术费、保存和运送人体器官的费用及摘取人体器官所发生的药费、检验费、医用耗材费等费用。我国的《人体器官移植条例》中明确规定：买卖人体器官或者从事与买卖人体器官有关活动的，由设区的市级以上地方人民政府卫生主管部门依照职责分工没收违法所得,并处交易额 8 倍以上 10 倍以下的罚款;医疗机构参与上述活动的,还应当对负有责任的主管人员和其他直接责任人员依法给予处分,并由原登记部门撤销该医疗机构人体器官移植诊疗科目登记,该医疗机构 3 年内不得再申请人体器官移植诊疗科目登记;医务人员参与上述活动的,由原发证部门吊销其执业证书。

小 结

科研伦理道德在科研工作中可形成一定的规范,指引着科研人员的行动。护理科研道德规范包括:①目的明确,动机纯正;②实事求是,严谨治学;③谦虚谨慎,团结协作;④高度负责,锐意创新;⑤知情同意,保护隐私。护理科研中会涉及人体实验,人体实验是医学科研的重要手段,根据实验中受试对象及其参与意愿的不同,分为自体实验、自愿实验、强迫实验和欺骗实验。人体实验具有利弊两重性,因此科研人员在进行人体实验时应遵循相应的伦理道德规范。器官移植这一高科技医疗技术在给人类带来莫大福祉的同时,其伦理学问题也日渐凸显,其中一个方面就是如何合乎道德地获取可供移植的器官。由于移植器官供需上的矛盾,医生也面临受体选择的伦理难题。

思考题

1. 简述护理科研的道德规范。
2. 简述人体实验中的伦理矛盾。
3. 简述器官移植应遵循的伦理原则。
4. 某研究小组在对研究对象进行质性访谈的过程中需要全程录音,并随时记录研究对象的表情、语气及肢体动作等。但是,考虑到如果事先让研究对象知道此事,则会影响其对访谈的看法,可能在访谈过程中不容易吐露真正的心声,也不利于研究小组的访谈资料收集工作。

请问:研究小组是否应该让研究对象提前知道在访谈过程中有录音和记录的情况?为什么?

(张 华 王雨薇)

中英文专业词汇索引

A
安乐死（euthanasia） 128
安宁疗护（hospice care） 124

B
保密（confidentiality） 41
保密原则（principle of confidentiality） 33
被动（消极的）安乐死（positive euthanasia） 128
不伤害原则（no damage principle） 30

D
胆识（courage and insight） 40
道德（morals） 2
道德价值论（moral values） 4
道义论（deontology） 21

F
非道德价值论（non-moral values） 4
非规范伦理学（non-normative ethics） 3
分析伦理学（analytic ethics） 4

G
个人决策（individual decision-making） 44
公益论（public interest theory） 24
公正原则（principle of justice） 31
功利（utility） 39
功利论（utilitarianism） 22
规范伦理学（normative ethics） 3

H
护患关系（nurse-patient relationship） 59
护理伦理规范（nursing ethical code） 35
护理伦理决策（nursing ethical decision-making） 44
护理伦理评价（nursing ethical evaluation） 51
护理伦理原则（nursing ethical principle） 28
护士权利（nursing's right） 66
护士义务（nursing's obligation） 66
患者义务（patient's obligation） 65

J
价值（value） 40
价值论（theories of value） 4
决策（decision-making） 44

K
克隆繁殖（cloning propagation） 111

L
理论伦理学（theoretical ethics） 3
良心（conscience） 38
伦理（ethics） 3
伦理困境（ethical dilemmas） 45

M
美德论（virtue theory） 23
描述伦理学（descriptive ethics） 3

N
脑死亡（brain death，BD） 118

P
评价（evaluation） 51

Q
器官移植（organ transplantation） 145
情感（feeling） 38
权利（right） 37

R
人道主义（humanism） 28
人工授精（artificial insemination） 110
人类辅助生殖技术（human assisted reproductive technology，ART） 110
荣誉（honor） 39

S
社区卫生服务（community health service） 84
审慎（circumspection） 40
生命价值论（theory of life value） 20

生命价值原则（principle of life value） 34
生命神圣论（life divine theory） 19
生命质量论（life quality theory） 20
死亡标准（death standard） 118
死亡教育（death education） 122

T

体外受精（external fertilization） 110
团体决策（group decision-making） 44

X

效果论（effect theory） 21
性道德（sex morality） 103

Y

义务（obligation） 38
义务论（theories of obligation） 4
有利原则（principle of beneficence） 31

Z

知情同意原则（principle of informed consent） 32
职业道德（professional moral） 4
主动（积极的）安乐死（active euthanasia） 128
最优化原则（principle of optimization） 33
尊重原则（respect principle） 29

主要参考文献

1. 姜小鹰，刘俊荣．护理伦理学．2版．北京：人民卫生出版社，2017.
2. 王明旭，赵明杰．医学伦理学．5版．北京：人民卫生出版社，2020.
3. 刘东梅．医学伦理学．3版．北京：人民卫生出版社，2021.
4. 崔瑞兰．护理伦理学．4版．北京：中国中医药出版社，2021.
5. 孙玟，郭佳．护理伦理学．长沙：中南大学出版社，2018.
6. 国家卫生健康委员会．2020中国卫生健康统计年鉴．北京：中国协和医科大学出版社，2020.
7. 张红霞，黄蓴华．护理伦理学．2版．南京：江苏凤凰科学技术出版社，2019.
8. 范瑞平，蔡昱，丛亚丽，等．关于生命伦理学四原则理论的新讨论．中国医学伦理学，2021，34（4）：395-406．
9. 中华护理学会，中国生命关怀协会人文护理专业委员会．中国护士伦理准则．中国医学伦理学，2020，33（10）：1232-1233.
10. 谢红珍，袁长荣，沈园园，等．《中国护理伦理准则》内容解读．中国医学伦理学，2020，33（10）：1234-1237.
11. 韩东屏．论对行为的道德评价方法．华中科技大学学报（社会科学版），2011，25（4）：10-14.
12. 王明丽，尚魏．护患沟通技巧研究．吉林医药学院学报，2020，1：43-44.
13. 张琳，李国红，郑志杰．公共卫生伦理学简论．生命科学，2012，24（11）：7.
14. 王春水，翟晓梅，邱仁宗．试论公共卫生伦理学的基本原则．自然辩证法研究，2008（11）：74-78.
15. 韩琳，马玉霞．临床护理工作中常见的伦理困境及典型案例分析．中国实用护理杂志，2016，32（36）：2819-2822.
16. 温春峰，桑丽娥，袁国莲．对人类辅助生殖技术的界定及其实施伦理原则的反思．中国医学伦理学，2011，24（5）：637-639.
17. 卫生部关于修订人类辅助生殖技术与人类精子库相关技术规范、基本标准和伦理原则的通知．中华人民共和国卫生部公报，2003，3：1-10.
18. 国家卫生健康委员会脑损伤质控评价中心，中华医学会神经病学分会神经重症协作组，中国医师协会神经内科医师分会神经重症专业委员会．《脑死亡判定实施与管理：专家指导意见（2021）》．中华医学杂志，2021，101（23）：1766-1771.
19. 宿英英．《中国成人脑死亡判断标准与操作规范（第二版）》解读．中华医学杂志，2019，99（17）：1286-1287.
20. 宿英英．中国脑死亡判定现状与推进．中华医学杂志，2021，101（23）：1721-1724.
21. 王蒙蒙，徐天梦，岳鹏．我国现行安宁疗护的相关政策梳理、挑战与建议．医学与哲学，2020，41（14）：19-22.
22. 关于印发《国家自然科学基金项目科研不端行为调查处理办法》的通知［EB/OL］．［2020-12-25］［2022-4-18］，https：//www.nsfc.gov.cn/publish/portal0/tab434/info79519.htm.